民事執行・保全15講

内田義厚 著

成文堂

はしがき

　本書は、民事執行法及び民事保全法について、その理論と実務の両面を学修するための概説書として執筆したものです。大学（法科大学院または学部）での講義用教科書として利用することを想定し、全体を1学期あたりの標準的なコマ数である15回に分けていますが、単に制度を15回に分けて説明するのではなく、制度の体系を実務的な重要性という観点から大幅に再編成し、さらに実務的観点から各制度の記述にメリハリを付け、民事執行法及び民事保全法における理論上の問題点と実務上の問題点につき、その相互関連が明確になるように分類したうえで、各講につき説明を加えました。また、各制度についても、その内容や関連する判例の紹介だけではなく、実務運用の実際や現状についてもできるだけ言及するようにしたり、各講の末尾には、実務的な問題やトピックを入れて、読者の皆様方に、民事執行法や民事保全法を生き生きとした形で理解してもらえるように努めたつもりです。また、本文では十分言及し得なかった、理論上あるいは実務上の重要な問題点については、同じく各講の末尾に検討問題を入れ、更に深い学修をする場合の道しるべとしました。このような特徴をもつ本書は「実務的観点から民事執行及び民事保全手続の制度や理論を捉え直し、その現状と課題を整理した実践的な概説書」を目指したものであります。その意味で、大学の学生や研究者、弁護士等の実務法曹だけではなく、民事執行・民事保全手続を担当する裁判所職員（裁判所書記官等）、同手続の利用者である金融機関やサービサー等の債権回収業の担当者、司法書士、不動産鑑定士等の周辺士業の方にも、理論と実務の現状と問題点を知っていただく上で幅広く利用していただければと念願しております。民事執行・保全手続、特に民事執行手続は、社会経済情勢の変動に伴って、様々な法改正や運用改善の動きが現在に至るまで絶え間なく続いている、大変興味深い分野です。本書を契機に、そのようなダイナミズムに興味を持つ方が少しでも多く出てもらえることを祈念しておりますし、また、今後の研究や実務運用のさらなる発展に本書が寄与できれば大変幸いであると考えております。読者の皆様方からの忌憚ないご意見等をいた

だければ幸いです。

　本書の基礎となっているのは、筆者の東京地方裁判所をはじめとする各地の裁判所での民事執行及び民事保全手続の実務経験と、早稲田大学大学院法務研究科（法科大学院）での「民事執行・保全法」の講義ですが、本書をまとめるに当たっては、多くの注釈書、体系書、教科書及び実務書のお世話になりました。特に図表等の引用につきご快諾いただいたことにつき、各出版社の皆様方に対し、御礼申しあげます。また、講義の際に様々な疑問や質問を出していただいた早稲田大学法科大学院の学生の皆様にも深く感謝します。

　本書の執筆は、これまでの法科大学院での講義レジュメやノートを基礎に、学年末休みの時期を利用して一気に行いました。そのため、当初は文章表現等で行き届かない点が多々ありましたが、これについては、首都大学東京の棚橋洋平准教授から、形式面のみならず、内容面についても有益なご意見を出していただけたことで、かなりの充実を図ることができました。ここに深く感謝いたします。そして、最後になりましたが、成文堂の阿部成一社長と、本書の企画から刊行に至るまで一貫してお世話になりました編集部の篠﨑雄彦さん、小林等さんに、心より感謝の意を表します。

　2016年8月29日

内田義厚

目　次

はしがき　(i)

第1講　民事執行総論 …………………………………… 1
- 第1　民事執行の意義・種類　(1)
- 第2　民事執行の目的と特質
　　　——国家による私法上の権利の実現　(2)
- 第3　民事執行手続における利害調整原理　(4)
- 第4　民事執行手続の当事者及び関係者　(6)
- 第5　民事執行の手続過程　(7)
- 第6　執行機関及び執行共助機関　(8)
- 第7　執行機関の処分に対する不服申立て　(12)
- 第8　執行手続の停止・取消し・障害事由　(15)
- 第9　執行の終了と執行費用　(17)

【実務の注目点】民事執行法の改正経過　(18)

第2講　強制執行実施の要件——債務名義・執行文——……… 21
- 第1　債務名義とは何か　(21)
- 第2　債務名義の種類　(22)
- 第3　債務名義が不要な場合　(28)
- 第4　債務名義の無効と強制執行の効力　(28)
- 第5　執行文　(29)
- 第6　執行力　(32)

【実務の注目点】権利能力なき社団の被執行適格　(34)

第3講　執行関係訴訟(1)——請求異議の訴え—— …………… 37
　第1　執行関係訴訟の意義及び種類　(37)
　第2　請求異議の訴え　(37)
　【実務の注目点】不執行の合意　(47)

第4講　執行関係訴訟(2)——第三者異議の訴え—— ………… 51
　第1　意義・趣旨　(51)
　第2　法的性質（訴訟物）　(52)
　第3　異議事由総論　(52)
　第4　所有権に基づく異議　(53)
　第5　譲渡担保権に基づく異議　(54)
　第6　その他の権利に基づく異議　(56)
　第7　訴訟手続上の諸問題　(59)
　【実務の注目点】　預金の誤振込と第三者異議の訴えの適否　(61)

第5講　執行関係訴訟(3)
　　　　——執行文関係訴訟・執行判決訴訟—— ……………… 63
　第1　執行文付与に対する異議の訴え　(63)
　第2　執行文付与の訴え　(65)
　第3　執行判決を求める訴え　(69)
　【実務の注目点】　執行判決訴訟での間接管轄　(73)

第6講　不動産競売(1)——競売の開始及び売却準備—— ……… 75
　第1　不動産に対する民事執行の種類と規律　(75)
　第2　担保不動産競売の開始　(76)
　第3　売却準備手続総論　(81)
　第4　債権関係調査——配当要求、債権届出　(84)
　第5　権利関係調査——現況調査、評価　(86)
　【実務の注目点】　借地権付き建物の競売と借地契約解除　(90)

第7講　不動産競売(2)──売却条件の確定と売却手続── ……… 93
 第1　売却条件の確定　(93)
 第2　売却実施手続　(99)
 第3　売却決定及び取消し　(105)
 第4　代金納付　(108)
 【実務の注目点】建物建築請負人は敷地について商事留置権を主張しうるか
  (111)

第8講　不動産競売(3)
 ──保全処分、引渡命令及び配当手続── …………………… 113
 第1　保全処分　(113)
 第2　引渡命令　(118)
 第3　配当手続　(122)
 【補講】準不動産執行　(127)
 【実務の注目点】不動産競売手続の迅速化　(129)

第9講　債権執行──総論・債権強制執行── …………………… 131
 第1　権利執行総論　(131)
 第2　金銭債権に対する強制執行 (1)──差押え　(133)
 第3　金銭債権に対する強制執行 (2)──換価　(141)
 第4　金銭債権に対する強制執行 (3)──配当　(144)
 第5　船舶・動産等の引渡請求権に対する強制執行(162条、163条)
  (148)
 第6　その他の財産権に対する強制執行　(149)
 第7　少額訴訟債権執行(167条の2ないし14)　(151)
 【実務の注目点】①　複数金融機関又は複数支店にわたる預金債権の差押え
  (152)
 【実務の注目点】②　電子記録債権の差押え　(154)

第10講　不動産収益に対する執行
　　──物上代位・収益執行── ……………………………… 157

- 第1　総　論 (157)
- 第2　収益執行制度の概要 (157)
- 第3　抵当権に基づく賃料債権に対する物上代位 (159)
- 第4　担保不動産収益執行 (164)
- 第5　強制管理 (167)
- 【実務の注目点】不動産収益侵奪とその対策 (169)

第11講　動産関係執行・財産開示・形式競売 ……………… 171

- 第1　動産関係執行 (171)
- 第2　財産開示手続 (178)
- 第3　形式競売 (183)
- 【実務の注目点】動産売買先取特権の実行（転売代金債権に対する物上代位） (184)

第12講　非金銭債権の実現 ──非金銭執行── ………… 187

- 第1　総　論 (187)
- 第2　物の引渡し・明渡し（引渡し等）の強制執行 (189)
- 第3　代替的作為請求権の強制執行 (194)
- 第4　不代替的作為義務の強制執行 (197)
- 第5　不作為請求権の強制執行 (200)
- 第6　意思表示の強制執行 (202)
- 【実務の注目点】抽象的差止判決の執行 (203)

第13講　家事関係執行 …………………………………………… 205
　はじめに　(205)
　第1　養育費等の金銭債務の不履行と強制執行（問題1）　(206)
　第2　子の面会交流と強制執行（問題2）　(212)
　第3　子の奪い合いと民事執行（問題3）　(213)
　【実務の注目点】子の引渡しに関するハーグ条約国内実施法の概要　(217)

第14講　民事保全総論・保全命令手続 …………………………… 221
　第1　民事保全の意義　(221)
　第2　民事保全の種類　(222)
　第3　民事保全の特性　(222)
　第4　保全手続の構造と民事保全法の特徴　(223)
　第5　保全命令手続　(225)
　第6　不服申立て　(231)
　【実務の注目点】　仮の地位を定める仮処分の特別訴訟化　(234)

第15講　保全命令の執行と効力 …………………………………… 237
　第1　保全執行総論　(237)
　第2　仮差押えの執行及び効力　(238)
　第3　仮処分の執行及び効力　(240)
　【実務の注目点】　諫早湾干拓関係訴訟　(245)

資　料 …………………………………………………………………… 247
　資料①【現況調査報告書の記載例】　(247)
　資料②【評価書の記載例】　(255)
　資料③【建物賃借権と抵当権との関係】　(262)
事項索引 ………………………………………………………………… 264
判例索引 ………………………………………………………………… 267

第1講
民事執行総論

第1　民事執行の意義・種類

　民事執行とは、強制執行、担保権の実行としての競売等及び換価のための競売（形式的競売）並びに債務者の財産開示手続の総称である（法1条）。

1　強制執行

　強制執行とは、民事上の実体的権利の強制的満足のために、債務名義という一定の文書に基づいて行われる執行手続である。民事執行法は、執行によって満足を与えられるべく請求権の種類によって、**金銭執行**（金銭の支払いを目的とする債権についての強制執行）と、**非金銭執行**（金銭の支払いを目的としない債権についての強制執行）とに分け、金銭執行については、その目的物（不動産、準不動産、動産、債権その他の財産権）によって規律を分けている。

2　担保権実行

　担保権実行とは、抵当権、質権、先取特権等の担保権に基づき、かかる担保権が設定されている財産を競売その他の手段によって強制的に換価したり、その財産（不動産）から得られる収益を収取し、その代価や収益を配当することで被担保債権の満足を図る手続である。担保権実行は、その開始要件等において強制執行と相違点がみられるものの、国家による強制手段を用いて金銭債権の強制的満足を図るという点では共通点があることから、その手続は原則として強制執行に関する規定を準用している（188条）。

3　形式的競売

形式的競売とは、強制執行及び担保権実行とは異なり、請求権の満足を目的とはせず、換価それ自体を目的とする手続をいう。換価手続について担保権実行手続の規定が準用される（195条）。

4　財産開示手続

財産開示手続とは、裁判所が債務者に対し、その財産の開示を命ずる手続である。権利実行を実効性あるものにするため、債務者の財産情報に債権者がアクセスする途を設けたものである。

【民事執行の実務的体系図】

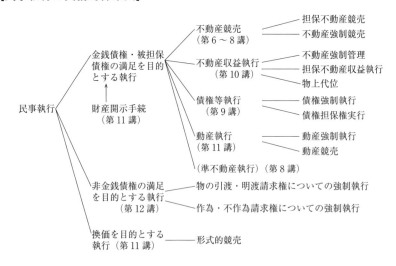

第2　民事執行の目的と特質——国家による私法上の権利の実現

私法上の権利義務関係の存否または内容等に紛争が生じた場合、自力救済禁止原則の下、民事訴訟等の手続により上記権利義務関係の存否及び内容が確定されるが、それに従わない者に対してその内容を実現するためには、同じく自力救済禁止原則の下、国家権力による強制的な実現手続が必要にな

る。強制執行は、民事訴訟等の手続によって確定された権利、特にその中でも給付請求権について、国家の手によって強制的に実現することを目的として設けられているものであり、担保権実行は、担保権が有する換価権の強制的実現を目的とするものである。このように、民事執行、とりわけ強制執行と担保権実行は、私法上の給付請求権の実現を目的とするものであり、わが国においては、自力救済禁止原則の下、その実現は挙げて国家（司法裁判所）の手に委ねられている。したがって、その反面として、債権者は、かかる請求権の実現を国家に対して請求する権利を有していると解される。これが執行請求権であり、私法上の債権とは区別された公法上の権利として観念される。このように、債権者から執行権限行使を負託された国家は、その負託に応えるため、その権利の実質的価値を損なうことなく、その権利の特性に応じて、迅速にその実現を図らなければならない。このような実効的かつ迅速な権利実現は、単に個々の債権者の利益だけではなく、与信取引や金融取引をはじめとする私法上の取引におけるセーフティネットの役割も果たし、その秩序維持を図るという観点からも要請される。後述する、執行手続の形式性や迅速な手続進行を可能にする規律は、実効的かつ迅速な権利実現の観点から要請されるものということができる。

　他方、民事執行は国家による請求権の強制的実現を図るものであり、その手続過程においては、債務者の権利にも十分配慮した適正さが強く求められる。不当執行に対する異議の訴え、違法執行に対する執行異議・執行抗告制度はその端的な現れであるが、それ以外にも、差押禁止財産の法定による過酷執行の禁止、不動産執行における売却基準価額制度なども、かかる債務者保護の理念から基礎づけることができる。

　さらに、民事執行においては、その目的物に対する実体上の権利関係が複雑に入り組んでいる場合が多く、多数の関係者の利害が密接に関連することから、それらの利害を適切に調整することが必要になる。差押えの競合に関する調整、配当要求債権者の限定などの規律が典型例であるが、執行を担当する機関は、かかる複雑な権利関係、利害関係を公正かつ適切に整理しながら手続を進めていくことが重要になる。民事執行手続における法解釈や実務運用、あるいは立法論を検討・考察するにあたっては、このような利害調整

の観点にも十分配慮する必要があるといえる。

　以上をまとめれば、民事執行、とりわけ強制執行及び担保権実行は、債権者の負託を受けた国家が、債務者や手続関係者の利益に十分配慮しつつ、目的物や権利の特性に合致した手続を実効的かつ迅速に遂行させることで、その権利の実質的価値を実現し、私法取引の秩序維持を図ることに目的ないし特質があるということができる。

第3　民事執行手続における利害調整原理

　民事執行においては関係者の利害調整が重要であることは前述したとおりであり、民事執行における基本原理は、かかる利害調整の一つのあり方として位置づけることが可能である。そして、それら基本原理は、①債権者と債務者間の利害調整に関するもの、②債権者間の利害調整に関するもの、③手続目的実現に関する利害調整に関するもの、④目的物に対する実体的権利の消長に関する利害調整に関するものとに大別することができる。①は、執行手続の形式性とそれに対する対抗手段、②は、金銭執行での債権（者）の競合における平等主義と優先主義の問題、③は、差押えの効力に反する処分行為の効力（手続相対効）に関する問題と、執行債権満足にかかわる剰余主義に関する問題、④は、不動産執行に関する引受主義と消除主義に関する問題である。このうち、③と④については不動産執行のところで検討することにし、ここでは①と②について説明する。

1　執行手続の形式性

　実効的かつ迅速な執行手続の実現のためには、執行機関が執行の基礎となる実体的権利の存否や、執行目的物の実体的法律関係に煩わされることなく手続を遂行できるようにする必要がある。そこで民事執行法は、執行手続の開始時及び執行の実施時において、執行機関による実体関係の審査判断は不要としている。これを**執行の形式化**（形式手続化）という。そして、かかる形式性に対抗すべく、債務者が訴え提起や異議申立て等を自ら行い、その中で

一定の場合には実体権の存否を争うことができるようにすることで（これを**「起訴責任の転換」**という。）、両者の利害調整を図っている。請求異議の訴え、第三者異議の訴えなどは、この中に位置づけられる。

(1) **債務名義や法定文書等による形式的審査**（手続開始段階）

執行開始にあたって、執行機関は、原則として実体権の存否について審査しない。強制執行の場合、債権者が執行力ある債務名義の正本（22条、25条）を提出すれば、執行機関はこれに拘束され、強制執行を実施しなければならない。また、担保権実行の場合も、一定の様式を具備した文書（法定文書）の提出があれば同じく手続を開始しなければならない。

(2) **執行対象財産の認定における外観主義**（手続実施段階）

執行対象となる財産は債務者の責任財産に限定されるが、執行機関が執行のたびにその目的財産が債務者の責任財産であるかを調査判断する必要はなく、当該財産が債務者の責任財産に属するとの外部的徴表（不動産の場合は登記名義、動産の場合は占有の外形）がある限り、その目的物に対する執行を実施してよいものとした（**外観主義**）。

2　平等主義と優先主義

金銭執行において、同一の財産に対し、複数の債権者による執行が競合する場合がある。この場合に、当該財産の売却代金から執行費用と優先債権の額を控除した額をもって各債権者の債権を全部満足することができない場合、それをどのように各債権者に分配するかが問題となる。ここで、先に執行に着手した債権者に配当に関する優先権を認めるのが**優先主義**であり（先着手主義ともいわれる）、ある時点までに執行手続に参加した債権者に対しては、実体法の規律や債権額等に応じた平等な扱いを認めるのが**平等主義**である。

わが国では、民事執行法制定前においては、民法の債権者平等原則に基づく制度とのバランスから、極端ともいえる平等主義が採用され、債務名義を持たない債権者の配当要求も広範に認めていた。しかし、これは虚偽債権による配当要求などの弊害が著しかったことから、民事執行法は、民法との関係で平等主義自体は維持しつつ、配当要求資格を原則として債務名義を有す

る債権者に限定し、かつ、配当要求の終期を短縮することで、優先主義に近い形としている（⇒第6講）。

第4　民事執行手続の当事者及び関係者

1　当事者

　民事執行手続は、執行を求める当事者と執行を受ける当事者との間の対立関係が基本となる。ここで、執行を求める当事者を債権者、執行を受ける当事者を債務者といい、両者を合わせて執行当事者ということがある。この執行当事者は、実体法上の債権者及び債務者と一致する場合が多いが、実体法上の債権者以外の者が債権者となることもあり、また、担保権実行における執行当事者としての債務者は、原則として目的物の所有者であることに注意が必要である。（⇒なお、**サービサー**（債権回収会社）につき、**【検討問題】1**）。なお、第三者による執行担当については債務名義及び執行文のところで説明する。（⇒第2講）

(1)　当事者能力・訴訟能力・当事者適格

　執行当事者となるための一般的な能力（当事者能力）については、判決手続と同様の規律が妥当する（20条）。訴訟能力についても同様である。

　当事者適格は、個々の執行手続において、誰が当事者となるかの問題であるが、強制執行では、債務名義の効力が及ぶ人的範囲によって適格が定まる（23条）。担保権実行では担保権者（又はその承継人）が債権者としての適格を、担保目的物の所有者が債務者としての適格を有する（なお、物上保証の場合、被担保債権の債務者も債務者としての適格を有する場合がある）。

(2)　執行開始後の当事者の変動

　執行開始後に執行当事者適格の変動があった場合、債権者が執行の続行を望む場合は、承継執行文の付与を受ける必要がある（27条2項、規則22条）。しかし、執行開始後に債務者が死亡した場合は、承継執行文がなくともそのまま執行を続行することができる（41条1項。担保権実行の場合は194条による準用あり）。この場合に、相続人の存在又は所在が明らかでないときは、執行裁判

所は相続財産又は相続人のために、特別代理人を選任することができる（同条2項）。

2 関係者

金銭執行としての強制執行や担保権実行の場合、執行当事者以外にも様々な関係者が登場する。例えば、執行開始前から目的財産に対して権利を有する者（担保権者や用益権者）、執行手続開始後に手続参加して、売却または配当等において利害関係を有する者（競合債権者、買受希望者）がそれである。執行手続においては、これら異なる利害関係を持つ関係者の利害を適切に調整することが要請され、その意味で訴訟手続とは異なる考慮が必要である。

第5 民事執行の手続過程

民事執行、特に強制執行と担保権実行の手続過程は、それによって実現を図るべき請求権が金銭の支払いを目的とするか、また、執行対象となる財産が何であるかによって大きな差異がある。ここでは、金銭執行と非金銭執行の共通点及び相違点を概観し、具体的手続については第6講以下で説明する。

1 金銭執行

強制執行・担保権実行を問わず、金銭執行の共通点は、債務者の責任財産又は特定財産を差し押さえてその処分を制限し、これを金銭化（換価）したうえで、その金銭を債権者に配当などするという点である（差押え⇒換価⇒満足の三段階構造）。そして、強制執行の場合は、その開始に当たり、執行文の付された債務名義の正本が必要であること、手続開始にあたって、①債務名義の送達（29条）、②確定期限到来または立担保（30条）、③引換給付や代償請求の場合における反対給付又はその提供等（31条）といった要件を満たすことが必要であるのに対し、担保権実行は法定文書（181条）の提出があれば足りるという点が相違点であるが、その後の基本的な手続は同一である（188条、193条2項）。

2 非金銭執行

非金銭執行は強制執行のみであるが、その請求権の種類によって執行手続（執行方法）は異なり、共通点は見られない。（⇒第12講）

第6 執行機関及び執行共助機関

民事執行を担当する国家機関を**執行機関**という。民事執行法2条は、**執行裁判所**と**執行官**を執行機関とする二元的構成を規定しているが（2条）、現在は少額訴訟債権執行における裁判所書記官がこれに加わる形となっている（167条の2第1項）。民事執行法がこのような多元的構成を採用しているのは、同法が制定される前に制定された執行官法での基本的構想を維持・継承したという面と、執行対象や執行方法の異別に適応する執行機関に分担させることで、実効的かつ迅速な執行手続の遂行を期待したという面がある。そして、執行裁判所は、①権利関係の判断を中心とする観念的執行処分、②執行官や裁判所書記官が執行機関となる場合の補助ないし監督、及び③執行処分に対する不服申立て（執行異議等）の審査を主に担当し、執行官は、①一定の物の差押え、占有取得や引渡し等の事実行為、②執行裁判所が行う観念的執行処分の実施または基盤整備をなす事務、及び③執行裁判所の個別の裁判により執行官が取り扱うべきものとされた事務（裁定事務）を主に担当する。

1 執行裁判所

執行裁判所の構成は、原則として地方裁判所の裁判官による単独体である（裁判所法25条、26条1項、簡易裁判所又は家庭裁判所が執行裁判所となる場合として、171条2項、33条2項がある）。執行裁判所が担当する執行処分は、口頭弁論を必要的なものとせず（4条）、決定の形式でされる（20条、民訴法87条）。執行処分をするにあたって、必要があると認められるときは、利害関係人その他の者を審尋することができる（5条）。審尋が必要的となる場合として、引渡命令発令の場合における債務者以外の占有者（83条3項本文。ただし例外がある。）、管理人解任の場合の管理人（102条）、代替執行での債務者（171条3項）などが

ある。審尋は、裁判所に呼び出して行う場合と書面提出を求める場合とがあるが、実務上は後者が多い。逆に、審尋が禁じられる場合としては、債権等差押命令での債務者と第三債務者（145条2項）がある。

(1) **観念的執行処分**

不動産執行（44条、188条、195条）、準不動産執行（113条、189条、195条）、債権その他の財産権執行（144条、167条、167条の3、193条2項）、物の引渡執行（170条）、代替執行（171条）、間接強制（172条、173条）、財産開示（196条）などがある。

(2) **補助ないし監督**

主として動産執行・競売手続でみられる。動産引渡命令（127条）、差押禁止動産の範囲変更（132条）、執行官による事情届に基づく配当（142条）、動産競売開始許可（190条2項）などがある。

(3) **不服申立てに対する審査判断**

執行機関のした違法な執行処分に対する不服申立てのうち、執行抗告によるものを除いたもの（執行異議）がこれに該当する（11条1項）。執行抗告における原審却下（10条5項）も執行裁判所が行う。詳細は本講の第7で説明する。

2 執行官

執行官は、裁判の執行、裁判所の発する文書の送達、その他の事務を担当する独立の司法機関であり、地方裁判所に置かれる（裁判所法62条）。執行官は、各地方裁判所によって任命され（同法64条）、裁判所内に事務所を置いて執務を行う国家公務員であるが、個々の執行処分によって得られる手数料を収入源としている点が大きな特徴である（手数料制。実務上は、各執行官又は各地方裁判所間の手数料収入の格差を是正し、執行官の経済的基盤を確立するなどの見地から、売却手数料の全国均等配分制などの運用がとられている）。また、執行官は、債権者の申立てに基づき、法定の手続に則って執行処分を行うが、債権者の代理人ではなく、中立的立場で事務を遂行するという点も重要である。したがって、執行官は、債権者の具体的指示に拘束されるものではなく、自らの責任と判断をもって執行を実施する。

(1) 職務執行

まず、①一定の物の差押え、占有取得や引渡し等の事実行為といった、現実的執行処分としては、動産執行（122条、190条、195条）及び物の引渡し・明渡しの執行（168・169条）がある。次に、②執行裁判所が行う観念的執行処分の実施または基盤整備をなす事務としては、保全処分での不動産の引渡し（55条1項2号、77条1項2号）、現況調査（57条）、売却の実施（64条3項）、内覧の実施（64条の2）、債権等の売却実施（161条1項）、動産引渡請求権の差押えにおける動産の引渡し及び売却（163条）などがある。そして、③執行裁判所の個別の裁判により執行官が取り扱うべきものとされた事務（裁定事務）としては、強制管理や担保不動産収益執行における管理人、代替執行における授権行為を行う者の事務などが実務上は多くみられる。

(2) 執行官の権限

執行官は、執行機関として、債権者の有する権利を実効的かつ迅速に実現すべき責務を負っている。このような責務を果たしうるようにするため、一定の権限が与えられている。まず、執行処分を行うに際して、強制的な立入りや捜索、閉鎖した戸や容器を開けるために必要な処分をすることができる（57条3項、96条3項、123条2項、168条4項など）。また、職務の執行に際し抵抗を受ける場合は、その抵抗を排除するため、威力を用いまたは警察上の援助を求めることができる（6条1項本文）。他方、かかる権限行使が適正にされることを担保するため、住居主等がいない住居に立ち入る場合の立会人の必要（7条）、休日・夜間に住居に立ち入って執行が実施される場合の執行裁判所の許可（8条）、身分証明証の携帯及び求めがあったときの提示（9条）といった規定が置かれている。また、迅速な執行と適正な執行双方の要請に基づくものとして、官庁又は官公署に対する援助要請がある（18条1項）。具体的には、建物明渡しの執行において、建物占有者が身寄りのない高齢者や寝たきりの病人等で、その転居先の確保や保護等について、地方公共団体や公的な福祉関係機関に援助を求める場合に利用することが考えられる。

3　執行共助機関

執行手続において、執行機関と連携しつつ、その担当する事務以外の事務

処理を担当する機関を執行共助機関という。執行手続は、金銭執行、特に不動産執行を例にとれば、申立ての審査、手続開始及び差押えに関する諸手続、売却準備に関する事務、売却後の配当期日の準備事務等、執行機関が行う執行処分からみた場合には付随的ではあるが、手続の円滑な進行等を図るうえでは欠かすことのできない事務が多く存在し、これらの事務処理の質を確保することが、執行制度に対する信頼を確保するうえでは極めて重要である。これを担う主な機関としては、裁判所書記官、執行補助者がある。

(1) **裁判所書記官**

民事執行法は、その立法当初から、かなり多くの手続について、その権限を裁判所書記官に委ねたが（条件成就執行文や承継執行文の付与はその典型である⇒第2講）、近年の法改正により、その権限は拡大の一途をたどっており、従来は裁判官の権限とされていた事項が次々と書記官の権限となっていることが大きな特徴である。具体的には、①差押えの登記・登録の嘱託をはじめとする登記・登録関係事務（48条1項、82条、111条、121条、150条、164条、167条5項など）、②各種の公告や催告等の実務（49条2項、64条5項など）、③物件明細書の作成及びその備え置き等（62条）、④不動産の売却方法の決定（64条1項）、⑤配当表の作成（85条5項）などが挙げられる。

このほか、執行調書の作成事務（5条、69条、85条、199条など）や、執行記録の作成及び保管事務も本来的事務として重要である。なお、利害関係を有する者は、裁判所書記官または執行官に対し、執行記録の閲覧、謄本・抄本・証明書の交付等を請求することができる（17条、執行官法17条、18条）。

(2) **執行補助者**

執行官以外の者で、執行裁判所の命令により民事執行に関する職務を行う者を執行補助者という（6条2項参照）。不動産の評価人（58条）、強制管理・担保不動産収益執行における管理人（96条）、代替執行の授権決定に基づいて執行行為を行う執行官以外の者などがこれにあたる。これらの執行補助者が職務の執行に際し抵抗を受けるときは、執行官に対し援助を求めることができる（6条2項）。

4 各機関の連携

民事執行手続においては、執行機関及び執行共助機関がそれぞれの職分を有していることは前述のとおりであるが、これらは相互に密接に関係し、かつ、一つの執行処分等が次の手続の基礎になっているという重層的な構造を有することからすれば、各機関相互の連携は極めて重要であり、これが機能することで、民事執行の目的がよりよく達成されるといってよい。民事執行の解釈論や実務運用を考えるにあたっては、このような執行の担い手たちが円滑にその事務を遂行するという観点からの検討も必要である。

第7 執行機関の処分に対する不服申立て

執行機関がした執行処分に瑕疵がある場合、あるいは執行機関がなすべき処分をしない場合に、それを是正して手続の適正を確保・回復するため、民事執行法は不服申立ての手段をいくつか定めている。これは大別して、**違法執行**（執行処分あるいはそれをしないことが執行法上違法とされる場合）と、**不当執行**（執行手続それ自体は適法にされているが、その結果が実体法上是認されない場合）とに分けられる。ここでは、前者の違法執行の救済手段である執行抗告と執行異議について説明することとし、後者の救済手段である執行関係訴訟については第3講ないし第5講で説明する。

1 執行抗告
(1) **意義・種類**

執行裁判所の執行処分としての裁判に対し、主としてその手続上の違法を主張して裁判の取消し・変更を求める上訴であり、民事執行法に特別の定めがある場合にのみ認められる（10条1項）。民事執行法制定前は即時抗告が認められていたが、これが濫用されて手続遅延の原因となっていたことから、特別の定めがある場合に限定された。

執行抗告の対象は、①民事執行手続ないし執行救済を途絶させる裁判、②裁判がされた段階で執行抗告を認めないと関係人に重大な不利益を与えるお

それがある裁判、③実体関係の変動ないし確定を生ずる裁判に大別される。それぞれにつき、実務上比較的よくみられるものを挙げると、①では競売申立てや債権差押命令申立てを却下する裁判（45条3項、145条5項）、②では保全処分の申立てに対する裁判（55条6項、77条2項）、③では売却許可または不許可の裁判（74条1項）、引渡命令申立てに対する裁判（83条4項）、転付命令・譲渡命令申立てに対する裁判（159条4項、161条3項）、代替執行・間接強制申立てに対する裁判（171条5項、172条5項、173条1項）がある。

(2) 抗告申立てと執行停止

執行抗告のできる裁判によって直接に不利益を受ける者は、執行抗告を申し立てることができる。ただし、裁判の告知を受けた日から1週間の不変期間内に、抗告状を原裁判所に提出しなければならず（10条2項）、抗告状に抗告理由を記載しなかった場合は、それを提出してから1週間以内に執行抗告の理由を具体的に記載した抗告理由書を原裁判所に提出しなければならない（同条3項、4項）。抗告事件処理及びその基本となる執行事件の迅速処理を確保する点に趣旨がある。

執行抗告がされても、執行手続は当然には停止しないのが原則であり、執行停止のためには抗告裁判所または原裁判所による執行停止の命令が必要である（10条6項）。もっとも、例外的に、確定しなければ効力が生じないとされているものについては、執行抗告により確定が遮断される。実務上多く見られるものとしては、売却許可決定（74条5項）、不動産引渡命令（83条5項）及び転付命令（159条5項）に対する執行抗告がある。

(3) 原裁判所による処理

抗告状を受理した原裁判所は、以下の各場合には、執行抗告を却下しなければならない（10条5項。実務上「原審却下」といわれる。）。①抗告理由書が提出されなかったとき、②抗告理由の記載が具体的とはいえないとき、③執行抗告が不適法で、その不備を補正することができないことが明らかであるとき、④執行抗告が民事執行の手続を不当に遅延させることを目的としてされたものであるとき。この原審却下決定に対してはさらに執行抗告をすることができる（同条8項）。

原裁判所が執行抗告に理由があると認めるとき、再度の考案をすることが

できるが（20条、民訴法333条）、理由なしと認めるときは、その旨の意見を付して事件を抗告裁判所に送付する（規則15条の2、民訴規206条）。なお、抗告裁判所への送付の際、執行記録を送付する必要がないと認めるときは、抗告事件記録のみ送付するに止める（規則7条）。事件の進行停滞を防止するためである。

(4) **抗告審での審理**

口頭弁論を開く必要はなく、決定手続で審理する（4条）。抗告裁判所は、抗告状または抗告理由書に記載された理由に限り調査するのが原則であるが、原裁判に影響を及ぼす可能性のある法令の違反または事実の誤認の有無については、職権で調査することができる（10条7項）。

審理の結果、抗告が不適法であればこれを却下し、理由がない場合は棄却する。抗告に理由があると判断した場合、あるいは上記職権調査により取消事由があると認められるときは、原裁判を取り消す。なお、原裁判が当事者の申立てにかかる場合または裁判事項の性質上何らかの裁判が必要な場合は、取消しに加えて自判または差戻しが必要と解される。執行抗告の裁判に対して再抗告をすることは原則としてできないが、許可抗告（20条、民訴法337条）または特別抗告（20条、民訴法336条）は可能である。法令解釈や実務運用の統一が必要な場合などは、許可抗告は有用である。

2 執行異議

(1) **意 義**

執行抗告の認められない執行処分に対し認められる不服申立て手段のことをいう。執行裁判所がした執行処分については、裁判の形式をとるものに限定されないが、執行停止等の仮の処分や移送の裁判については認められない。執行官のした執行処分については、執行異議のみができる（11条1項）。裁判所書記官が執行機関として行う執行処分についても執行異議ができ（167条の4）、裁判所書記官が執行共助機関としてした執行処分（物件明細書の作成等）についても同様である。

(2) **異議の申立てと執行停止**

執行処分またはその懈怠により自己の法的利益を害される者は、執行異議

を申し立てることができる。執行官の執行処分に対する異議の場合のように、異議の内容によっては相手方が観念できない場合もあるが、異議内容について申立人と利害が対立する者がいる場合は、その者を相手方とすべきである。申立ての時期に制限はないが、異議の対象となる執行手続全体が終了した場合は、申立ての利益は失われる。

執行異議の理由は、執行抗告の場合と同様に、執行処分またはその懈怠といった執行手続上の事実に限られるが、例外として、担保不動産競売開始決定に対する執行異議については、強制競売の場合における請求異議の訴えが認められないことから、担保権の不存在や消滅等の実体上の理由も主張できる（182条）。(⇒第6講)

執行異議は、執行抗告と同様に、執行手続を停止する効力はなく、執行停止等の仮の処分を得る必要がある。

(3) 執行異議の審理・裁判

執行異議は、口頭弁論を経ることを要せず、決定手続による（4条）。当事者に対する審尋が可能である（5条）。

申立てが不適法な場合は却下、理由がないときは棄却の決定をする。申立てに理由があるときは、対象となる執行処分に応じて、当該処分の取消し・変更、新たな執行処分をすることを命じるといった決定がされる。

執行異議の決定に対し、不服申立ては原則としてできないが、①異議に基づいて民事執行の手続を取り消す決定、②民事執行手続を取り消す旨の執行官の処分に対する執行異議を却下する決定、③異議に基づいて執行官に民事執行の手続の取消しを命ずる決定に対しては執行抗告ができる（12条1項）。

第8　執行手続の停止・取消し・障害事由

1　停止・取消しの意義及び種類

執行手続の停止とは、法律上の事由により、強制執行を開始・続行せず、また、開始・続行を阻止する措置を執ることをいう。停止には、債務名義に基づく全体としての執行または各別の執行手続につき、その全体を停止する

場合（全部停止）と、複数の執行当事者や執行対象の一部に限定して停止する場合（一部停止）とに分けられる。また、既にされた執行処分の取消しを伴う終局的停止（39条1項1号ないし6号）と、将来の続行の可能性を残す一時停止（同条項7号及び8号）とに区別される。

終局的停止の場合、執行機関は、執行手続を将来的に停止するだけではなく、既にされた執行処分も取り消さなくてはならない（40条1項。同条項は終局的停止文書の提出による取消しを規定するものであり、執行手続の取消しはこれに限られないことに注意を要する。14条4項、53条、63条2項、104条など）。終局的停止事由が発生した場合でも、既にされた執行処分の効力は直ちには失われないからである。

2　停止等のためにとるべき手続

債務者または第三者が39条1項各号所定の文書を提出することによって申し立てる。債権者が執行力ある債務名義を提出して執行の開始を求めるのと同様に、停止の根拠文書（反対名義ともいわれる）を提出して停止を求めることになる。ただし、対象財産または手続段階によっては停止の効果が発生しない場合もある。例えば、不動産・船舶執行の場合の72条2項・3項、188条、189条、不動産強制競売の場合の84条3項、動産執行の場合の137条がそれである。ただし、転付命令については、一時停止文書の提出と併せて執行抗告を提起することで転付命令の確定を阻止できる（159条6項）。

3　執行処分の取消しの効果

取り消された執行処分は、終局的にその効力を失う。もっとも、執行処分が効力を失うことは、既に完結した実体上の効果を遡及的に消滅させるものではない。例えば、不動産の売却許可決定が確定して代金納付（79条）がされた後に終局的停止文書が提出されても、買受人の所有権取得の効果は覆らない。また、いったん執行処分が取り消された後に、その処分取消しの裁判が執行異議などで覆ったとしても、取り消された処分の効力が復活することはなく、債権者は、改めて執行手続開始を申し立てるか、取り消されたのと同一の執行処分を執行機関に求めることができるに止まる。

4 執行障害

　執行障害とは、強制執行全体が許されなくなる（強制執行手続の障害となる）事由で、民事執行法所定の事由以外のものをいう。停止・取消しがいわば執行手続に内在する事由を問題にするのに対し、執行障害は、執行手続外の事由の発生により強制執行が許されなくなる場合をいう。債務者についての倒産手続開始（破産法42条１項、会社法512条・515条・516条、会社更生法50条１項、民事再生法39条）が典型例である。この事由については、執行裁判所の職権調査事項ではあるが、調査のきっかけとなる文書等の提出は、執行当事者（特に債務者）からされることが多い。執行障害は担保権実行でもありうるが、その範囲は強制執行の場合に比べて狭い（当然に執行障害事由になるのは会社更生手続の場合のみである）。（⇒【検討問題】２）

第9　執行の終了と執行費用

1　執行手続の終了

　特定の債務名義に基づく全体としての強制執行は、債権者が執行債権と執行費用の完全な満足を得たとき、あるいは、執行債権の満足が客観的に不能となった場合に終了する。これに対し、個々の執行手続は、開始された手続の最終段階にあたる行為が完結したとき（不動産執行であれば、債権者への配当等が終了したとき、債権執行では、差押債権者による取立てが完了したときや転付命令が確定したときがこれにあたる）、終局的停止文書の提出またはそれ以外の事由に基づいて執行処分の取消しがされたとき、及び執行申立てが取り下げられたときに終了する。実務上、執行の終了という場合は、後者の個々の執行手続の終了を指している場合が多い。

2　執行費用

　民事執行は私法上の権利の実現であるから、そのための費用は執行当事者が負担する。そして、民事執行手続の開始原因を作ったのは債務者であることから、執行費用は債務者の負担とされている（42条１項）。ここでいう執行

費用には、執行準備費用と執行実施費用とがあり、前者は、執行文の付与を受けるための費用など、強制執行の申立て以前に要した費用をいい、後者は、差押えのための登録免許税、現況調査、評価及び売却のための手数料といった、強制執行実施のための費用をいう。そして、金銭執行においては、その執行手続の中で、目的財産の換価代金から債務名義を要することなく、同時に取り立てることができる（同条2項）。そのうち、債権者全員の利益になる行為に要した費用（共益費用、手続費用。63条1項参照）は、配当において最優先で弁済を受けることができる。それ以外の強制執行においては、執行手続終了後、執行裁判所の裁判所書記官の費用額確定処分を経たうえで、債務者から取り立てることになる（22条4号の2、42条4項）。

【実務の注目点】民事執行法の改正経過

民事執行法は、倒産諸法と並んで、民事手続法の中でも改正の頻度が高い法律である。このことは、民事執行手続が、わが国の金融担保取引や経済情勢等の動きに鋭敏に反応してきたことの現れともいえる。

まず、第一の波は、バブル経済崩壊に伴う競売事件の急増と執行妨害の激化に対する対応策が中心であった。平成8年の改正と平成10年の改正がそれである。これらの改正では、不動産競売での保全処分及び引渡命令の強化（⇒第8講）、執行抗告に対する原決定却下制度の新設、執行官及び評価人の調査権限の拡充（⇒第6講）、売却の見込みのない不動産の執行手続の停止及び取消し制度の新設、買受人の銀行ローン活用を容易にするための登記嘱託制度の改正（⇒第8講）などが行われた。

次に、第二の波は、従来の執行妨害対策に加え、司法制度改革意見書を契機とした、権利実現の実効化の流れが加わったのが特徴である。平成15年と16年の改正はこの中に位置づけられる。平成15年改正の内容は多岐にわたるが、執行妨害対策としては保全処分のさらなる強化（⇒第8講）、民法上の制度ではあるが、短期賃貸借制度の廃止と明渡猶予制度の新設が挙げられる。また、権利実現の実効化としては、担保不動産収益執行制度の新設（⇒第10講）、不動産明渡執行手続の改善（⇒第12講）、競売不動産の内覧制度の新設（⇒第7講）、間接強制の適用範囲の拡張（⇒第12講）、財産開示手続の新設（⇒第11講）、扶養関係債務の履行確保制度の新設（⇒第13講）等が挙げられる。そして、16年改正の内容としては、不動産競売での売却基準価額制度等の新設（⇒第7講）、少額訴訟債権執行制度の新設（⇒第9講）、扶養義務等にかかる金銭債権についての間接強制の許容（⇒第13講）、裁判所書記官の権限の拡大（書記官権限化）、執行官からの援助要請制度の新設等が挙げられる。

そして、近時は、財産開示手続の実効化や、動産執行手続の改善等の立法提案も

されるようになり、財産開示手続の改正については近時の立法(改正)課題になりつつある。

【検討問題】
1　サービサー(債権回収会社)の業務内容の概要と、債権回収業務に関する2つの形態について説明せよ。
2　競売開始決定後、売却実施前に所有者(債務者)が破産した場合、競売手続の進行に影響があるか。民事再生手続や会社更生手続が開始された場合はどうか。債権差押命令が発令された後にこれらの障害事由が発生した場合についても検討せよ。

第2講

強制執行実施の要件
——債務名義・執行文——

第1　債務名義とは何か

　強制執行は、債権者の有する給付請求権を、執行機関の関与のもとに強制的に実現するものであるから、かかる給付請求権が実体的に存在し、かつそれが公証されることが必要である。しかし、このような給付請求権の存在について、執行機関が一々判定し、それに基づいて強制執行を開始していたのでは、迅速な権利の実現はおよそ困難になってしまう。そこで、権利の存在を確定する手続と、それに基づいて権利を実現する手続を分離し、それぞれを異なる機関に担当させること、そして、権利の存在及び内容について、それを一義的に判定できるような体裁を有する文書の存在を要求することで、権利の迅速な実現を図ることが考えられるに至った。このような、強制執行によって実現されるべき給付請求権の内容及び範囲が記載された文書を**債務名義**という。これによって、執行機関は、給付請求権の存否や内容に関する審査をする必要がなくなり、債務名義の正本等を調査するのみで、直ちに強制執行を実施することができるようになった。

　このように、債務名義は、権利の強制的実現を図るうえでの出発点となる重要な文書であり、執行当事者の権利義務関係に重大な影響を及ぼすものであるから、その種類については法律であらかじめ規定しておくことが適切である。そこで民事執行法22条は、特定の文書を債務名義として規定している。ここで掲げられている文書は、確定判決等の、厳格かつ慎重な手続を経て作成される裁判文書と、仮執行宣言付き支払督促や執行証書といった、比較的簡易な手続で作成される非裁判文書とが混在している点が特徴であり

(その中間形態として、裁判上の和解・調停調書がある。)、特に後者の非裁判文書では、それに基づく強制執行が誤っていた場合の損害回復が容易な金銭等の請求権に対象が限定されていたり、債務名義上に表示された請求権の存否等を争う場合の事由（請求異議事由）の範囲が裁判文書に比べて広くなっている点が重要である（35条1項参照）。

第2　債務名義の種類

1　終局判決

我が国の裁判所の終局判決で、強制執行に適する給付請求権を表示する給付判決は、確定したか、または仮執行宣言を付されている場合には、原則として債務名義となる（22条1号・2号）。強制執行になじむのは**給付判決**のみであり、**確認判決**や**形成判決**は、執行力が認められず、債務名義とはならない（例外として、破産法180条5項・6項、会社更生法102条5項・6項、会社法899条5項）。なお、定期金賠償を命じた確定判決の変更を求める訴え（民訴法117条）に対してされた定期金増額判決も、厳密には形成判決的要素を含むものではあるが、増額分について債務名義になると解される。

2　確定判決

形式的に確定した（上訴により取り消される余地のない状態に達した）判決をいう（民訴法116条参照）。

3　仮執行宣言付き判決

判決は、確定前であっても、主文において**仮執行宣言**が付された場合（民訴法259条）は債務名義となる。仮執行宣言とは、裁判確定前に、判決記載の請求権について仮に執行することができる旨を宣言する裁判をいう。仮執行宣言は、申立てまたは職権により、裁判所が必要性ありと判断した場合に付されるのが原則であるが、職権で必要的に付される場合もある（37条1項、民訴法259条2項、367条1項）。仮執行宣言付き判決が債務名義とされるのは、敗

【債務名義（判決）】

平成28年2月25日言渡　同日原本領収　裁判所書記官○○
平成28年（ワ）第302号　貸金返還請求事件
平成28年2月18日口頭弁論終結

判　　　決

東京新宿区西早稲田1－6－1
　　　　　原　　　告　　甲　野　太　郎
　　　　同訴訟代理人弁護士　早　田　稲　男
東京都目黒区目黒本町2－1－3
　　　　　被　　　告　　乙　川　一　郎

主　　　文

1　被告は、原告に対し、金1500万円及びこれに対する平成25年12月1日から支払い済みまで年5分の割合による金員を支払え。
2　訴訟費用は被告の負担とする。
3　この判決は、仮に執行することができる。

理　　　由

第1　請求
　　主文と同じ
第2　請求原因（省略）
第3　裁判所の判断
　　被告は適式の呼出しを受けながら本件口頭弁論期日に出頭せず、答弁書等の準備書面を提出しないので、請求原因事実を自白したものとみなす。
　　　東京地方裁判所民事第○○部
　　　　　　　　裁判官　　丙　山　次　郎

　これは正本である。　平成28年4月18日　裁判所書記官　○○　印
（注）この判決が確定していれば法22条1号の債務名義に、確定前であれば同条2号により債務名義となる。

訴判決について上訴を提起して確定を遮断しうる被告（債務者）の利益に対して、判決で示された権利の迅速な実現を図ろうとする原告（債権者）の利益を保護しようとしたものである。このような債権者の利益に配慮する観点から、これに基づく強制執行は、確定判決に基づく場合と同一であり、最終的な満足まで至ることが可能であるが、他方、上訴によって当該仮執行宣言付き判決の本案部分が取り消された場合、債権者は、執行によって得たものを返還し、また執行による損害を賠償しなければならない（民訴法260条1項・2項）。その意味で、この債務名義に基づく強制執行は、終局まで至ることが可能であるものの、債権者の満足という観点からは暫定的な性格を有するに止まることになる。

4　抗告によらなければ不服を申し立てることができない裁判

抗告を申し立てることができる決定・命令を指す。民事執行法上の保全処分（55条、68条の2、77条）、不動産引渡命令（83条）、代替執行での費用前払決定や間接強制の際の強制金決定（174条、171条）などがあげられる。

5　仮執行宣言付き損害賠償命令

犯罪被害者の権利利益を図るための刑事訴訟法等の一部を改正する法律（平成19年法律第95号。以下「犯罪被害者保護法」という。）により、刑事被告事件の被害者等は、当該刑事事件の係属する裁判所に対して、被告人に対し**損害賠償命令**の申立てをすることができる。この損害賠償命令を出すにあたって、裁判所は仮執行宣言を付することができ、これが付された命令は債務名義となる。なお、損害賠償命令が異議なく確定した場合は、当該命令は確定判決と同一の効力を有するものとして債務名義となる（22条7号）。

6　仮執行宣言付き支払督促

金銭その他の代替物又は有価証券の一定数量の給付を目的とする請求については、債権者が迅速に債務名義を取得する手段として、**支払督促**制度が設けられている（民訴法382条以下）。債権者が支払督促を申し立てた場合、実体審理が行われることなく、裁判所書記官名で支払督促が債務者に発せられ

る。そして、支払督促が送達後2週間以内に債務者から異議が申し立てられなければ、支払督促に仮執行宣言が付され（同法391条1項）、これが債務名義となる（仮執行宣言付き支払督促に対しても異議が可能であり、その場合は通常訴訟に移行するが、債権者は強制執行を申し立てることができる。）。なお、仮執行宣言付き支払督促が債務者に送達されて2週間以内に異議の申立てがなければ、同支払督促は確定し、確定判決と同一の効力を有するものとして債務名義となる（22条7号）。

7　訴訟費用額等に関する裁判所書記官の処分

訴訟費用、和解費用及び非訟事件や家事事件の手続費用の具体的負担額を定める裁判所書記官の処分、42条4項に規定する執行費用及び返還すべき金銭の額を定める裁判所書記官の処分は債務名義となる。

8　執行証書

執行証書とは、金銭の一定の額の支払又はその他の代替物もしくは有価証券の一定の数量の給付を目的とする請求について公証人が作成した公正証書で、債務者が直ちに強制執行に服する旨の陳述（執行受諾文言）が記載されているものをいう。公証人が作成した公正証書のうち、金銭等の一定の数量の給付を目的とする請求（**金額・数量の一定性**）であり、かつ、**執行受諾文言**が記載されているものについて債務名義とすることにしたものである。したがって、執行証書となるためには、(1)公証人が適法・適式に作成した公正証書であること、(2)金額・数量の一定性が証書において認められること、(3)執行受諾文言の記載があることの3つの要件が必要となる。そして、(1)の要件においては、いわゆる署名代理方式による公正証書が適式なものといえるか、(2)の要件においては、事後求償権（民法459条）に基づく債務額が金額の一定性を満たすか、(3)の要件においては、執行受諾の意思表示の法的性格、同意思表示に錯誤等の瑕疵がある場合の効力、無権代理によって同意思表示がされた場合における民法の表見代理規定の適否など、論点が数多く存在する。これらについては、第3講の請求異議の訴え及び第5講の執行文付与に対する異議の訴えで説明する。

【債務名義（執行証書）】

平成28年第○○号

債務弁済契約公正証書

　X（昭和○○年×月□日生）とY（昭和○○年△月×日生）は、平成25年2月1日付金銭消費貸借契約に基づく残元金1500万円につき、以下のとおり債務弁済契約公正証書を作成する。

第1条
　Yは、Xに対し、前記金銭消費貸借契約に基づく残元金1500万円の支払義務があることを認め、これを以下のとおり分割して支払う。
　平成26年1月から同年10月まで、毎月末日限り、金150万円

第2条
　Yについて、以下の事由が生じたときは、Xの通知催告を要さずに当然に期限の利益を喪失し、Xに対して残金を直ちに支払う。
　(1)　分割金の支払を1回でも怠ったとき
　（以下略）

第3条
　Yは、本契約から発生する債務を履行しないときは、直ちに強制執行に服する旨陳述した。

　　　　　　　　　　　　　本旨外要件
　　　　　　　　　　　　　　（省略）

東京都○○区××1丁目5番3号
　東京法務局所属公証人　某

9　確定した執行判決のある外国裁判所の判決

　外国裁判所の確定判決は、民訴法118条の承認要件を満たせばその効力が認められるが、それに基づいて強制執行を実施するためには、わが国の裁判所による**執行判決**を得ることが必要である（24条）。すなわち、外国裁判所の判決は、執行判決と合体することで、わが国における債務名義として認められることになる。この執行判決を得るための要件等については、第5講で説明する。

10　確定した執行決定のある仲裁判断

　仲裁判断は、確定判決と同様の効力を有するが（仲裁法45条1項本文）、仲裁は原則として私人間でのみ行われるものであることから、裁判所において、仲裁判断の効力を認めるべきでない事由（承認・執行拒絶事由。同法45条2項）の有無を審査し、かかる事由がないと認められた場合に初めて債務名義になるとしたものである。すなわち、上記裁判所の判断手続（**執行決定手続**）により、上記事由が認められない旨の執行決定が確定してはじめて、前記仲裁判断と合体して債務名義となる。従来は外国判決と同様に執行判決が必要とされていたが、仲裁の簡易迅速性の確保等の要請から、平成15年制定の仲裁法（平成15年法律第138号）により、決定手続とされた。

11　確定判決と同一の効力を有するもの

　法律において「確定判決と同一の効力を有する」と定められた文書については、強制執行になじむ給付請求権が表示されている限り、債務名義となる。和解又は認諾調書（民訴法267条）、支払督促（同法396条）、犯罪被害者保護法に基づく損害賠償命令や和解調書（同法33条5項、19条4項）、調停調書または調停に代わる決定（民事調停法16条、18条5項、家事事件手続法268条1項）、損害賠償請求権等の査定の裁判（会社法899条、破産法181条、民事再生法147条、会社更生法103条など）、破産債権者表（破産法124条3項）、再生債権者表（民事再生法180条2項）などがあげられる。

　なお、上記「確定判決と同一の効力を有する」文書とは別に、「執行力ある債務名義と同一の効力を有する文書」というものがあり、これも債務名義

となる。具体的には、財産上の給付を命ずる家事審判（家事事件手続法75条）、財産刑・過料その他の制裁を科す裁判の執行命令（刑訴法490条1項、民訴法189条1項、民事調停法36条1項、家事事件手続法291条1項）、国庫の立替費用・猶予費用の取り立てなどの裁判（民訴費用法15条1項、16条、17条）がある。これら文書は、執行文付与を必要としない点で、「確定判決と同一の効力を有する」文書と区別されると解するのが通説・実務であるが、これに対しては反対説も有力である。

第3　債務名義が不要な場合

　担保権の実行に基づく執行手続では、債務名義は必要とされない（181条）。この場合、担保権の存在を証する一定の文書（**法定文書**）が提出されれば執行手続が開始されることになる。これは、執行裁判所における簡易な審査により迅速な手続開始が可能にしたものであるが、実体的権利の存否についても簡易に争う機会を設ける必要が生じ、その結果、競売開始決定に対する執行異議（182条）において、実体的事由に基づく異議も許容することとなった。詳しくは、第6講で説明する。

第4　債務名義の無効と強制執行の効力

　強制執行は、執行文の付された債務名義の正本に基づいて実施され、適式な執行力ある債務名義に基づく限り、強制執行は適法である。そして、執行力ある債務名義の正本に表示された請求権が実体法上不存在ないし無効であったり、消滅していたり、執行証書の成立に瑕疵があったり、執行文の付与が誤っていた場合には、執行終了までの間に請求異議訴訟や執行文付与に対する異議等を提起して執行を阻止することができ、また、執行終了後は債権者に対して損害賠償請求や不当利得返還請求をすることができるが、債務者がかかる手段を行使することなく、強制執行が適式に実施されたときは、

強制執行により買受人は有効に目的物の所有権を取得し、これを覆されることはないと解される。もっとも、このような所有権移転の効果は、執行力ある債務名義の存在が大前提になることからすると、それに瑕疵がある場合、かかる所有権移転の効果を認めるべきかについてはなお問題となる。

これについて、最判昭和43.2.27民集22巻2号316頁（百選8）は、債務名義を騙取してこれに基づき債務者の不動産につき強制競売手続が開始され、同手続により買受人が当該不動産を取得したという事例において、債務名義の効力は債務者に対する関係では無効であるとして、買受人は所有権の取得を債務者に主張できないとした。もっとも、債務名義の内容となっている給付請求権の消滅、不存在または不成立については、それが請求異議訴訟で取り消されない限り、所有権移転の効果が否定されるものではないという判例法理もあることから（最判昭和54.2.22民集33巻1号79頁、百選19）、これらをどのように理解するか、債務名義が無効になる基準としてはどのようなものが考えられるかについては、様々な考え方があり得る。事案毎の判断によらざるを得ない部分もあるが、一般論としては、債務名義作成過程において、債務者に対する手続保障が著しく欠ける場合には債務名義が当然に無効になり、執行手続は当該債務者に対して効力を生じないと考えることができよう。

第5　執行文

1　意義

強制執行のためには、執行力ある債務名義が必要であるが、執行力の存在及び範囲は、債務名義それ自体から一義的に明らかになるとはいえない場合があるから、何らかの方法で執行力の存在及び範囲を明らかにする必要がある。そこで法は、債務名義に執行文を付与することによって執行力の存在及び範囲を公証（＝執行機関に伝達）することとした。このことから、執行文は、債務名義の執行力の存在及び範囲を公証する文書といわれ、かかる**公証機能**が執行文の主たる機能ということになる。

執行文は、債権者の申立てに基づき、執行証書については公証人が、それ

30　第2講　強制執行実施の要件

【執行文】

債務名義の事件番号	平成 昭和　　年（　　）第　　号
執 行 文 債権者は、債務者に対しこの債務名義により強制執行することができる。 　平成　　年　　月　　日 　　（庁名） 　　　　裁判所書記官	
債権者	
債務者	
債務名義に係る請求権の一部について強制執行をすることが出来る範囲	
付与の事由	
イ　証明すべき事実の到来を証する文書を提出 ロ　承継等の事実が明白（規17Ⅱ） ハ　継承等を証する文書を提出 ニ　付与を命ずる判決	該当する符号を下欄に記載する　　再度付与　　　　通

（注）該当事項がない場合には空欄に斜線を引く。

以外の債務名義については記録の存する裁判所の裁判所書記官が付与する。このように、債務名義作成機関に執行文付与の権限を与え、執行機関に与えなかったのは、訴訟裁判所と執行裁判所の分離の観点から、執行機関においては権利の実現に専念させるのが適当と考えられたこと、執行力の存否の判断は、債務名義を作成した機関に担当させた方が適当と考えられたことによる。

2　執行文付与の要件（⇒【検討問題】1）
(1)　一般要件

①債務名義となりうる文書が存在すること、②強制執行になじむ請求権が債務名義に記載されていること及び③執行力が既に発生し、現在まで存続していること（確定判決であれば、再審や請求異議訴訟で取り消されていないこと、仮執行宣言付判決であれば、上訴審で失効していないことなど）が必要である。かかる一般要件を満たした執行文（換言すれば、後述の(2)または(3)の要件が不要な執行文）は、**単純執行文**といわれる。

(2) 請求権が債権者の証明すべき事実の到来にかかる場合

債務名義の記載において、債権者の証明すべき事実の到来が給付請求権発生の要件となっている場合、かかる事実の確認されることによって債務名義に執行力が付与され、強制執行が可能になるから、かかる事実の到来を執行文によって公証する必要がある。この場合の執行文を**条件成就執行文**という。

条件成就執行文が付与されるためには、前記(1)の一般要件（単純執行文付与の要件）を満たすことのほか、債務名義記載の事実が到来したことを証明する文書を債権者が提出することが必要である（法27条1項）。ここで留意すべきは、「文書」による証明が必要であるということと、債務名義に証明すべき事実が記載されていることが要件になるということである。

(3) 債務名義に記載された当事者以外の者が執行当事者となる場合

この場合、債務名義の執行力が債務名義記載の当事者以外の者に及ぶこと（執行力の主観的範囲内であること）を確認して初めてその者に対する債務名義に執行力が付与され、強制執行が可能になるから、執行力の主観的範囲内であることを執行文によって公証する必要がある。この場合の執行文を**承継執行文**という。

承継執行文が付与されるためには、前記(1)の一般要件（単純執行文付与の要件）を満たすことのほか、債務名義に記載された者以外の者に執行力が及ぶことを文書で証明することが必要になる（執行文付与機関に明らかであれば証明は不要である。）。ここでも条件成就執行文と同様、文書による証明が必要となる（27条2項）。

なお、この承継執行文の派生類型として、債務者とすべき承継人等が特定できない場合でも、その者に執行力が及ぶことを認める執行文（**債務者不特定執行文**）もある（27条3項）。

3 執行文付与の手続

(1) 執行文付与機関による付与

前述のとおり、執行文は、債権者からの申立てに基づき、訴訟記録の存在する裁判所の裁判所書記官または公証人が要件を審査して付与する。付与の

具体的方法につき、民事執行法は、債務名義の正本に付記する旨規定しているが（26条2項）、実務上は、債務名義の末尾に執行文用の用紙を綴じて契印する方法が採られている。

(2) 執行文付与の訴え

前述のとおり、執行文付与機関による執行文付与に当たっては、文書による証明しか許容されていないことから、付与要件について文書による立証ができなければ、執行文付与機関としては付与を拒絶せざるを得ない。しかし、要件を充足しているのであれば、それを文書以外の方法で証明する形で執行文付与の機会を残しておく必要がある。そのために設けられたのが**執行文付与の訴え**である（法33条1項）。（⇒**第5講**）

第6　執行力

1　意義

債務名義に表示された給付請求権の強制執行による実現を求めうる力を執行力という。このような、強制執行による実現を前提とするのが狭義での執行力であるが、強制執行以外の方法で裁判の内容を実現する効力も**執行力**と呼ぶこともある（広義の執行力）。例えば、確認判決や形成判決での執行力や、登記請求を認容する確定判決で、登記手続を単独で申請しうることも、広義の執行力の表れである。この点、広義の執行力が認められるとしても、登記手続を命ずる判決に仮執行宣言を付すことができるかについては争いがあり、否定するのが通説及び実務の一般的取扱いである。

2　執行力の人的範囲

(1) **債務名義に表示された当事者**（23条1項1号）

給付判決に基づく強制執行では、原告が執行債権者、被告が執行債務者ということになる。

(2) **債務名義に表示された当事者が他人のために当事者となった場合のその他人**（23条1項2号。執行証書の場合を除く）

　第三者の訴訟担当における利益帰属主体がこれに該当する。破産管財人、遺言執行者、選定当事者を当事者とする債務名義は、破産者、相続人、選定者のために、またはそれらに対して執行力を生じる。

　ここでは、債務名義に表示された当事者について**法人格否認の法理**を適用し、その背後者である個人または法人に執行力を及ぼすことができるかが問題になる。これについて判例は消極説に立っているが（最判昭和53.9.14判時906号88頁、百選9）、学説上は積極説や折衷説（濫用型事例の場合は適用を否定するが、形骸化事例の場合は適用を肯定する説等）も有力である。

(3) **承継人**（23条1項3号）

　前主の法的地位を、判決である債務名義については口頭弁論終結後、また、それ以外の債務名義については債務名義成立後に承継した者である。承継の態様は一般承継でも特定承継でもよく、原因についても私法上の法律行為に限られない。各種の債務名義において、具体的にどのような事情があった場合にどの範囲の者を承継人として執行力の拡張を認めるかについては、承継人に対する執行力拡張の根拠論とも関連し、種々の困難な問題がある（⇒【検討問題】2）。

(4) **請求の目的物の所持者**（23条3項。執行証書の場合を除く）

　目的物とは、特定物の給付請求の対象である動産または不動産をいう。この場合、目的物を債務名義成立前から所持する者に対する強制執行を許すことになることからすれば、ここでいう所持者とは、専ら前記(1)〜(3)に掲げる者のために占有している者に限られ、自己の権利に基づき自己のために占有する者（賃借人や質権者等）は含まれないと解されている。

(5) **第三者の執行担当**（⇒【検討問題】3）

　第三者が、実体的権利の帰属主体に代わって自己の名で民事執行手続を遂行したり、執行を受ける資格が認められる場合を、**第三者の執行担当**という。この第三者の執行担当は、訴訟担当と同じく、法律の規定を根拠とする法定執行担当と、帰属主体からの授権を根拠とする任意的執行担当とに分けられる。前者の例としては、債権を差し押さえた債権者の取立て（155条）、

破産管財人による破産財団所属の有名義債権の取立て（破産法80条参照）などがあり、後者の例としては、選定当事者が選定者の請求権につき勝訴判決に基づいて執行する場合や、区分所有建物の管理者が滞納管理費等に基づいて執行する場合などがある。

【実務の注目点】権利能力なき社団の被執行適格

　権利能力なき社団に属するが、その代表者等の個人が所有者として登記されている不動産を、社団所有の財産として強制競売手続により差し押さえる場合、従来は、社団の代表者等を、債務者である社団のために「請求の目的物を所持する者」（23条3項）であるとして承継執行文の付与を受け（27条2項の類推）、名義人を債務者として強制競売申立てができると解する説が有力であった（この説の場合、承継執行文の付与の申立てに代えて、又は付与申立ての拒絶処分に対して、名義人を被告として執行文付与の訴えを提起することになる。）。しかし、近時の判例（最判平成22.6.29民集64巻4号1235頁、百選7）は、このような見解は採用せず、「権利能力のない社団を債務者とする金銭債権を表示した債務名義を有する債権者が、構成員の総有不動産に対して強制執行をしようとする場合において、上記不動産につき、当該社団のために第三者がその登記名義人とされているときは、上記債権者は、強制執行の申立書に、当該社団を債務者とする執行文の付された上記債務名義の正本のほか、上記不動産が当該社団の構成員全員の総有に属することを確認する旨の上記債権者と当該社団及び上記登記名義人との間の確定判決その他これに準ずる文書を添付して、当該社団を債務者とする強制執行の申立てをすべきものと解するのが相当であって、法23条3項の規定を拡張解釈して、上記債務名義につき、上記登記名義人を債務者として上記不動産を執行対象財産とする法27条2項の執行文の付与を求めることはできないというべきである。」とした。この判決により、実務的には、名義人を債務者又は被告とする承継執行文付与の申立てまたは執行付与の訴えの提起は不適法ということになったといえる。この判決に対しては、裁判機関と執行機関とを分離している執行法の基本構造のもとで、執行裁判所が執行処分のために、執行債権者だけから提出された資料に基づいて、登記記録上の一般に公示されている第三者の所有権を侵す執行処分をするのは理論上直ちに首肯しがたいといった中野教授からの批判があった（判タ1341号10頁以下）。しかし、中野教授は、近時、前記最判の判示内容では登記名義人に対する手続保障は十分に確保されていないとしつつも、権利能力なき社団に対する債務名義により、当該社団に属する不動産に対して金銭執行を開始させるには、その債務名義に、社団に対する単純執行文だけでなく、執行対象不動産の社団財産性を証明する文書の提出を前提として登記名義人に対する特殊執行文（23条3項類推）の重畳付与を受け、これによって成立した執行正本をもって執行

申立てをすることが必要であり、かつ十分であるとする見解を明らかにしており、注目される（中野＝下村131頁以下参照）。

【検討問題】
1　引換給付を内容とする確定判決を債務名義とする強制執行の場合、強制執行の開始のための要件と執行文の種類及び付与手続はどのようになるか。また、条件付判決の場合はどうか。
2　承継人に対して執行力が拡張される根拠については、大別して権利確認説と起訴責任転換説の対立がある。それぞれの説の内容を説明したうえ、その当否について検討せよ。
3　株主による責任追及等の訴え（会社法847条）において請求が認容された原告（株主）は、同判決を債務名義として、自らが執行債権者となって被告（取締役等）の責任財産に対して強制執行することができるか。できるとした場合、執行文はどのようになるか。

第3講

執行関係訴訟(1)
――請求異議の訴え――

第1　執行関係訴訟の意義及び種類

　民事執行の実体法的基礎または執行力に関する紛争を解決する訴訟を執行関係訴訟という。執行関係訴訟は、不当執行に対する救済を目的とする権利救済訴訟（不当執行の意義及び違法執行との区別については第1講参照）と、権利の実現を助力することを目的とする権利実現訴訟との2つに分けることができる。前者の例としては、請求異議の訴え（35条）、執行文付与に対する異議の訴え（34条）、第三者異議の訴え（38条）及び配当異議の訴え（90条）があり、後者の例としては、執行判決を求める訴え（24条）、執行文付与の訴え（33条）及び取立訴訟（157条）がある。ここでは権利救済訴訟のうち、請求異議の訴えを扱う（第三者異議の訴え⇒**第4講**、執行判決を求める訴え及び執行文付与の訴え⇒**第5講**、配当異議の訴え⇒**第8講**、取立訴訟⇒**第9講**）。

第2　請求異議の訴え

1　意義・趣旨及び機能
　請求異議の訴えは、裁判による債務名義については、特定の債務名義に記載された請求権の存在や内容等についての異議を主張し、また、裁判以外の債務名義の成立については、上記存在及び内容のほか、債務名義の成立に関する異議を主張して、強制執行の不許を求める訴えである（35条1項）。
　訴訟裁判所と執行裁判所の分離（第1講参照）のもとでは、執行裁判所は実

体上の請求権の存否や態様について審査する権限を持たないから、強制執行に当たっては、執行力ある債務名義の正本に基づいて行うべきことになる。債務名義は、一般的には高度の蓋然性をもって請求権の存在と内容を表示するものであるが、表示通りの請求権が実体法上存在せず、あるいは、名義成立当時には存在したがその後消滅したり、内容や態様に変更が生じる場合もある。この場合でも、債務名義の執行力は当然には消滅したり変更したりすることはなく、強制執行が手続的に無効になるということはない。しかし、このような強制執行は、実体法的には不当であることに疑いはないから、債務者において、かかる不当な強制執行を排除または阻止できるようにする必要がある。これにつき、民事執行法は、かかる不当執行の排除または阻止のために、債務者が債務名義の効力を停止または取り消す途を認めている（39、40条）。その方法としては、債務名義のもととなった判決につき、上訴・異議または再審等の不服申立てによって債務名義自体を取り消すという方法が考えられるが、これらは常に利用できるわけではなく、また、利用できる債務名義には限界がある（執行証書ではこの方法は採れない。また、和解調書や調停調書では無効確認訴訟を提起する必要がある。）。そこで、民事執行法は、上記不服申立て以外に独立の訴えを認めた。それが35条1項前段の請求異議の訴えである。その趣旨は、債務名義に表示された請求権の存在または内容に関する異議申立権を保障し、その債務名義の執行力を否定する機会を付与することで、不当執行からの救済を図るという点にある。

　他方、裁判以外の債務名義（執行証書、和解調書、調停調書等）については、上訴・異議等による是正手段が認められておらず、また、これら債務名義の成立過程の瑕疵の有無に関する審理は、債務名義の有効性に関する審理と密接に関連することからすれば、裁判以外の上記各債務名義については、請求権の存在及び内容に関する異議のみならず、債務名義の成立に関する異議を認める必要性が高い。そこで民事執行法は、債務名義の成立に関する異議についても請求異議の訴えが提起できるものとした（35条1項後段）。このような類型の請求異議の訴え（転用型ともいわれる）は、裁判以外の債務名義について準再審の機能を持つとされている。

2 法的性格

請求異議の訴えの法的性格については、様々な見解が主張されており、大別すると、形成訴訟説、確認訴訟説、救済訴訟説及び命令訴訟説がある。

形成訴訟説とは、特定の債務名義に基づく強制執行が許されないことを宣言して債務名義の執行力排除を求める形成訴訟とする説である。この説に立った場合、債務名義が表示する請求権の存否や債務名義の効力が訴訟物となるものではないから、請求異議訴訟につき認容判決が確定した場合でも当該債務名義が表示する請求権の存否の判断は判決理由中の判断に止まり、既判力によって確定するものではないということになる（民訴法114条1項）。しかし、認容判決の確定によって債務名義の執行力は全部または一部につき形成的に排除され、その時点で執行が不適法となる。また、形成判決であるから対世効も有する。

確認訴訟説は、債務名義に表示された実体上の給付義務の不存在確認の訴えと解する説である。この説に立った場合、訴訟物は、債務名義に表示された実体上の法律関係が訴訟物になり、その中で更に説が分かれることになる。次に、**救済訴訟説**とは、強制執行を許さないという形成権と、その前提としての実体権の不存在確認とを併有するのが請求異議と解する説であり、**命令訴訟説**は、執行債権をめぐる実体権を確定し、その確定の結果を執行機関に対して宣言（命令）するという二重の構造を有すると解する説である。いずれの説も、（債務名義に表示された）実体権の存否を問題にするという点では共通するから、訴訟物については、確認訴訟説と同様に、債務名義に表示された実体上の法律関係が訴訟物ということになる。このことからわかるように、法的性格に関する争いは、債務名義の基礎にある実体上の法律関係を債務名義の執行力排除という形成的効果との関係でどのように位置づけるか（どちらを中心に考えるか、双方を複合的・並立的に捉えるか）の問題であるといってよい。

3 異議権と異議の事由──請求異議の訴えの訴訟物

形成訴訟説（異議権説）に立つとした場合、訴訟物の個数の決定基準が問題になる。これについては、債務名義が同一である限り、1個の**異議権**が訴

訟物になると解するのが妥当である。このように、訴訟物を異議権1個と解した場合、実体上の異議の事由は、請求を基礎づけるための攻撃方法ということになると解される。

4 異議の事由（各論）

(1) 請求権の存在に関する異議

債務名義記載の請求権がそもそも実体的に不存在の場合である。これについては、請求権の発生を妨げる事由と、一度発生した請求権が事後的に消滅する事由とに分けるのが一般である。前者は、公序良俗違反（民90条）、要素の錯誤（民95条）といったものが、後者は、消滅時効（民167条）、弁済（民474条）、相殺（民505条）、解除（民540条）といったものが典型例である。

(2) 請求権の内容に関する異議（⇒【検討問題】1）

債務名義記載の請求権は存在するものの、その内容が変更されていたり、その責任態様が異なっている場合である。例えば、相続による限定承認がされた場合（民922条）、倒産手続において免責許可決定がされた場合（破産法253条、会社更生法204条）などがある。

債務名義表示の債権が差押えや仮差押えを受けた場合、債務名義上の債務者が請求異議の訴えを提起しうるかにつき、判例は否定している（最判昭和48.3.13民集27巻2号344頁、百選52）。

(3) 請求権の行使に関する異議

債務名義記載の請求権は存在するが、その行使について異議がある場合である。判例は、不執行の合意がされ、それが判決主文に記載された場合について、かかる合意は実体法上の契約であるとして、かかる合意に反する強制執行は請求異議の事由になるとしている（最判平成18.9.11民集60巻7号2622頁、百選1⇒【実務の注目点】）。その他、判例は、強制執行が権利濫用あるいは信義則違反に該当する場合には請求異議事由になりうるとしているが（最判昭和37.5.24民集16巻5号1157頁、最判昭和43.9.6民集22巻9号1862頁）、その要件はかなり厳格である（最判昭和62.7.16判時1260号10頁）。

(4) 債務名義成立に関する異議

これは、執行証書や和解調書で問題になる異議の事由である。

執行証書では、公証人に対する公正証書作成嘱託や、公証人に対する執行受諾の意思表示に瑕疵があるとの主張がされることが多い。判例上、異議の事由ありと認められたものとして、代理人が本人と称して作成嘱託をした場合（最判昭和51.10.12民集30巻9号889頁、最判昭和56.3.24民集35巻2号254頁、百選2）、錯誤による執行受諾の意思表示（最判昭和44.9.18民集23巻9号1675頁）及び無権代理行為による執行受諾の意思表示などがある。なお、無権代理に関連して、表見代理規定の適用があるかについて争いがあり、判例は一貫して適用を否定しているが（最判昭和44.10.31判時576号53頁など）、これは学説からの批判が強い。和解調書・調停調書についても、執行証書に関する上記判例が基本的には妥当すると解される。

5　異議事由の時的制限

確定判決についての異議の事由は、当該確定判決が既判力を有することから、その基礎となった前訴の事実審口頭弁論終結後（基準時後）に生じた事由でなければならない（35条2項）。したがって、既判力を有しない債務名義については、かかる時的制限は問題にならないことになる。そこで以下では、債務名義が確定判決で、基準時後の形成権行使が問題となる場合を例に検討する。

(1)　法律行為の取消し

最判昭和36.12.12民集15巻11号2788頁は、所有権保存登記の抹消登記手続請求の前訴において、書面によらない贈与の主張が認められて請求が棄却された後、この贈与を民法550条により取り消し、所有権移転登記手続請求の後訴を提起した事案において、前訴判決確定後は既判力の効果として贈与契約の取消権の行使は許されない旨判示した。さらに、最判昭和55.10.23民集34巻5号747頁は、「売買契約による所有権の移転を請求原因とする所有権確認訴訟が係属した場合に、当事者が右売買契約の詐欺による取消権を行使することができたのにこれを行使しないで事実審の口頭弁論が終結され、右売買契約による所有権の移転を認める請求認容の判決があり同判決が確定したときは、もはやその後の訴訟において右取消権を行使して右売買契約により移転した所有権の存否を争うことは許されなくなるものと解するのが相当で

ある。」と判示し、後訴での詐欺による取消しの主張を排斥した。この判例に対しては、取消権という実体上の権利行使を不当に制約するものであるとして、既判力による遮断を認めない見解も有力に主張されているが、判例と同様に遮断を認める見解が多い。

(2) 契約の解除

解除権の行使についての最高裁判例はなく、学説も対立しているが、取消権と同様に既判力による遮断を認める見解が多い。この点、請求異議の訴えとの関係で考えられる具体例としては、原告の給付請求に対し、被告が契約の不成立や無効などを主張して争ったが敗訴し、その後被告が、基準時前から発生していた解除原因に基づいて解除権を行使し、これを異議の事由として請求異議の訴えを提起する場合が考えられる。この場合も、解除権の行使により前訴での勝訴当事者の地位が無に帰してしまうことを考慮すれば、遮断を認めるべきではないかと考えられる。

(3) 相殺権の行使

最判昭和40.4.2民集19巻3号539頁は、前訴基準時前に相殺適状にあったが、相殺の意思表示は基準時後にされたという事案につき、「相殺は、当事者双方の債務が相殺適状に達した時において当然その効力を生ずるものではなくて、その一方が相手方に対し相殺の意思表示をすることによってその効力を生ずるものであるから、当該債務名義たる判決の口頭弁論終結前には相殺適状にあるにすぎない場合、口頭弁論の終結後に至ってはじめて相殺の意思表示がなされたことにより債務消滅を原因として異議を主張するのは民訴法545条2項の適用上許される」として、前訴基準時後にされた相殺の意思表示を異議の事由とすることを肯定した。相殺は、自己の債権を消滅させるという不利益を伴うので、これを行使するか否か、またいつ行使するかは相殺権者の自由な判断に委ねられること、相殺権が行使されたとしても、前訴で勝訴した当事者の地位が無に帰すわけではないと考えられることなどからすれば、判例の見解は基本的には妥当と考えられる。もっとも、相殺権の行使が権利の濫用や執行妨害目的と認められる場合は別論である。

(4) 建物買取請求権の行使

土地所有者が、その敷地上の建物所有者に対し、土地所有権に基づく建物

収去土地明渡請求訴訟を提起し、その認容判決が確定したのち、建物所有者が建物買取請求権を行使した場合、これを異議の事由として請求異議の訴えを提起しうるかが問題になる。そして、仮に請求異議の訴えが提起でき、これが認容されたとしても、それによって前訴認容判決の執行力が全部排除されるのか、あるいは一部排除されるのかが問題になる。

　まず、前訴基準時後は建物買取請求権が実体的に消滅すると解されるのであれば、それを基準時後に行使するということはそもそもありえないことになるから、異議の事由たり得ないということになるのは当然である。しかし、最判昭和52.6.20集民121号63頁は、借地上の建物の譲受人に対して土地所有者から提起された建物収去土地明渡請求訴訟の認容判決の確定後、建物譲受人が建物買取請求権を行使して建物代金の支払を求めた事案につき、「借地上の建物の譲受人が、地主から提起された右建物の収去及び敷地の明渡を請求する訴訟の事実審口頭弁論終結時までに、借地法10条の建物買取請求権があることを知りながらその行使をしなかったとしても、右事実は実体法上建物買取請求権の消滅事由にあたるものではなく、したがつて、建物譲受人はその後においても買取請求権を行使して地主に対し建物の代金を請求することができるものと解するのが相当である。」と判示し、基準時後であっても建物買取請求権は実体的に消滅するものではないと判示した。そして、最判平成7.12.15民集49巻10号3051頁（百選15）は、上記最判52.6.20を受けて、前訴基準時後の建物買取請求権の行使が異議の事由になることを認めた。その理由として同最判は、建物買取請求権は、前訴確定判決によって確定された賃貸人の建物収去土地明渡請求権の発生原因に内在する瑕疵に基づく権利とは異なり、これとは別個の制度目的及び原因に基づいて発生する権利であること、したがって、賃借人が前訴の事実審口頭弁論終結時までに建物買取請求権を行使しなかったとしても、実体法上、その事実は同権利の消滅事由に当たるものではなく、訴訟法上も、前訴確定判決の既判力によって同権利の主張が遮断されることはないと解すべきものであることを挙げている。同最判に対しては、既判力による遮断を認めるべきとする有力説もあるものの、建物買取請求権行使により、建物所有者はその所有権を喪失するという不利益を受けるものであり、前訴での勝訴当事者の地位を無に帰すもの

とはいえないこと、建物の効用維持という建物買取請求権の趣旨も無視しえないことなどからすれば、判例の立場が妥当と解される。よって、建物所有者は、建物買取請求権の行使を異議の事由として請求異議の訴えを提起することができると解される。もっとも、請求異議訴訟が認容され確定した場合、その執行力が全部排除（失効）されるのか、一部についてのみ排除（失効）されるのかについては争いがある。

6 異議事由の同時主張の強制

異議の事由が複数あるときは、原告は、その事由を同時に主張しなければならない（35条3項、34条2項）。異議事由に関する紛争を一つの訴訟手続に集中させることで、請求異議の訴えの繰り返しによる執行手続の遅延を防止し、紛争の一回的解決を図るという点に趣旨がある。ここでいう「異議の事由」とは、前記3と同様に、異議権を基礎づける具体的事由を意味すると解される。また、「同時に」の意義については、同一訴訟手続を意味し、事実審の口頭弁論終結時までは別個の異議事由を主張しうるとする説が多いが、執行関係訴訟の迅速処理の要請や、民事訴訟手続における争点中心審理の理念からすれば、第一審の争点証拠整理手続終結前には異議事由を主張すべき趣旨と解するのが相当ではないかと考える。

7 訴訟手続上の諸問題
(1) 請求の趣旨

形成訴訟説からすると、特定の債務名義を掲げ、当該債務名義に基づく民事執行の全部または一部の不許の宣言を求めることになる。まず、債務名義全体の執行力排除を求める場合は、「被告から原告に対する、○○地方裁判所平成27年（ワ）第1号貸金返還請求事件の判決に基づく強制執行は、これを許さない。」といった形になり、債務名義の一部の執行力排除を求める場合は、「被告から原告に対する、東京法務局所属公証人甲野太郎作成平成27年第1号金銭消費貸借契約公正証書に基づく強制執行は、金100万円を超える部分についてはこれを許さない。」といった形になる。

(2) 請求原因及び抗弁
① 確定判決が債務名義の場合

　異議権発生の原因となる特定の債務名義の存在を主張立証しなければならない。異議権を一種の妨害排除請求権と観念すれば、強制執行の可能性及び危険性のある債務名義の存在は、債務者の責任財産に対する妨害物といってもよいから、この存在を原告において主張立証すべきことになる。しかし、確定判決の場合、判決に表示された給付請求権は既判力をもって確定されたものであるから、上記債務名義の存在を主張立証することは同時に、攻撃の対象となる給付請求権の適法性を基礎づけてしまう結果となる。そこで、原告としては、請求原因の中で、請求権の実体的消滅等の事実をせり上げて主張しなければならないということになる。また、法35条2項から、上記消滅等の事由が前訴基準時（口頭弁論終結時）後に生じた事由であることを基礎づける事実につき主張立証する必要がある。よって、確定判決に対する請求異議における請求原因は、特定の債務名義の存在と、その債務名義に表示された給付請求権が基準時後に実体的に消滅等したことを基礎づける事実の2つということになる。

　これに対し被告は、債務名義に表示された給付請求権の消滅等は上記のとおり請求原因で既に主張されているので、請求原因に対する認否を明らかにすることで足りる（もとより、否認の理由を明らかにすることは必要である。民訴規則79条3項）。

② 確定判決以外の債務名義の場合

　確定判決以外が債務名義の場合、既判力を有しないことから、確定判決の場合のようなせり上がりは発生せず、必要最小限の請求原因として、債務名義の存在を主張立証すればよい。もっとも、争点を早期に明確にするという見地からは、異議の事由について併せ主張することが実務上は望ましい（民訴規則53条参照）。

　これに対し被告は、債務名義の実体上または手続上の適法要件を抗弁として主張立証していく必要がある。具体的には、債務名義に表示された請求権の発生原因事実や、債務名義成立を根拠づける事実ということになる。例えば、後者については、公正証書（執行証書）が債務名義の場合、公正証書記

載の請求権の内容に関する主張のほか、同証書成立過程が適法であることの主張をすべき場合がある。

なお、原告からの再抗弁においては、債務名義記載の請求権の消滅等や、債務名義成立過程での無効原因の存在などを主張していくことになる。

(3) 執行停止等の仮の処分

請求異議の訴えが提起されても、執行力の排除を求めている債務名義に基づく強制執行の開始や続行は当然には停止しない。そこで法は、請求異議訴訟係属中に執行が完了してしまって訴訟の意味がなくなってしまうことを防ぐため、**執行停止の仮の処分**の制度を設けている（36条）。これは、請求異議のため主張した事情か法律上理由があるとみえ、かつ、事実上の点について疎明があったときは、請求異議の受訴裁判所は、終局判決により執行停止の裁判などがなされるまでの感、担保を立てさせて、あるいは担保を立てさせないで強制執行の停止を命じることができるとするものである。執行停止を行うのは執行裁判所ではなく訴訟裁判所であること、請求異議訴訟の提起と同時かその後に申し立てることが必要であること、執行停止等の裁判が発令されただけで当然に執行停止の効力が生ずるのではなく、実際に執行停止等をするためには、その裁判の正本を執行裁判所に提出する必要があること（39条1項6号・7号、40条1項）に実務上は注意すべきである（⇒第1講）。

(4) 判決主文

認容判決では、特定の債務名義につき、それに基づく**強制執行の全部または一部の不許**を宣言する。例えば、「被告から原告に対する、○○地方裁判所平成27年第1号貸金請求事件の判決に基づく強制執行は、これを許さない。」といった形になる。棄却判決及び訴え却下判決については通常の民事訴訟と異なるところはない。なお、(3)の仮の処分がされていた場合、これに関する裁判を終局判決の中でする必要があり、仮執行宣言も必要的となる（37条1項）。

(5) 判決の効力（⇒【検討問題】2）

認容判決が確定したり、仮執行宣言が出されると、その後は当該債務名義に基づく強制執行はできなくなり、原告は、認容判決正本を執行機関に提出して強制執行の停止・取消しを求めることができる（39条1項1号、40条1

項)。棄却判決が確定すると、執行法上の異議権の不存在が確定する。そうすると、その背後にある実体上の請求権には既判力が及んでおらず、敗訴した原告は、強制執行により被告が得た金銭等につき、不当利得返還請求または損害賠償請求の後訴を提起しうるかにもみえる。しかし、このような結論は妥当とは言い難いので、既判力等による遮断を認めるのが一般であるが、その理論構成については、請求異議の訴えの法的性質や訴訟物に関する説の対立も関係して様々な見解が出されている。

【実務の注目点】不執行の合意

不執行の合意とは、債権の効力のうち請求権の内容を強制執行手続で実現できる効力（いわゆる強制執行力）を排除又は制限する法律行為であるとされている（最判平成18.9.11民集60巻7号2622頁。以下「18年最判」という。）。このような不執行の合意がされていたにもかかわらず、強制執行が行われた場合、不執行の合意の存在を異議事由とする請求異議の訴えが許容されるかが問題になる。これにつき、かつての判例は執行方法に関する異議によるべきとしたものがあったが（大判大正15.2.24民集5巻235頁）、18年最判は、執行証書を債務名義として債権差押命令及び転付命令が発令された事案につき、不執行の合意の意義を前記のとおり述べたうえ、請求異議の訴えによるべきであると以下のとおり判示して、前記大判を変更した。「不執行の合意等は、実体法上、債権者に強制執行の申立てをしないという不作為義務を負わせるにとどまり、執行機関を直接拘束するものではないから、不執行の合意等のされた債権を請求債権として実施された強制執行が民事執行法規に照らして直ちに違法になるということはできない。そして、民事執行法には、実体上の事由に基づいて強制執行を阻止する手続として、請求異議の訴えの制度が設けられており、不執行の合意等は、上記のとおり、債権の効力の一部である強制執行力を排除又は制限するものであって、請求債権の効力を停止又は限定するような請求異議の事由と実質を同じくするものということができるから、その存否は、執行抗告の手続ではなく、請求異議の訴えの訴訟手続によって判断されるべきものというべきである。抗告人らは、執行抗告によって不執行の合意等の存在を主張することができるというが、執行抗告は、強制執行手続においては、その執行手続が違法であることを理由とする民事執行の手続内における不服申立ての制度であるから、実体上の事由は執行抗告の理由とはならないというべきである。」。

この18年最判は、執行証書を債務名義とした強制執行の事案であったが、確定判決等の既判力を有する債務名義に基づく強制執行の事案の場合に、上記最判と同じく請求異議の訴えによることができるか、また、請求異議の訴えによることとした場合

に、異議事由の時期的制限事由である35条2項が適用されるのかがさらに問題になる。

これについては、18年最判が債務名義の種類による限定や類型化については特に言及せずに請求異議事由になることを肯定していることからすれば、確定判決を債務名義とする場合においても請求異議の訴えによることができると解される。

次に、35条2項の適否であるが、不執行の合意については、これ自体が訴訟物となるものではないが、これが認められる場合は、単純給付判決の主文に引き続き、「前項については強制執行することができない」という文言が示されるのであり（最判平成5.11.11民集47巻9号5255頁。以下「5年最判」という。）、不執行の合意の存否は、この意味において、訴訟物に準ずるものとして扱われることになると解される。そうだとすれば、前訴の給付訴訟の口頭弁論終結時までに債務者である被告が不執行の合意について主張しなかったり、あるいは主張はしたが認められなかった場合は、単純給付判決がされるのであり、その意味は、限定承認不存在の判断についても既判力に準ずる効力が発生するということに他ならないともいえる。このように考えた場合、前訴判決確定後に、不執行の合意の存在を主張してこれを異議事由とすることは、前訴確定判決の既判力に抵触し、許されないということになるとも思われる。

しかし、5年最判は、「給付訴訟の訴訟物は、直接的には、給付請求権の存在及びその範囲であるから、右請求権につき強制執行しない旨の合意（以下「不執行の合意」という。）があって強制執行をすることができないものであるかどうかの点は、その審判の対象にならないというべきであり、債務者は、強制執行の段階において不執行の合意を主張して強制執行の可否を争うことができると解される。」と判示していることからすると、前訴段階では不執行の合意を主張することなく、強制執行（及びその不服である請求異議の訴え提起）の段階で初めて主張することも許容していると解される。そうだとすると、前訴において不執行の合意を主張しなかったときは、確定判決によって不執行合意の主張は既判力によって遮断されず、請求異議の訴えにおいて初めて不執行合意の存在を主張することもできると解される。

これに対しては、法35条2項の適用を認めるべきとする説から、同一の事由（不執行の合意）を前訴給付訴訟の口頭弁論終結前でも口頭弁論終結後でも任意に主張できるというのは、給付訴訟と請求異議訴訟の無用な重複を強いる結果となり、著しく手続経済に反し、一般的な判決効の理論とも整合しないという批判がある。また、限定承認と遮断効に関する最判昭和49.4.26民集28巻3号503頁と整合するかについても検討の必要があろう。

【検討問題】
1　Xは、Yに対して1000万円の貸金債権があると主張し、貸金返還請求訴訟

を提起した（以下「本件訴訟」という。）。
(1) 本件訴訟係属中にYが死亡し、その妻Z1、子Z2及び子Z3が相続し、本件訴訟を上記3名が承継したが、Xの請求を全部認容する判決が出され、同判決は確定した。これに対しZ1らは、本件訴訟の基準時前に限定承認していたにもかかわらず、それについて主張できなかったとして、上記確定判決について請求異議の訴えを提起した。受訴裁判所はこの訴えについてどのような判断をすべきか。
(2) 本件訴訟において、Xの請求を全部認容する判決が出され、それが確定した後にYが死亡し、(1)同様にZ1、Z2及びZ3が相続したとする。この場合、Xはどのような種類及び内容の執行文を得る必要があるか。また、Z1らがYの相続財産につき限定承認をしていた場合、上記確定判決に対してどのような法的手段をとることができるか。
2 Xは、ある特定の債務名義について請求異議訴訟（前訴）を提起したが、これにつき請求棄却判決がされ確定した。その後、Xが当該債務名義に表示されている給付請求権の不存在確認訴訟（後訴）を提起した。この後訴は前訴の既判力との関係でどのように処理されるべきか。

第4講

執行関係訴訟(2)
——第三者異議の訴え——

第1 意義・趣旨

　強制執行等を実施するためには、その目的財産が債務者に帰属していることが必要であり、これについては執行裁判所が調査することになる。しかし、執行の迅速性確保等の要請から、当該財産が外形上債務者の責任財産に属するとの一応の外観があれば、適法に強制執行等を開始しうるとしている（**外観主義**）。しかし、かかる外観にもかかわらず、当該財産が債務者の責任財産ではないという場合もありうるから、その場合の救済手段も用意しておく必要がある。そこで執行法は、かかる外観主義に基づく執行が第三者の正当な権利を害する場合には、そのような執行を排除する訴えを認めた。これが第三者異議の訴えである。請求異議の訴えが、債務名義に表示された請求権の執行力を排除する訴えであり、債務名義に基づく強制執行の場面でのみ問題となるのに対し、第三者異議の訴えは、特定の財産に対する執行を許さない旨の裁判を求めるものであり、債務名義に基づく強制執行の場合に限られないことが特徴である（担保権実行や形式競売、さらには民事保全手続でも適用がある。194条、195条、保全法46条）。また、請求異議の訴えが、特定の債務名義に基づく執行の可能性を一般的に排除することを目的とするのに対し、第三者異議の訴えは、特定の執行目的財産に対する執行を排除することを目的としており、この点においても差異が見られる。

第2 法的性質（訴訟物）

　請求異議の訴えと同様に、形成訴訟説、確認訴訟説、給付訴訟説、救済訴訟説及び命令訴訟説等の争いがある。**形成訴訟説**（通説。最判昭和38.11.28民集17巻11号1554頁）は、第三者異議の訴えの訴訟物を実体上の権利に基づく異議権と解し、これが認められることで、特定の目的物に対する執行を違法とする形成的効果が発生すると解する説である。**確認訴訟説**は、執行の目的物が債務者の責任財産に属しないという消極的確認又は執行の目的物が原告である第三者に属することの積極的確認を求める訴えであると解する説である。**給付訴訟説**は、執行債権者に対して、当該執行目的物に対して執行してはならないという不作為を求める訴えと解する説である。**救済訴訟説**は、上記形成訴訟説と確認訴訟説の内容を併せ持つ訴えと解する説であり、命令訴訟説は、当該執行目的物に対する執行が原告との関係で実体法上違法であることを確定するとともに、それを執行機関に対して判決主文で宣言し指示する訴えと解する説である。

　どの説もそれぞれ説得力があり、容易には決しがたいところではあるが、ここでは、学説において有力であり、実務上の通説とされる形成訴訟説を前提に検討する。この説に立った場合、第三者異議の訴えの訴訟物は前述したとおり実体上の権利に基づく異議権であり、訴訟物の異同は、債務名義、執行の種類及び執行の対象によって決定されると解される。また、原告が主張する異議の原因は、訴訟における攻撃防御方法ということになると解される。

第3 異議事由総論

　法38条は、異議事由について、「所有権その他目的物の譲渡又は引渡しを妨げる権利」と規定するのみであり、その意義については様々な解釈が可能であるが、今日の通説は、第三者が執行目的物につき一定の権利ないし保護されるべき法的地位を有し、それが侵害され、かつその侵害につき執行を受

忍する理由がない場合に認められると解しており、単に権利を有することだけでは異議事由には該当しないと解している。以下、問題となる権利ごとに検討するが、実務上多い所有権に基づく異議と譲渡担保権に基づく異議については、訴訟における主張立証責任の分配も意識して検討する。

第4 所有権に基づく異議

1 実体上の問題点

異議事由としては実務上最も例が多い。執行目的物について所有権を有するとして第三者異議の訴えを提起する場合、第三者の所有権は差押債権者に対抗できるものでなくてはならないと解される（判例・通説。民法177条の解釈上、所有権を有する第三者にとって差押債権者は「登記の欠缺を主張する正当な利益を有する者」と解されている。）。したがって、第三者が対抗要件を有していないときは、実体上の異議権を有しないと解することになる。もっとも、差押債権者が背信的悪意者の場合は、対抗要件がなくとも実体上の異議権を有すると解されるので、この点を第三者は主張立証すべきことになる。また、執行目的不動産について、所有権移転登記のための仮登記を有する者が、本登記のための実体上の要件を具備すれば、所有権に基づく第三者異議の訴えを提起できるかが問題になり、仮登記に対抗力がないことから提起できないとする説もあるが、仮登記権利者が所有権を取得した以上、その本登記がされるときは順位保全効により差押登記が抹消されることは避けられないことからすれば、第三者異議を認めることが必要かつ相当と考えられる。

2 請求原因及び対抗要件に関する抗弁

所有権に基づく第三者異議の訴えでの請求原因においては、①特定の執行目的物について差押え等の民事執行手続が開始されたこと、②当該目的物について原告が所有権を有すること、③所有権が①の執行により侵害され、かつ、それを受忍すべき理由がないことを基礎づける事実につき主張立証すべきことになる（②につき、原告の所有権について被告が権利自白すればそれ以上の主張

立証は必要ないが、現在の所有について否認した場合は、所有権取得原因を主張立証すべきことになる。)。ここで、対抗要件の具備を請求原因で主張立証する必要があるかが問題になるが、対抗要件の主張立証責任について権利抗弁説（第三者であることに加え、所有権を主張する者が対抗要件を具備するまでは所有権取得を認めないとの権利主張をする必要があるとする考え方）に立つ場合、請求原因において対抗要件の具備を主張する必要はなく、被告が原告の対抗要件欠缺を権利抗弁として主張してきたときに、再抗弁事実として対抗要件を具備したことを主張立証すればよいということになる（もっとも、実務的には、当初の請求原因において対抗要件具備を原告から主張していくことも考えられよう。)。また、背信的悪意者の主張をする場合も、上記権利抗弁に対し、再抗弁として被告が背信的悪意者に該当する具体的事実を主張立証すべきことになる。

第5　譲渡担保権に基づく異議

1　実体上の問題点

(1)　不動産譲渡担保

　譲渡担保権者が所有権移転登記手続を経た不動産につき、譲渡担保権者の一般債権者がこれを差し押さえた場合、譲渡担保を設定した者は所有権に基づく第三者異議の訴えを提起できるかが問題になる。判例（最判平成18.10.20民集60巻8号3098頁）は、被担保債権の弁済期後に譲渡担保権者の債権者が目的不動産を差し押さえ、その旨の登記がされたときは、設定者は、差押登記後に債務の全額を弁済しても第三者異議の訴えにより強制執行の不許を求めることはできないとし、他方、被担保債権の弁済期前に譲渡担保権者の債権者が目的不動産を差し押さえた場合は、少なくとも、設定者が債務の弁済期までに債務を弁済して目的不動産を受け戻したときは、設定者は、第三者異議の訴えにより強制執行の不許を求めることができるとした。これは、被担保債権の弁済期の前後における設定者の目的不動産に対する処分権能の差異に着目し、これに基づいて第三者異議の訴えの提起の可否を分ける考え方といえる。

(2) 動産譲渡担保

動産譲渡担保の場合は、目的物の占有・使用は設定者に留保されるのが通常であるから、設定者の一般債権者が差し押さえることが多いといえる。この場合、譲渡担保権者は第三者異議の訴えにより、上記一般債権者による執行を阻止できるかがここでの問題である。

これについて判例（最判昭和56.12.17民集35巻9号1328頁、最判昭和58.2.24判時1078号76頁、百選16）は、譲渡担保権者は、特段の事情がない限り、第三者異議の訴えを提起できるとしている。学説上は第三者異議の訴えを認める見解が多いが、被担保債権額が目的物の価額を超えて剰余がないときにのみ第三者異議の訴えを認める説も有力である。

2 請求原因及び抗弁

不動産譲渡担保権に基づく第三者異議の訴えでの請求原因においては、①特定の執行目的不動産について差押え等の民事執行手続が開始されたこと、②当該不動産について、原告である譲渡担保設定者と譲渡担保権者との間で譲渡担保設定契約が締結され、その旨登記がされていること、③①の差押えが、②の譲渡担保の被担保債権の弁済期前にされたこと、④被担保債権の弁済期までに原告である譲渡担保設定者が上記被担保債権を弁済し、当該不動産を受け戻したこと、⑤所有権が①の執行により侵害され、かつ、それを受忍すべき理由がないことを基礎づける事実につき主張立証する必要があると解される。

次に、**動産譲渡担保権**に基づく第三者異議の訴えでの請求原因においては、①特定の執行目的動産について差押え等の民事執行手続が開始されたこと、②当該動産について、譲渡担保設定者と原告である譲渡担保権者との間で譲渡担保設定契約が締結されていること、③譲渡担保権が①の執行により侵害され、かつ、それを受忍すべき理由がないことを基礎づける事実につき主張立証すべきことになる。これに対し、被告は、第三者異議の訴えを認めるべきでない特段の事情の存在を基礎づける事実について主張立証していくことになろう。ここでは、被担保債権額が目的物の価額を超えて剰余がないときにのみ第三者異議の訴えを認める説に立った場合に、かかる剰余がない

ことを主張立証することが考えられる。

第6　その他の権利に基づく異議（⇒【検討問題】1）

1　占有権

　占有権の場合、執行に際して目的物の占有を必要とする執行方法か否かによってまずは区別する必要がある。

　まず、執行に際して目的物件の占有を必要とする**動産執行、不動産強制管理、担保不動産収益執行**については、第三者の占有権は引渡しを妨げる権利に該当し、第三者異議の訴えを提起することで執行を排除することができる。そして、この場合の占有権は、直接占有であると間接占有であるとを問わないとするのが判例である（大判昭和6.3.31民集10巻150頁、最判昭和47.3.24判時665号56頁）。もっとも、占有権を有していることだけで第三者異議の訴えが認容されるわけではなく（民202条2項の適用はない。）、当該執行について第三者が受忍しうるかが問題になること、占有権に基づく第三者異議の訴えを認めることは、占有権に藉口した執行妨害に利用されかねないという懸念もある。このような観点からすれば、占有権に基づく第三者異議の訴えは認められないと解することもできるが、差押債権者は、抗弁として、占有者に執行による占有侵害を受忍すべき「本権に関する事由」があることを主張立証しうると解すべきとする見解が学説上は有力である。

　これに対し、**不動産競売**（強制競売及び担保不動産競売）は、執行機関による目的物の占有は執行の内容とはなっておらず、第三者の占有を妨げないから、第三者の占有権は引渡しを妨げる権利には該当せず、第三者異議の訴えは認められない。また、債務者が第三者のために代理占有をする場合に、第三者は（間接）占有権に基づいて第三者異議の訴えを提起することはできる。しかし、**占有移転禁止・執行官保管の仮処分の執行**は、債務者である直接占有者が目的物件の使用を許されている限り、所有者等の間接占有を妨害するものとはいえないから、（間接）占有権に基づく第三者異議は認められないと解される。

2　抵当権・先取特権

　抵当権者は、目的物件の占有使用権を有しないから、目的物件に対する他の債権者の執行につき第三者異議の訴えを提起することは認められない（先取特権者も同じ）。しかし、他の債権者が、抵当権の効力の及ぶ目的物件の付加一体物または従物を差し押さえたときは、抵当権者は、目的物件の価値減損を受忍するいわれはないから、第三者異議の訴えを提起することができると解される（最判昭和44.3.28民集23巻3号699頁、東京地判平成元.5.30判時1327号60頁）。個別の差押えが許容されない財団組成物件に対する差押えがされた場合についても同様である。

3　仮登記担保権

　仮登記担保権の実行と競売との関係につき、仮登記担保法は競売優先の原則を採用し、仮登記担保の清算完了前の申立てによる競売手続と仮登記担保権の実行手続とでは、常に前者が優先するものとしている。これを仮登記担保権者がする第三者異議の訴えとの関係でみると、代物弁済予約により担保仮登記がされている目的物件につき競売が開始された場合、仮登記担保権者が既に清算の完了まで済ませていた場合には、仮登記のままで目的不動産の所有権の取得を差押債権者に対抗することができるものとし、第三者異議の訴えを可能としている（同法15条2項）。これに対し、清算完了前にされた競売申立てに基づき競売開始決定がされた場合、仮登記担保権者は、この競売手続において債権届出をして売却代金の配当等を受けることができるが、第三者異議の訴えを提起することは認められない（同法15条1項、16条1項）。

4　所有権留保

　売買代金債権を担保するため、目的物件の所有権を売主に留保する形式で設定される担保である。動産・不動産とも可能であるが、実際上は動産売買が多い。目的物件は買主が占有していることが一般であることから、買主の一般債権者がこれを差し押さえた場合、留保売主が第三者異議の訴えを提起しうるかという形で問題になる。

(1) **買主の所有物でないことが外観上明認できる場合**

目的物件にネームプレート等が付されている場合が典型である。この場合、差押えは外観主義に反するものであるから違法であり、留保売主は執行異議（11条）を申し立てることもできるが、第三者異議の訴えによることもできるとする説が有力である。

(2) **(1)以外の場合**

この場合、判例は第三者異議の訴えによることを認め（最判昭和49.7.18民集28巻5号743頁）、学説上も同旨の見解が近時は有力である。留保売主は、目的物の取戻しについて格別の関心を有している場合が多く、売主は、その専門知識と販売ルートにより、必要に応じて補修して再商品化したり、執行手続による売却よりも有利に換価をなし得ることから、第三者異議の訴えの提起を認める必要は大きいといえること、被担保債権は売買代金債権であり、目的物件との対価的均衡もとれていることが通常であると考えられるから、第三者異議の訴えを認めても買主の債権者の不利益は小さいといえることなどからすれば、第三者異議の訴えを認めてもよいと解する。

5　ファイナンスリース（以下「リース」という。）

リース契約が締結されている目的物件は、借り手であるユーザーの占有使用下に置かれるのが通常であるから、ユーザーの債権者がこれを差し押さえることがあり得る。この場合、リース業者は、所有権に基づいて第三者異議の訴えを提起しうると解する説が有力である。リース契約は目的物件の所有権移転と結びついていないこと、ユーザーが支払うリース料は、占有使用に対する対価という意味において、所有権留保買主が支払う売買代金とその実質や機能が類似しており、所有権留保での議論がかなりの程度妥当すると考えられることなどを理由とする。

6　債権的請求権

(1) **目的物件が債務者に属する場合**

執行の目的物件が債務者に属する場合に、第三者がこれを目的とする売買・贈与・賃貸借等の債権契約を締結したに過ぎない場合は、かかる契約に基づ

く目的物件の引渡請求権は、「譲渡又は引渡しを妨げる権利」とはならず、これを異議原因とする第三者異議の訴えは認められないものと解される。

(2) 目的物件が債務者に属しない場合

執行の目的物件が債務者に属せず、第三者がこれを取り戻しうる権利を有する場合には、債権的請求権に止まる場合であっても第三者異議の訴えにより執行を排除しうると解するのが通説である。もっとも、債権的請求権しか有しない者は、所有権に基づいて執行官保管の仮処分の執行をした債権者に対抗することはできず、第三者異議の訴えは認められないと解すべきである。そのようなことからすれば、債権的請求権しか有しない場合については、目的物件が債務者に属しない場合であっても、債権者による執行を受忍すべき場合かについて、事案に即した検討が必要になろう。

第7　訴訟手続上の諸問題

1　訴え提起の時期

第三者異議の訴えは、特定の財産に対する執行排除を目的とするから、執行が現実に開始されるまで目的物が特定しない金銭執行の場合、かかる執行開始前の第三者異議の訴えには訴えの利益が認められず、訴え却下となる。もっとも、特定物の引渡しや明渡しの執行（法168、169条）の場合は、債務名義によって目的物が特定されており、これに対して強制執行がされることが確定的に予測できるから、執行開始前（または執行文付与前）であっても第三者異議の訴えの提起ができると解される。また、排除すべき強制執行が終了した後に第三者異議の訴えが提起されたとしても、訴えの利益を欠き不適法却下となる。

2　仮の処分

強制執行の開始及び続行は、第三者異議の訴えの提起によって当然には停止することはないが、請求異議の訴えの場合と同様に、**執行停止等の仮の処分**が認められている（法38条4項、36条、37条）。

3　請求原因

形成訴訟説に立ち、かつ異議権が訴訟物であると解した場合、原告である第三者は、執行法上の異議権の発生原因事実を主張立証しなければならない。具体的には、①差押え等の具体的執行行為が開始されたこと、②目的物の譲渡または引渡しを妨げる権利の発生原因事実、及び③当該強制執行を原告である第三者が受忍すべき理由がないことを基礎付ける事実について主張立証責任を負うと解する。

4　抗弁（第4ないし第6で検討したものを除く）

(1)　法人格否認の抗弁（⇒【検討問題】2）

法人格否認の要件が認められる場合に、当該法人又はその背後者の一方に対して開始された執行に対し、背後者または法人が提起した第三者異議の訴えにつき、差押債権者等の被告は、**法人格否認**を抗弁として主張できるかが問題になる。判例（最判平成17.7.15民集59巻6号1742頁、百選17）は、第三者異議の訴えは、債務名義の執行力が原告に及ばないことを異議事由として強制執行の排除を求めるものではなく、執行債務者に対して適法に開始された強制執行の目的物について原告が所有権その他目的物の譲渡または引渡しを妨げる権利を有するなど強制執行による侵害を受忍すべき地位にないことを異議事由として強制執行の排除を求めるものであるから、第三者異議の訴えについて法人格否認の法理の適用を排除すべき理由はなく、原告の法人格が執行債務者に対する強制執行を回避するために濫用されている場合には、原告は、執行債務者と別個の法人格であることを主張して強制執行の不許を求めることは許されないと判示して、抗弁として主張することを認めた。この見解に立った場合、被告は抗弁において、原告の法人格を否認する具体的事由（形骸化あるいは濫用等）を主張立証していくことになろう。

(2)　信義則又は権利濫用

原告の異議事由の主張が信義則に反することが被告の抗弁事由になることについては争いがない。例えば、債務者所有の物件に対する仮差押えの執行を取りやめさせ、実際は自己の所有する他の物件を債務者所有物件として、これについて仮差押えの執行をさせた第三者が、後に所有権に基づく第

三者異議の訴えを提起して上記執行の排除を求めることは信義則に反し許されないとした判例（最判昭和41.2.1民集20巻2号179頁）がある。

5 判　決

　請求を認容する場合には、**具体的な執行行為の全部または一部の不許**を宣言することになる。仮の処分が先行している場合、請求を全部棄却するときは仮の処分を取り消し、請求を全部または一部認容するときは36条1項に規定する処分を命じ、または、仮の処分を認可若しくは変更しなければならない（38条4項、37条1項）。この裁判を欠くと、裁判の脱漏ということになるので注意を要する。

　認容判決が確定すれば、具体的な執行行為を続行することはできなくなる（形成力の発生）。もっとも、かかる形成力の発生を執行裁判所は常に把握しているとは限らないから、これによって執行が当然に停止又は取り消されるわけではなく、判決の正本が執行機関に提出されることで強制執行が停止し、または既にした執行処分が取り消されることになる（39条1項1号、40条）。認容判決につき、「譲渡又は引渡しを妨げる権利」の権利の存否についての判断には既判力は及ばない。判決理由中の判断に過ぎないからである。

　請求棄却判決が確定すると、訴訟物である執行法上の異議権の不存在が確定することになるが、その後の原告による不法行為に基づく損害賠償請求や不当利得返還請求が既判力により封じられるかについては、第3講の請求異議の訴えで述べたのと同様の争いがある。

【実務の注目点】　預金の誤振込と第三者異議の訴えの適否

　債権その他の財産権が自己に帰属すること、あるいは準共有の関係に立つことを主張する第三者は、所有権の場合に準じて、第三者異議の訴えを提起することができる。この点について特に争いはないが、近時問題になったのは、金融機関での振込みに当たって、本来の振込先でない受取人の預金口座に誤って振り込みがされ、その後当該受取人の債権者が当該受取人の預金債権を差し押さえた場合、振込依頼人が第三者異議の訴えを提起できるかという点である。これにつき、最高裁は、第三者異議の訴えを提起することはできないとした（最判平成8.4.26民集50巻5号1267頁）。その理由は、振込依頼人と受取人との間における振込みの原因となる法律関係の存否

にかかわらず、受取人は銀行に対して振込金額相当の普通預金債権を取得すると解すべきである、振込依頼人は、受取人に対して同額の不当利得返還請求権を有するに止まり、預金債権の譲渡を妨げる権利を取得するわけではない、という点にある。もっとも、このような見解に対しては反対説も有力であり、私見も、誤振込金により受取人の債権者が満足を受けるだけの実体的正当性は認めがたいことや、第三者異議の訴えを認めることで、当事者間において執行開始後早期に問題点を解決するのが妥当と考えられることなどから、反対説が妥当ではないかと考えている。

【検討問題】
1　処分禁止の仮処分の執行後に、その目的物について他の債権者による執行が開始された場合に、仮処分債権者は、処分禁止の仮処分それ自体を理由として第三者異議の訴えを提起できるか。仮に提起できないとした場合、仮処分と執行手続が併存することになるが、その間の調整はどのようにすべきか。
2　第三者異議の訴えにおいて、被告である債権者は、原告に対する抗弁として法人格否認の法理の適用を主張できるとするのが判例であるが（最判平成17.7.15民集59巻6号1742頁、百選17）、この判例と、債務名義の執行力拡張の場面における法人格否認の法理の適用を否定した判例（最判昭和53.9.14判時906号88頁、百選9）との関係はどのように説明することができるか。

第5講

執行関係訴訟(3)
―執行文関係訴訟・執行判決訴訟―

第1 執行文付与に対する異議の訴え

1 意 義

債権者に対して条件成就執行文や承継執行文の付与があった場合において、その付与要件の存在につき不服のある債務者は、執行文付与に対する異議の訴えを提起し、上記各執行文の付された債務名義の正本による強制執行を阻止することができる。これを**執行文付与に対する異議の訴え**という（34条1項）。権利救済訴訟の一つである。

2 執行文付与に対する異議との関係

執行文付与に対する異議の申立て（32条）と同一の異議事由は、執行文付与に対する異議の訴えでも主張できるが（ただし、執行文付与の形式要件の欠缺は除く。）、執行文付与が訴えに基づいてされた場合（33条）は、その既判力を排除する必要があることから、本条の訴えによることが必要的となる。債務者は、執行文付与に対する異議の訴えが可能な場合であっても、異議の申立てをすることは妨げられないし、異議の申立ては、執行文付与に対する異議の訴えが係属中であっても可能と解される。この場合、異議の申立てが却下されても、その決定に既判力はないから、執行文付与に対する異議の訴えには影響はないが、異議申立てが認容されて執行文付与が取り消されれば、執行文付与に対する異議の訴えはその利益を失い、訴えが却下されると解する。

3 法的性質（訴訟物）

請求異議の訴えと同じく、**形成訴訟説、確認訴訟説、救済訴訟説**及び**命令訴訟説**の対立があるが、請求異議訴訟と同様に、執行文付与の要件に欠缺があること（**異議権**）の主張を訴訟物とし、その執行文の効力を失わせる形成訴訟と解する説が有力である。

4 請求原因（請求異議の訴えでの異議事由との関係）（⇒【検討問題】1）

訴訟物を異議権と解すると、請求原因としては強制執行阻止の対象となる特定の債務名義及び執行文の存在を主張すれば足りるものと考えられる。

ここで、執行文付与に対する異議の訴えにおいて、請求異議の訴えにおける異議の事由を請求原因として主張しうるかが問題になる。これにつき、執行文付与に対する異議の訴えは請求異議の訴えと同質であるとして、請求異議事由の主張を認める説（法条競合説）がある。しかし判例（最判昭和55.5.1判時970号156頁、百選14）は、執行文付与に対する異議の訴えにおける審理の対象は、債務名義に表示された条件が成就したものとして執行文が付与された場合の条件成就の有無、又は承継執行文が付与された場合における債務名義に表示された当事者についての承継の存否のみに限られ、その請求原因として請求異議の訴えにおける異議事由を主張することは許されないとした。さらに、前訴である執行文付与に対する異議の訴えの事実審口頭弁論終結時までに生じていた請求異議事由を、後訴である請求異議の訴えにおいて主張することを妨げないとしている（最判昭和55.12.9判時992号49頁）。このようなことから、判例は、両者の訴えを全くの別個独立の訴えとして捉えているものと考えられ（**訴権競合説**）、学説においてもこの説が有力である。したがって、この説に立った場合は、請求原因において請求異議の訴えでの異議事由を主張することはできない（主張自体失当として扱われる）ことになる。この説に対しては、異議事由ごとに提起すべき訴訟を区別するのは執行手続の円滑な進行を妨げることになるのではないかといった批判が加えられている。

5 抗弁

執行文付与が適法になされたことを抗弁として主張立証することが必要と

解される。この場合の適法要件としては、条件成就執行文での条件成就や承継執行文での承継の存在といった点だけではなく、一般の執行文付与要件を充足していることも主張立証すべきと解される。これら執行文付与要件の欠缺は、かかる抗弁に対する否認と位置付けられることになる。

6 訴訟手続上の問題

執行文付与に対する異議の訴えは、執行文が付与された後に提起されなければならないのは当然である。審理手続は一般の民事訴訟と同じであるが、争点は、執行文付与の実体的要件の存否に絞られるので、争点整理及び証拠調べは比較的容易であるといえる。裁判所が異議に理由があると判断したときは、その執行文の付された債務名義の正本に基づく強制執行は許されない旨を宣言することになる。**執行停止等の仮の処分**が可能であることは請求異議の訴えの場合と同様である（37条1項）。

第2 執行文付与の訴え

1 意義・趣旨

請求が債権者の証明すべき事実の到来に係る場合、執行文は、その事実の到来したことを証する文書を提出したときに限り付与することができる（**条件成就執行文**。27条1項）。また、債務名義に表示された当事者以外の者を債権者または債務者とする執行文は、その者あるいはその者のために強制執行できることが執行文付与機関に明白である場合を除き、債権者がそのことを証する文書を提出したときに限り付与することができる（**承継執行文**。27条2項）。このように、条件成就または承継執行文付与の要件を証明する必要がある場合、その証明手段は文書に限られることから、証明不能あるいは証明不十分な場合が生じることは否定できない。しかし、証明手段を文書に限定した趣旨が、執行文付与機関による迅速・確実な審査を可能にするという点にあることからすれば、かかる迅速性や確実性を債権者が求めていない（あるいは求めえない）場合、換言すれば訴訟手続による慎重な審理を求めている

ような場合には、文書以外の証拠方法による証明によって執行文付与の途を設けておくことは合理的と考えられる。そこで執行法は、条件成就又は承継の事実を文書で証明できない債権者につき、（文書による証明以外の方法も認めている）訴訟手続を通じて執行文付与の要件を審理判断しうるものとした。これが**執行文付与の訴え**である（33条1項）。

2　法的性質および訴訟物

執行文付与の訴えも、請求異議の訴えと同様に、**形成訴訟説、給付訴訟説、確認訴訟説、救済訴訟説、命令訴訟説**などの争いがあるが、確認訴訟説が妥当と解する。執行文は、当該債務名義の執行力の現存を証する（執行機関に伝達する）ものであり、執行文付与の訴えにおいては、かかる執行力が現存するか否かを、文書以外の証拠方法によって立証することに重点があると解されることからすれば、この訴えの目的は、債務名義に執行力が存在するか否かを確認・確定する点にあると解するのが自然と思われるからである。認容判決の主文が執行文付与機関に対する執行文付与命令になっているのは、執行文付与機関に対し、判決の趣旨とするところを端的かつ明瞭に伝達するためと考えられるのであり、この訴えの法的性質論とは直接の関係はないということができる。

このように、確認訴訟説が妥当とした場合、執行文付与の訴えの訴訟物は、条件成就又は承継執行文によって公証されるべき執行力の存在ということになると解される。

3　請求原因及び抗弁

(1)　一　般

①特定の債務名義の存在（22条1号ないし7号）、②条件の存在または債務名義記載の当事者以外の第三者が執行当事者となっていること、③条件成就（債権者の証明すべき事実の到来）又は承継を基礎づける事実の3点が請求原因事実になると解される。これに対し、被告の条件未成就の主張は否認となるが、承継について、その承継原因の無効や解除などは抗弁となる。

(2) 請求異議事由の主張の可否（⇒【検討問題】1）

　執行文付与の訴えに対し、被告が、債務名義に表示された請求権に関する異議事由を抗弁として主張できるかについては、執行文付与の訴えの法的性質や訴訟物とも関係して争いがあり、判例（最判昭和52.11.24民集31巻6号943頁、百選13）は、反訴で主張するのであれば格別、抗弁として主張することはできないとして、消極説の立場をとっている。これに対しては積極説・消極説等の様々な学説があるが、民事執行法が、強制執行の実体的要件につき、債務名義と執行文という二段階構造をとり、執行文付与要件について、請求権の存否と切り離されていることからすれば、執行文付与の訴えの中で、請求異議事由の主張を認めることは、上記二段階構造に反すると考えられること、また、実際上も、請求異議事由の主張を認めることは、執行文付与の訴えの審理を重いものとし、原告の権利実現手段の確保という観点からはバランスを欠くものになる可能性が高いことなどからすれば、消極説が妥当である（もっとも、反訴については上記弊害が妥当しないから可能と解する。）。

(3) 公正証書における給付の一定性

　公正証書においては、給付の一定性を満たさない限り、執行力ある債務名義とはならないことから（⇒第2講）、執行文付与の要件として、給付の一定性を満たすかが問題になることがある。そして、給付の中では、特に金額の一定性が多く問題になる。ここでいう、金額の一定性に関しては、必ずしも具体的な数字を執行証書上に必ず示さなくてはならないということではないが、執行証書自体の記載から、直接かつ容易に一定の数額が算定・確定できる程度の記載がなければならないと解される。ここでは、委託を受けた保証人の求償権について作成された公正証書が金額の一定性を満たすかが問題になっている。

　まず、事前求償権（民法460条）については金額の一定性は肯定される。これに対し、事後求償権（民法459条）については争いがある。これにつき、求償の最大限が一定額をもって明らかにされている以上、一定性を満たし、執行証書性を肯定できるとする説が有力であり、同旨の裁判例もある（福岡高判平成2.4.26判時1394号90頁、百選3）。しかし、執行実務上は、金額の一定性の要件を欠き、執行証書性を否定する見解が強い。事後求償権は、保証人が弁

済した弁済額に応じて発生するものであり、公正証書作成時にはその額だけではなく、請求権すら発生していないことからすれば、そもそも一定性を満たす数額を公正証書に記載することはできないと考えられること、肯定説は弁済の事実及び弁済額を執行文付与の際に証明させることで足りるとするが、執行証書の要件である金額の一定性を、執行文付与によって補充・代替させることが果たして妥当といえるか疑問が残ることなどからすれば、肯定説にも一定の理由はあるものの、なお否定説に拠ることが妥当と考える。

4 訴訟上の諸問題

(1) 当事者

債務名義上の債権者が原告、債務者が被告となる。**法人格否認の法理**の適用による第三者に対する執行力の拡張の可否は、執行文付与の訴えにおいて当該第三者を被告とすることができるかという点で実務上現れる。これにつき、Xが損害賠償請求訴訟で勝訴の給付判決を受けたが、その被告A会社が、債務の支払を免れる意図で、別会社であるY会社を設立し、XがYに対して執行文付与の訴えを提起したという法人格濫用事案につき、権利関係の公権的な確定及びその迅速確実な実現を図るために手続の明確・安定を重んずる訴訟手続ないし強制執行手続においては、その手続の性格上、A会社に対する判決の既判力及び執行力の範囲をY会社まで拡張することはできないと判示した最判昭和53.9.14判時906号88頁（百選9）がある。（⇒**第2講第6**）

(2) 審理

一般の判決手続と同様に、必要的口頭弁論により審理がされる。争点整理手続においては、条件成就の有無又は承継を基礎づける事実関係の存否が中心的争点になることが多いと考えられる。

(3) 判決

請求が不適法な場合は訴え却下判決を、理由がない場合は棄却判決をすることになるのは通常の場合と同様である。認容判決の場合、執行文付与機関に対して執行文の付与を命ずる判決をする。確認訴訟説に立った場合、認容判決は、基準時における債務名義の執行力の現存を確定するものであり、こ

の点について既判力が生じることになる。したがって、債務名義に現れている実体的請求権の存否について既判力は生じない。

第3 執行判決を求める訴え

1 意義・趣旨

外国裁判所の判決（以下「**外国判決**」という。）は、一定の要件（承認要件）のもとに日本における効力を認められる（民訴法118条）。しかし、このことは、その外国判決の内容が日本での強制的実現まで承認されたことを意味しない。外国判決の内容を日本において強制的に実現するには、日本の裁判所が、上記承認要件を充足しているか否かを判断しなくてはならないが、その判断内容が必ずしも容易ではなく、証拠などに基づく慎重な判断が要請されること、強制執行が債務者に直接的かつ重大な影響を与えることなどを考えると、これを執行機関に委ねることは相当ではない。そこで民事執行法は、かかる承認要件充足の有無を通常の裁判所による訴訟手続によって確定することとし、かかる裁判と外国判決を一体として債務名義化することで（22条6号）、日本での強制執行が可能になるようにした。かかる承認要件の有無等について判断した判決を**執行判決**といい、このような訴えを、**執行判決を求める訴え**という（24条）。

2 法的性質及び訴訟物

大別して、**形成訴訟説**（外国判決に執行力を付与する判決を求める訴えと解する説）、**確認訴訟説**（外国判決のわが国における執行力の存否や範囲を確定する訴えと解する説）及び**救済訴訟説**があり、形成訴訟説が通説であるが、外国判決と執行判決が一体となって債務名義として扱われる構造が、わが国の債務名義と執行文の関係に類似し、執行文付与の訴えが確認訴訟としての性質を有すると解されることからすると、確認訴訟説が妥当ではないかと考える。

確認訴訟説に立った場合、訴訟物は、当該外国判決の執行力の存否及びその範囲ということになると解される。

3 実体的要件と主張立証責任の分配

(1) 実体再審査の禁止

　執行判決訴訟は、外国判決の日本における執行力の存否及びその範囲を審理判断することを目的とする訴訟であるから、外国判決の裁判内容、即ち、事実認定や法令の適用について再度審査することはその目的に反する。24条2項が、執行判決は、裁判の当否を調査しないでしなければならないとしているのは、そのような趣旨に基づく（**実体再審査の禁止**。ここで、裁判の当否を調査しないということは、判決が日本の法令に照らし是認し得るか否かを判断しないだけではなく、当該外国の実体法及び手続法に照らし是認し得るか否かについても判断しないことを意味する。したがって、当該外国判決に明白な誤りや理由齟齬がある場合でも、その結果判決が当然無効とされる場合や公序良俗違反が問題となる場合以外は、それを理由に執行判決を求める訴えを却下することはできないと解される。）。したがって、執行判決訴訟での実体的要件は、(1)外国裁判所の確定判決が存在すること、及び(2)当該外国判決が民訴法118条各号所定の要件（①外国裁判所の裁判権、②敗訴日本人被告に対する適法な送達または応訴、③日本での公序良俗に反しないこと、④相互保証があること）を充足していること、という2点に限定されることになる。もっとも、(2)②の手続の適法性判断や、(2)③の公序良俗違反の判断に当たっては、外国判決の手続に踏み込んだ審査は必要であり、これは実体再審査の禁止には抵触しないと解される。

(2) 請求原因

① 外国裁判所の確定判決の存在

　「**外国**」とは、日本が国家承認または政府承認している国家に限定されないと解される。国境を越えた権利保護により私的法律関係の安定を確保しようとする制度趣旨からすれば、承認を要件とする必要性はないと考えられる。また、「**裁判所**」、「**判決**」の意義については、外国裁判所での裁判につき、その裁判主体が「裁判所」に該当するか、また、また、その裁判が「判決」に該当するかについては、法廷地法である日本法により決せられるべき問題であると解されるが、「裁判所」については、その国の裁判権を行使する権限を有する機関であればよく、名称や構成を問わないと解される。また、「判決」とは、私法上の法律関係について当事者双方の手続的保障の下

に終局的にした裁判であると解するのが相当であり、また、執行判決が日本における強制執行を可能にするための手続であることから、それに親しむような具体的な給付請求権が表示されていることが必要と解する。

② **民訴法118条の承認要件の充足**（⇒【検討問題】2）

ここでは、外国裁判所が日本の法令又は条約により管轄権を有していること（国際裁判管轄の存在）、手続開始書類の送達がなされていること、判決内容又は訴訟手続が日本における公序又は善良の風俗に反しないこと、及び相互の保証があることが必要であり、これら要件の一つでも欠けた場合は承認要件を満たさないことになる。この要件に関しては、裁判例及び学説が多岐にわたるが、実務的には、最判平成10.4.28民集52巻3号853頁（百選4）の判示内容が重要である。以下、要点を示す。

まず、民訴法118条1号所定の**「法令又は条約により外国裁判所の裁判権が認められること」**とは、我が国の国際民訴法の原則から見て、当該外国裁判所の属する国（以下「判決国」という。）がその事件につき国際裁判管轄（間接的一般管轄）を有すると積極的に認められることをいうものと解される。そして、どのような場合に判決国が国際裁判管轄を有するかについては、これを直接に規定した法令がなく、よるべき条約や明確な国際法上の原則もいまだ確立されていないことからすれば、当事者間の公平、裁判の適正・迅速を期するという理念により、条理に従って決定するのが相当である。具体的には、基本的に我が国の民訴法の定める土地管轄に関する規定に準拠しつつ、個々の事案における具体的事情に即して、当該外国判決を我が国が承認するのが適当か否かという観点から、条理に照らして判決国に国際裁判管轄が存在するか否かを判断すべきものであるとした。（⇒【実務の注目点】）

次に、民訴法118条2号の**「送達」**の要件につき、同号の「訴訟の開始に必要な呼出し若しくは命令の送達」は、我が国の民事訴訟手続に関する法令の規定に従ったものであることを要しないが、被告が現実に訴訟手続の開始を了知することができ、かつ、その防御権の行使に支障のないものでなければならないとした。そして、訴訟手続の明確と安定を図る見地からすれば、裁判上の文書の送達につき、判決国と我が国との間に司法共助に関する条約が締結されていて、訴訟手続の開始に必要な文書の送達がその条約の定める

方法によるべきものとされている場合には、条約に定められた方法を遵守しない送達は、同号所定の要件を満たす送達に当たるものではないと解するのが相当であるとした。さらに、同条2号の「**応訴したこと**」とは、いわゆる応訴管轄が成立するための応訴とは異なり、被告が、防御の機会を与えられ、かつ、裁判所で防御のための方法をとったことを意味し、管轄違いの抗弁を提出した場合もこれに含まれるとした。

次に、同条3号の「**公の秩序**」については、本件のような訴訟費用の負担を命ずる裁判について、訴訟費用の負担についてどのように定めるかは、各国の法制度の問題であって、実際に生じた費用の範囲内でその負担を定めるのであれば、弁護士費用も含めてその全額をいずれか一方の当事者に負担させることとしても、同号所定の「公の秩序」に反するものではないとした。

そして、同条4号の「**相互の保証**」については、当該判決等をした外国裁判所の属する国において、我が国の裁判所がしたこれと同種類の判決等が同条各号所定の要件と重要な点で異ならない要件の下に効力を有するものとされていることをいうと解されるとした（最判昭和58.6.7民集37巻5号611頁参照）。

4 訴訟手続上の諸問題

(1) 管 轄

債務者の普通裁判籍の所在地を管轄する地方裁判所が管轄を有し、この普通裁判籍がないときは、請求の目的又は差し押さえることができる債務者の財産の所在地を管轄する地方裁判所が管轄を有する（24条1項）。専属管轄であることに注意を要する（19条）。

(2) 審 理

通常の民事訴訟と同様である。第3の3(2)で挙げた実体的要件の存否が中心的争点になることが多いと考えられるが、前述のとおり法律判断の要素が強い要件が多いことから、争点整理は迅速に行うことが可能であるし、またそのようにすべきであろう。

(3) 判 決

訴訟要件を欠く場合（当事者適格や訴えの利益の欠缺）は、通常の訴訟と同様に訴え却下の訴訟判決がされる。では、実体的要件が認められない場合はど

うなるか。24条3項が、実体的要件の欠缺の場合（外国判決の確定が証明されないとき、又は民訴法118条各号の要件を具備しないとき）も訴え却下判決をしなければならないと定めていることから問題になるが、同要件は、いずれも外国判決の執行力の存否及びその範囲を確定・公証する上で必要な実体的要件であると解されるから、それが認められない場合は、民事訴訟の原則通り、請求棄却判決をすべきと解する。これに対し、外国判決の確定が証明されないときは訴え却下判決を、民訴法118条の要件が認められないときは請求棄却判決をすべきとする説も有力である。

　全部認容判決については、日本での強制執行が可能なように、外国判決の主文を補充・修正することもできると解する判例がある。例えば、判決国法上、利息が判決主文に記載されないが、執行段階で加算して執行される場合は、利息債務をも日本での執行の対象とすることができるとしたもの（最判平成9.7.11民集51巻6号2573頁）、給与天引きの方法で養育費の支払いを命じた外国判決について、養育費の支払いを命ずる部分の執行力については、日本における効力を認められるとしたもの（東京高判平成10.2.26判時1647号107頁）などがある。もっとも、外国通貨での支払いを命じている外国判決につき、これを内国通貨に換算する必要はない。その場合、債務者は現実の弁済時又は強制執行時の為替相場により換算した日本通貨により支払うことができる（民403条）。

　執行判決が確定すると、日本での執行力の有無及びその範囲に対する判断について既判力が生じることになると解する。また、執行力については、（立法論的には疑問があるが）認容の執行判決後に改めて執行文を得る必要があることに注意を要する。

> **【実務の注目点】　執行判決訴訟での間接管轄**
>
> 　間接管轄につき、どのような場合に判決国が国際裁判管轄を有するかについて、本文で説明した最判平成10.4.28は、当事者間の公平、裁判の適正・迅速を期するという理念により、条理により決定するのが相当であるとしている。これに対し、平成23年の民事訴訟法改正は、財産権上の訴えに関する国際裁判管轄（直接管轄）を法定したが（同法3条の2以下）、間接管轄の存否については、上記最判の枠組みが維持されている。もっとも、この規定は、具体的事件における間接管轄の有無の判断

において当然参考になるものといえる。特に、応訴管轄が生じた場合は（同法3条の8）、その後の執行判決手続で間接管轄について争うことができなくなると解される。

　このような間接管轄に関しては、近時注目すべき判決が現れた。最判平成26.4.24民集68巻4号329頁である。同最判は、営業秘密の侵害を理由に損害賠償および差止めを命じた米国裁判所の判決について、執行判決を求めた事案であり、間接管轄の有無の判断基準について、「人事に関する訴え以外の訴えにおける間接管轄の有無については、基本的に我が国の民訴法の定める国際裁判管轄に関する規定に準拠しつつ、個々の事案における具体的事情に即して、外国裁判所の判決を我が国が承認するのが適当か否かという観点から、条理に照らして判断すべきものと解するのが相当である。」と判示して、前記23年改正法の下においても、間接管轄について前記平成10.4.28の判断枠組みを採用することを明示した点に意義があるといえる。また、この判決は、差止め請求に関する訴えと前記23年改正法で規定された不法行為に関する訴え（民訴法3条の3第8号）との関係、及び間接管轄の場合における「不法行為があった地」（同条同号）の証明の範囲及び程度についても注目すべき判示をしているが、これについては各自で判決文に当たられたい。

【検討問題】
1　執行文付与に対する異議の訴えで請求異議事由を請求原因として主張できるか、また、執行文付与の訴えで請求異議事由を抗弁として主張しうるかという点と、執行力の拡張の根拠に関する起訴責任転換説及び権利確認説（⇒第2講【検討問題】2）とは、どのように関連するか。
2　いわゆる懲罰的損害賠償を命じた外国判決の我が国における承認及び執行に関する問題点について検討せよ。

第6講

不動産競売(1)
——競売の開始及び売却準備——

第1 不動産に対する民事執行の種類と規律

1 不動産に対する民事執行の種類

金銭債権満足のための民事執行のうち、不動産に対する強制執行を**不動産執行**という。不動産執行は、不動産強制競売と強制管理の2つの手続がある。これらは、債務名義（執行文が必要な場合もある）に基づいて開始される民事執行手続であるが、これ以外に民事執行法は、債務名義を必要としない手続として、**担保不動産競売**と、**担保不動産収益執行**の2つを用意している。

2 不動産強制競売と担保不動産競売

不動産を売却して金銭化し、それを債権の満足に充てる手続を**不動産強制競売**という（法43条以下）。この不動産強制競売は、債務名義（場合によっては債務名義のほかに執行文）を必要とするが、他方、債務名義を必要としない**担保権の実行としての競売**もある。これを担保不動産競売という（第1講参照）。民事執行法は、担保不動産競売の手続について、不動産強制競売の規定を多く準用しているが（法188条）、実務上は、担保不動産競売の件数の方が圧倒的に多い。

3 不動産強制管理と担保不動産収益執行

不動産競売が、不動産を売却して金銭化する手続であるのに対し、不動産強制管理及び担保不動産収益執行は、不動産を差し押さえたのちに管理人を選任し、当該不動産の賃料等を収取し、これを債権者の金銭債権満足に充て

るという手続であり、前者は債務名義等を必要とし、後者は必要としないという点で区別される。これについても、強制管理の規定が担保不動産収益執行に多く準用されるが、詳しくは第10講で説明する。

4　まとめ

不動産強制競売及び強制管理は、債務名義に基づくものであり、手続開始については第2講での議論が妥当すること、前記のとおりその後の手続は（法定地上権に関する81条等を除き）担保不動産競売とほとんど差異がないことから、本講から第8講まででは、実務上件数が多く、理論的にも様々な問題がある担保不動産競売手続に焦点を当てて検討する。（なお、188条は一々これを掲記しない。）

第2　担保不動産競売の開始

1　担保不動産競売の実体的要件

担保不動産競売を始めとする担保権実行の根拠は、担保権者の換価権にあることは第1講で説明したとおりであり、担保不動産競売の開始要件は、かかる換価権の発生・行使要件ということになるが、それは、(1)担保権が存在すること、(2)被担保債権が存在すること及び(3)被担保債権の弁済期が到来していることの3つということになる。執行裁判所は、これを担保権者が提出する資料により認定することになるが、以下、その認定判断の構造について説明する。

2　実体的要件認定の基本構造
(1)　**担保権の存在の認定－法定文書制度**（⇒【検討問題】1）

執行裁判所が担保不動産競売の開始要件を認定するに当たっては、債務名義に代えて、担保権の存在を証する一定の文書の提出が必要とされる（181条）。このような文書を**法定文書**という。担保不動産競売は、このような法定文書が提出された場合に限り開始されることになるが（法定証拠）、その趣

第2　担保不動産競売の開始　77

【不動産競売手続の流れ】

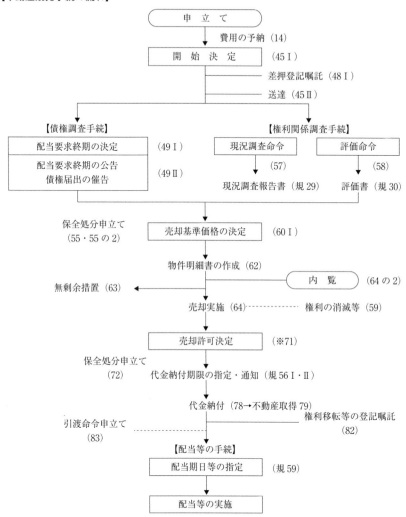

三木浩一編・金銭執行の実務と課題（2014、青林書院）12頁より引用

旨は、執行裁判所における開始要件認定の負担を軽減し、より簡易迅速な競売手続の開始を可能にするという点にあると解すべきである。もっとも、競売手続の開始は、目的不動産の所有者の所有権に対する侵害行為であることからすれば、法定文書は、担保権の存在を高い蓋然性をもって表す文書であり、かつ、その作成に当たって、債務者（所有者）が関与したものであることが必要と解されるが、法181条1項及び2項に規定された文書は、（程度の差はあるものの）いずれもそのような要件を満たすものとしてよい。実務上は、担保権の登記に関する登記事項証明書（181条1項3号）が提出されることが圧倒的に多い。

(2) 実体的要件の認定と執行異議

前記した法定文書は、競売申立ての事実と相まって、担保権の存在についてのみならず、被担保債権の存在や弁済期の到来についての認定根拠となる文書である。しかし、これらの事実認定は、法定文書という、当事者の一方（債権者）が提出した文書に基づく認定であり、他方当事者（債務者、所有者）にその認定を争う機会を保障することが必要になる。これにつき民事執行法は、執行の迅速性確保等の要請から、実体的要件を争う側にその異議申立てや訴訟提起の責任を負わせることとした（**起訴責任の転換**）。特に担保不動産競売での開始決定に対する執行異議では、債務名義に基づく強制競売に対する請求異議の訴えに対応する形で、担保権の不存在または消滅を異議の理由とすることができるとしており（182条）、債務者や所有者に、実体的要件を争う機会を広く認めていることが特徴である。もっとも、執行異議手続の中で、被担保債権の存否等の審理を的確に行うことは必ずしも容易ではないので（調査手段としては審尋くらいしかなく、判断資料の収集に限界がある。）、実務上は、異議の事由によっては抵当権設定登記抹消登記請求訴訟等の提起（及びその前段階としての担保権実行禁止または競売手続停止仮処分の申立て）をしなければならない場合が多い。

3 競売申立て（2条、規則21条、170条）

競売は債権者の申立てによって開始され（2条）、債権者は、申立書に、債権者・債務者及び対象不動産を表示し、担保不動産競売の場合には、さらに

担保権及び被担保債権（請求債権）を表示しなければならない（強制競売であれば、執行力のある債務名義の正本の提出が必要になる。）。対象不動産は、民法上の不動産のうち、登記できない土地定着物は含まれないが、不動産の共有持分や登記された地上権等（43条2項）や、特別法上不動産とみなされるもの（鉱業権、漁業権）については対象になる。なお、管轄は、不動産の所在地を管轄する地方裁判所（不動産とみなされるものについては、その登記すべき地を管轄する地方裁判所）の専属管轄に属する（44条1項、19条）。競売申立てに当たっては、一定額の費用の予納が必要である（14条）。

4 競売開始決定（法45〜47）

執行裁判所は、申立書および添付資料等を審査し、申立てが不適法または理由がないときは却下する。却下決定に対しては執行抗告が可能である（45条3項）。以下では、開始決定がされた場合について述べる。

(1) 開始決定の内容（45条1項）

開始決定において、執行裁判所は、債権者のために目的不動産を差し押さえる旨を宣言しなければならない。

(2) 差押えの効力発生時期

開始決定は、債務者（所有者）に対して送達しなければならない（45条2項）。債務者（所有者）は競売手続において最も利害関係を有する当事者であるから、送達という確実な方法で告知すべきとしたものである。もっとも、差押えの効力発生時点は、開始決定の債務者送達時と差押登記時のいずれか早い方で決する（46条1項）。実務では、債務者による処分を防止する観点から、差押登記がされたことを確認してから、開始決定を債務者に送達する扱いをしている。

(3) 差押えの効果

① 処分制限効（⇒【検討問題】2)

開始決定による差押えによって、債務者による処分行為（所有権の譲渡、第三者のためにする抵当権や賃借権の設定等）が禁止されるが、かかる**処分禁止効**に違反してされた処分行為の効力について、譲渡当事者間では有効だが、執行手続との関係では無効と解されている。そして、民事執行法は、執行手続が

存続する限り、差押債権者や処分行為前に競売手続に参加した債権者だけではなく、処分行為後の差押債権者や配当要求債権者との関係でも処分行為を無効とすべきとする考え方（**手続相対効説**）を採用している。これに対し、処分行為後に出現した第三者には処分行為の効力を主張できるという考え方（**個別相対効説**）も、民事執行法制定前は有力であったが、これでは執行手続上の優先関係の判断がかなり複雑になってしまうという難点があり、採用されなかった。

② **差押目的物の使用**（法46条2項）

差押え後であっても、通常の用法による使用収益は許容される。

③ **付随的効力**

差押えの効力が生じると、被担保債権につき、競売申立ての時点に遡って時効中断効が生じる（民147条2号）。ただし、競売申立てが取り下げられた場合や執行手続が取り消された場合は中断の効力は失われる（民154条）。また、根抵当権者が競売を申し立て、差押えの効力が発生したときは、根抵当権が担保すべき元本は、申立ての時点で確定する（民398条の20第1項1号）。

(4) **二重開始決定**

① **趣旨及び要件**

すでに競売開始決定がされている不動産と同一の不動産について、さらに競売申立てがあったとき、執行裁判所は、申立ての要件を満たす限り、これについても競売開始決定をする。これを**二重開始決定**という（47条1項）。このような二重開始決定は、先行する競売手続が取消しまたは取下げとなった場合であっても、競売手続を当然に続行することができる（同条2項）という点で、単に先行手続に配当要求債権者として参加するよりもメリットがある（先行手続が停止した場合も、申立てにより続行決定をなしうる。同条6項）。

② **効　果**

後行事件は先行事件が進行している限り、その陰に隠れるが、先行事件が取消し・取下げになった場合に顕在化し、以後は後行事件基準で競売手続が進行する。ただし、先行事件と後行事件とでは差押えの効力発生時期に相違があるから、先行事件の処分制限効は引き継がれず、先行事件の差押えと後行事件の差押えの間に設定された用益権の処遇などに変化が生じることになる。

(5) 滞納処分との調整
① 滞納処分が競売よりも先行している場合

滞納処分による差し押さえがされている不動産についても競売開始決定をすることはできるが（滞調法12条1項）、滞納処分が解除されない限り競売が進行しないのが原則である。しかし、競売の債権者から**競売続行決定**の申請（同法17条、8条）があれば、執行裁判所は滞納処分庁の意見を聴いて続行決定を行うことができ、競売を進行しうる（同法17条、9条。実務上は続行決定により競売手続が進行する場合がほとんどである。）。続行決定がされた場合、先行する滞納処分による差押えは、競売手続の差押え後にされたものとみなされ（同法17条、10条）、滞納処分庁は**交付要求**（国税徴収法82条1項、地方税法68条4項等）をすることで配当にあずかることが可能となる。

② 競売が滞納処分より先行している場合

滞納処分による差押えは可能であり、競売手続が中止・停止した場合は滞納処分続行承認決定を得て、滞納処分を進めることができる（もっとも、実務上は停止・中止の例は少なく、滞納処分後も競売が続行される。また、滞納処分をせずに交付要求することも可能なので、それによる例も多い。）。

第3 売却準備手続総論

1 売却準備手続での基礎原理——引受主義と消除主義
(1) 意 義

これは、差押債権者に対抗できる担保権や用益権をどのように処遇するかに関する考え方の対立である。前記売却準備手続の中では、権利関係等調査手続に密接に関連する。**引受主義**とは、差押債権者に対抗できる担保権や用益権を買受人のもとで存続させる考え方であり、**消除主義**とは、このような権利を売却により消滅させ、担保権や用益権の負担のない不動産を買受人に取得させる考え方をいう。引受主義は不動産上の担保権や用益権保護に厚い考え方であるが、買受人は負担付の所有権しか取得できないので買受希望者が少なくなり、売却価額は低下する。これに対し、消除主義では不動産上の

権利者の保護は基本的には図られないことになるが、負担のない所有権を取得できるため、高額での売却が可能になる。

(2) 民事執行法の立場 (法59)

民事執行法は、担保権と用益権の性質に応じて引受主義と消除主義を適宜振り分けているが、基本的には消除主義によっている。

① 担保権の処遇

不動産上に存する先取特権、抵当権および使用収益しない旨の定めのある質権は、売却により消滅する（59条1項）。ただ、差押債権者に対抗しうる担保権は、消滅しても実体法上の優先順位に従い配当を受ける（87条1項4号、85条1項本文及び2項）。仮登記担保権も同様である（仮登記担保法16条）。

これに対し、留置権、使用収益をしない旨の定めのない質権は、買受人の引受となる（59条4項）。留置権は、実体法上優先弁済権が認められていないことから保護の必要があり、使用収益をしない旨の定めのない質権は、その使用収益権を保護する必要があるからである。

② 用益権等の処遇

差押債権者に対抗できない用益権は、売却により消滅する（59条2項）。したがって、差押債権者に対抗できる用益権は、買受人の引受となるが、用益権に優先する担保権があり、それが59条1項により消滅する場合には、売却により消滅する（59条2項）。これにつき、平成15年民法改正前の旧395条では、抵当権設定後の一定期間の賃貸借を保護する制度（**短期賃貸借**）が置かれていたが、執行妨害目的で濫用される事態が少なからずみられたことから廃止され、代わって、抵当建物使用者の**明渡猶予制度**（平成15年改正後の民法395条）や、抵当権者の同意による、抵当権設定後の賃貸借に対抗力を付与する制度（民法387条）が規定されている。

③ 民事保全処分など

まず、仮差押の執行は売却により効力を失う（59条3項）。仮差押債権者は、当然に又は配当要求等により配当参加しうることから、消除主義が採用されている。これに対し、仮処分の執行は売却により消滅する担保権者、差押債権者又は仮差押債権者に対抗できない限り、効力を失う（同条項）。仮処分債権者が有する実体的権利と抵当権者等は対抗問題として処理すること

【売却に伴う権利の消滅等】

権利又は執行			売却による帰趨	根拠等
差押え	①差押え，仮差押え ②滞納処分による差押え		買受人の引受けとはならない（失効） なお，②は民執法59Ⅲの差押えに含まれるから失効するとする説と滞調法32の規定の解釈から失効するとする説がある。	①民執59Ⅲ
担保権	①先取特権，抵当権 ②仮登記担保権		買受人の引受けとはならない（消滅又は失効）	①民執59Ⅰ ②仮担16Ⅰ
	③留置権		買受人の引受けとなる	③民執59Ⅳ
用益権	地上権 永小作権 地役権	①消滅する担保権，差押え又は仮差押えに劣後	買受人の引受けとはならない（失効）	①民執59Ⅱ
		②消滅する担保権，差押え及び仮差押えに優先	買受人の引受けとなる	②民執59Ⅱ 反対解釈
	賃借権	③消滅する担保権，差押え及び仮差押えに優先	買受人の引受けとなる	③民執59Ⅱ 反対解釈
		④消滅する担保権に劣後	買受人の引受けとはならない（失効）ただし，建物賃借権の場合，原則として6か月の明渡猶予あり（例外：登記された賃借権の場合，民法387の同意及び登記がある場合は，引受けとなる。）	④民執59Ⅱ 民395
		⑤差押え，仮差押えに劣後	買受人の引受けとはならない（失効）	⑤民執59Ⅱ
		（短期）賃借権（平16・4・1現在において存在し，消滅する担保権に劣後する民法602条の期間を超えない賃貸借） ⑥差押え又は仮差押え又は滞納処分による差押えに劣後	買受人の引受けとはならない（消滅又は失効） ※滞納処分差押えに劣後するもの消滅	⑥旧民395（附則5）民執59Ⅱ
		⑦仮登記担保権に劣後		⑦旧民395（附則5）仮担16Ⅱ民執59Ⅱ
		⑧差押え，仮差押え，滞納処分による差押え及び仮登記担保権に優先	買受人の引受けとなる ※濫用的短賃は短期賃借権として扱われない	⑧旧民395（附則5）民執59Ⅱ 反対解釈
	⑥使用借権		買受人の引受けとはならない（失効）	⑥民執59Ⅱ

注：（附則5）は平成15年改正法の附則5条である。
齋藤・飯塚編著・民事執行〔補訂版〕（リーガルプログレッシブシリーズ4）（2014、青林書院）128頁より引用

したものである。

2 売却準備手続の内容

不動産の差押え後、売却をするための準備段階の手続は、以下の３つであるが、これは、前記１の基礎原理に基づき、不動産の権利関係を調査整理して売却価額を算出するとともに、その権利関係を買受希望者に開示する準備行為と、目的不動産に対する債権者の権利内容及び優先関係等を確定していく行為を内容とする手続といえる。そのような観点からすると、売却準備手続は以下の(1)ないし(3)に分けられるが、このうち、(1)と(2)は同時並行的に進行し、それぞれの結果をもとに(3)の手続が進められることになる。

(1) **債権関係調査**（債権届出関係）

配当を受けるべき債権者、その債権額及び順位等を把握する手続である。

(2) **権利関係等調査**

目的不動産の現状及び権利関係を調査する手続と、当該不動産の評価額を算定する手続である。

(3) **売却条件確定**

(1)及び(2)をもとに、買受人の負担となる権利、売却基準価額の決定、剰余判断、物件明細書の作成等を行う手続である。

第４　債権関係調査——配当要求、債権届出

1 配当要求に関する優先主義と平等主義

最初の差押債権者と、その執行手続に参加した他の債権者との間で執行上の満足を受ける地位に差を設けるかについて、**優先主義**（差押債権者を優先して扱う立場）と**平等主義**（差押債権者も、後から手続参加した債権者も同等に扱い、配当順序は実体法の定めに従うとする立場）の理念対立がある。民事執行法制定前は、民法の債権者平等原則との調和を図るという点から平等主義がとられ、債務名義を持たない無名義債権者の配当要求を広汎に認めていたが、これについては手続遅延を招くなどの弊害が多かった。そこで、民事執行法は、民

事実体法との平仄を維持する観点から旧法の平等主義は維持しつつも、無名義債務者の配当要求肯定による手続遅延等の弊害を解決するため、原則として有名義債権者に配当要求資格を認め、さらに配当要求の期間を大幅に短縮することで、手続の迅速化を実現しようとした。(⇒第1講第3)

2　配当要求終期の決定と公告 (法49)

配当要求資格者が配当要求すべき期限であると同時に、売却条件確定のために必要な債権届出 (後述4) をすべき期限ともなる。

3　配当要求権者 (51条)
(1)　**執行力ある債務名義の正本を有する債権者**
(2)　**差押登記後に登記された仮差押債権者**
　競売開始時において債務名義を有していない債権者が配当要求したいと考えた場合に、当該不動産について仮差押えをし、その登記を得た後に配当要求することを認めたものである。もっとも、この場合には、配当がなされるまでの間に本案の認容判決確定などにより債務名義を取得する必要がある (それまでの間は、91条1項2号により配当額は供託される。)。
(3)　**181条1項各号文書で一般の先取特権を有することを証明した債権者**
　一般先取特権者は、債務名義がなくても一般の先取特権の存在を証明する文書によって配当要求ができる。労働債権の確保という点が主眼である。

4　債権届出と催告 (49条2項、50条)

配当要求の終期を定めると、裁判所書記官は、法49条2項所定の者 (仮差押債権者、担保権者、所有権移転登記仮登記権利者、賃借権設定登記仮登記権利者、租税債権を所管する官庁等) に対し、債権の存否、その原因及び額を配当要求終期までに届け出るよう催告する。上記権利者は、上記催告にかかる事項を配当要求終期までに執行裁判所に届け出る義務がある。

第5　権利関係調査——現況調査、評価

1　権利関係調査の重要性

実効性ある債権回収のためには、適正価額による売却がなされることが不可欠だが、適正な売却がされるためには、買受希望者に対して、差押え時での当該不動産の権利関係（特に買受人が引き受けるべき権利の有無・内容）や売却の基準となる価額について的確な情報が提供されることが必要である。法は、このような観点から、競売不動産につき、執行官による現況調査を必要的なものとし、価額については評価人による評価を経ることを求め、これらの内容を買受希望者に書面の形で開示することとしている。また、現況調査の結果は、買受後に買受人が引渡命令を申し立てる際の重要な資料となったり、売却のための保全処分の発令審査においても重要な資料となる。

2　執行官による現況調査（57条）

(1)　**現況調査命令**

執行裁判所は、差押えの効力発生後に、執行官に対して不動産の現況を調査するよう命令する（現況調査命令）。これは、差押時の権利関係が売却条件決定の基準時となることから、差押えの効力発生後直ちに発令される。

執行官は、命令を受けたら直ちに、目的不動産に関する情報（所在地、登記記録上の権利関係等）を確認整理した上、速やかに不動産所在地に赴き、その現況を調査する。

(2)　**現況調査の対象**（規則29条1項）

①　**土地の場合**

土地の所在地、形状、現況地目、境界、占有者と占有の状況、占有者が債務者（所有者）と異なるときは、その占有開始時期及び占有権原などを調査する。

②　**建物の場合**

建物の種類・構造・面積、占有者と占有の状況、敷地所有者が債務者（所有者）でない場合には敷地を利用する権原などを調査する。

③ 占有及び占有権原調査の構造（⇒【検討問題】3）
　占有の有無（民180条）、占有権原の具体的内容（賃借権、使用借権等）及び、その権原が買受人に対抗しうるか（59条2項）が調査のポイントになる。

(3) 現況調査での執行官の権限及び注意義務
　上記の調査が実効的に行われるよう、執行官には、目的不動産への強制立入権、債務者（所有者）及び占有者に対する質問権や文書提示請求権が認められており、さらに、固定資産税に関して市町村が保有する文書の交付請求権及び電気、ガス、水道（ライフライン）の調査権等の強力な権限が認められている（57条2項ないし5項）。執行官は、これらの権限を適切に行使して、迅速かつ的確な調査を遂行することが要請される。

　そして、このような権限が認められている反面、執行官は、目的不動産の現況をできる限り正確に調査すべき義務を負うと解される。判例は、執行官が通常行うべき調査方法を採らず、あるいは、調査結果の十分な評価、検討を怠るなど、その調査及び判断の過程が合理性を欠き、その結果、現況調査報告書の記載内容と目的不動産の実際の状況との間に看過しがたい相違が生じた場合は、注意義務に違反したというべきとしている（最判平成9.7.15民集51巻6号2645頁、百選27）。

(4) 現況調査報告書
　現況調査をした執行官は、その結果を**現況調査報告書**にまとめて、執行裁判所に提出しなければならない（規則29条1項）。記載事項は同条項に規定されているが、その中で、占有者、占有開始時期、占有権原の有無及びその内容（並びにこれらに関する関係者の陳述や提示文書の内容）は、売却条件を決定する上で重要な情報となる。また、同報告書に添付される写真や見取図（規則29条2項）は、報告書本体とともに裁判所への備え置き及びインターネットにより閲覧に供され（規則4条3項）、これは買受希望者にとって重要な情報となる。

3　評価人による評価

(1) **評価命令**（法58条1項）
　執行裁判所は、相当と認める者（実務では不動産鑑定士の資格を有する者）を評

価人に選任し、不動産の評価を命ずる（**評価命令**）。実務上は現況調査命令と同時に発令される。

(2) 評価人の権限

現況調査の場合と同様に、目的不動産への立入権、質問権や文書提示請求権、ライフライン調査権はあるが、強制的な開扉権まではない。評価人が職務執行に際して抵抗を受けたときは、執行裁判所の許可を受けて、執行官に対して援助を求めることができる（58条3項）。

(3) 評価の手法（法58条2項）

評価人は、目的不動産の現地調査や、それに関する公法上の規制その他の情報を収集した上、適切な手法により評価をすべきことが求められる。その手法については、近傍同種の不動産の取引価格、不動産から生ずべき収益、不動産の原価その他の不動産の価格形成上事情を適切に勘案することが要請され、基本的には、国土交通省が定める「不動産鑑定評価基準」に準拠して行われることになる（規則29条の2参照）。そして、それと同時に、競売不動産の評価においては、競売手続において不動産の売却を実施するための評価であることを考慮しなければならない。すなわち、競売においては、債務者（所有者）が非協力的であることが通常であること、買受け後の占有取得が円滑にいかない場合もあり、訴訟等の法的手段によらなければならない場合もあること、内覧実施がされない限り建物の内覧ができず、売主は瑕疵担保責任を負わないこと、建物管理等についてアフターサービスもないことなどの特殊性を考慮した評価をしなければならない（このような考慮を、実務上「**競売市場修正**」ということがある。）。

(4) 評価書

評価人は、不動産の評価をしたときは、**評価書**を執行裁判所に提出しなければならない（規則30条1項）。評価額算定の基礎事情及び評価額算定の過程を記載し、適正な評価がされたことを示すものである。この評価書も、裁判所への備え置き及びインターネットにより閲覧に供され（規則4条3項）、買受希望者にとって重要な情報となることは、現況調査報告書と同様である。

4 権利関係調査に当たっての問題点

(1) 賃借権の取扱い（⇒巻末資料【建物賃借権と抵当権との関係】）

買受人に対抗しうる賃借権は引受になることから、執行官は、賃借権の主張があった場合には、それが対抗しうるものか（最先順位の抵当権設定に先立つものか）を調査しなければならない。また、抵当権設定後の賃借権であった場合であっても、引渡命令（83条）発令の可否との関係で、抵当権者の同意があるか（民法387条）、明渡猶予制度の適用のある賃借権か（民法395条1項）、執行妨害目的ではないかといった点を調査することが必要である。また、評価人も、かかる賃貸借の扱いに対応して、評価額を算定する必要がある。

(2) 法定地上権との関係

担保不動産競売の場合、同一所有者に属する土地又は建物に抵当権が設定され、その一方又は双方の実行により土地と建物の所有者が異なることになった場合、その土地上にその建物のために地上権が設定されたものとみなされる（民法388条）。また、債務名義に基づく強制競売において、同じ債務者が所有する土地とその土地上の建物の一方又は双方に差押えがされ、これに基づく売却により土地と建物の所有者が別々になった場合、その土地につきその建物のために地上権が設定されたものとみなされる（81条）。なお、民法388条の法定地上権は、土地や地上建物に抵当権が存在しない場合には適用がされないことから、（担保不動産競売ではなく）強制競売により土地と建物の所有者が別々に帰属する場合にも建物維持の要請を働かせるべく、81条が規定されたと解するのが通説である。また、抵当権が設定されている土地・建物について、担保不動産競売ではなく、強制競売が開始された場合に81条が適用されるかについては争いがあるが、これを否定し、民法388条が（類推）適用されるとするのが通説である。いずれの場合であっても、法定地上権は土地利用権として独自の財産的価値を有するものであり、土地建物の評価額に影響を及ぼすので、その要件充足につき、現況調査では十分に調査を行い、また、評価ではその成否を十分に考慮する必要があるが、競売手続での法定地上権については、それにとどまらない意義ないし重要性があることに留意する必要がある（⇒【検討問題】4）。

(3) 借地権付き建物の競売
① 権利関係調査等の留意点

借地権付き建物について担保不動産競売が開始された場合、抵当権の効力は建物だけでなく、その**敷地利用権**にも及んでいるから（従たる権利）、建物と敷地利用権の双方が売却対象になる。したがって、敷地利用権が存続しているか否かが競売における大きなポイントになる（敷地利用権が解除等によって消滅していた場合、建物は存立の法的基礎を失い、担保価値がほとんどなくなる。）。そこで執行官は、現況調査に当たっては、かかる敷地利用権の存否について、土地所有者（土地賃貸人）及び建物所有者（土地賃借人）から契約書等の資料提出を求め、敷地利用権の内容や存続期間、解除の有無等についてある程度詳細に調査する必要がある。また、評価人も、かかる現況調査の結果に基づき、敷地利用権の評価を適切に行う必要がある。例えば、借地契約について解除がされている場合、建物収去土地明渡訴訟が提起されている場合など、敷地利用権の将来の存続具合に応じて、敷地利用権の評価額を減額調整する必要がある（このような減額調整を実務上「**係争減価**」という。）。

② 地代の代払許可

地代不払いを原因として借地契約が解除されると、差押目的物である建物の担保価値は激減する。そこで、解除に至らないよう、執行裁判所は、差押債権者等の申立てにより、同債権者がその不払地代を債務者に代わって弁済することを許可できるとしている（56条1項）。そして、ここで代わりに支払った地代と申立費用は**共益費用**となり、配当等の手続において優先的に弁済が受けられる（同条2項、55条10項）。差押債権者は、地代不払いがないかを現況調査報告書などで確認し、不払いがある場合は代払許可の申立てを検討すべきことになる。

【実務の注目点】　借地権付き建物の競売と借地契約解除

　本文で述べたように、借地権付き建物の競売においては、建物存立の基礎となっている敷地利用権消滅のリスクが付きまとう。また、このことを利用して、土地所有者（賃貸人）と建物所有者（借地人）が抵当権者を害する意図のもとに通謀し、建物収去土地明渡請求訴訟において認容判決を得て、建物を収去するといった事態が起き

かねないが、抵当権者はこれをあらかじめ察知することは困難である。建物に対して抵当権を有する債権者としては、目的建物が借地契約解除により収去されることを何らかの形で阻止し、目的不動産の現状を保持する必要があるが、民事執行法においては、本文で述べた56条の地代代払許可以外には特に手段がなく、しかも、建物収去土地明渡訴訟について認容判決が出されて確定している場合には、代払許可を得ても無意味である。そこで、抵当権者としては、上記確定判決に対して、権利の濫用を異議事由として請求異議の訴えを提起しえないかという点が問題になっている（古賀政治「建物の競売と敷地利用権」伊藤ほか編・担保・執行・倒産の現在130頁、特に134頁以下）。これについて、確定判決の騙取に関する判例法理（⇒第2講第4）を応用し、判決の取得やその利用が信義則違反や権利濫用となる場合には請求異議の訴えをなしうるとする立場が考えられるが、請求異議の訴えは、債務名義について異議のある「債務者」が提起しうるものであることから（35条1項前段）、抵当権者がこれに該当するとは直ちには言いがたいように思われる（もっとも、類推適用の可能性はあろう。）。このほか、抵当権に基づいて、借地権確認請求を直接行使あるいは代位行使するという途も考えられるところであり（東京高判平成23.8.10金法1930号108頁は代位行使を肯定）、これは、抵当権に基づく不法占有者への妨害排除請求を認めた最判平成11.11.24民集53巻8号1899頁及び最判平成17.3.10民集59巻2号356頁の応用問題ともいえる。この問題は、執行妨害排除のあり方、請求異議の訴えの趣旨や射程、抵当権の効力及び妨害排除請求との関係といった、重要論点に関する理解及び応用力が問われる問題であるといえる。興味のある方は、ぜひ前記古賀論文およびここで挙げた裁判例等をよく読んで、自分なりにいろいろ考えてみてほしい。

【検討問題】
1　法定文書制度の下では、同文書の記載とは異なる事実を認定することはできないとされているが、抵当証券に基づく競売において、同証券記載の弁済期よりも早い時期を認定して担保不動産競売を開始することができるか。
2　個別相対効説では執行手続上の優先関係の判断がかなり複雑になってしまうという難点があるとされているが、それにつき具体例を挙げて説明せよ。
3　現況調査における「占有」の認定につき、以下の各場合では誰が占有者であると認定できるか。
　(1)　競売目的建物が空き家で、誰も居住していない場合
　(2)　競売目的建物の所有名義人（夫）は行方不明であるが、その妻と小学生の子供が居住している場合
　(3)　ある個人Aが競売目的建物の所有名義人になっているが、その建物は、A個人の居宅であるとともに、Aが代表者を務めるB株式会社の事務所として

も使用されていた場合
 ⑷　執行手続を妨害し、立退料を得る目的で、所有者以外の個人Ａが居宅として使用している場合
4　建物及びその敷地に対する共同抵当に基づく競売で、一括売却（61条）が相当とされる事案においては、土地・建物の所有者（買受人）は同一所有者に帰属するから、法定地上権は成立しないが、実務においては、この場合も法定地上権の成否について調査を行い、評価もこれを前提とすべきとされている。それはなぜか。

第7講

不動産競売(2)
——売却条件の確定と売却手続——

第1 売却条件の確定

1 売却基準価額等の決定
(1) 意義・趣旨

執行裁判所は、評価人の評価に基づいて**売却基準価額**を定めなければならない（60条1項）。売却基準価額制度は、平成16年改正により、それまでの**最低売却価額制度**を廃止して新たに導入された。最低売却価額制度は、執行裁判所が定めた価額（最低売却価額）を下回る買受申出を不適法とするものであったが、これに対し、いわゆる規制緩和の動きの中で、最低売却価額制度は不動産取引における自由競争を阻害するなどといった意見が出され、その改廃が議論された。その結果、従来の最低売却価額制度が担っていた基本的機能（所有者や債務者の利益保護、債権者の債権回収利益の保護等）は維持しつつ、競売による売却の円滑化の観点、及び不動産の価額評価には事柄の性質上一定の幅を伴うといった点から、最低売却価額制度を売却基準価額制度に置き換え、さらに、買受申出価額は、売却基準価額の8割の額（これを「買受可能価額」という。）で足りるものとし、これを下回る買受申出は不適法とする制度に改正がされた。これにより、競売における不動産価額制度は、従来の最低売却価額一元構成から、**売却基準価額**と**買受申出価額**の二元構成に変更され、前者を基本としつつも、その機能を損なわない限度で後者を取り入れることで、より一層の売却の促進を図るという構造に変化した。

(2) 売却基準価額と買受可能価額の機能

売却基準価額は、競売目的不動産の売却額の基準となる価額であり、買受

可能価額とは、その価額以上でなければ適法な買受申出とは認めない額をいう。したがって、剰余が生じるかの判断（63条）や超過売却となるかの判断（61条ただし書）に当たっては、買受可能価額が基準になる。これに対し、不動産の一括売却において、各不動産の権利関係が異なる場合は、売却代金及び執行費用を各不動産に割り付けることが必要になるが（86条2項）、この割り付けは、売却基準価額を基礎として行われる。

(3) 評価額と売却基準価額の決定

前述のとおり、売却基準価額は評価人の評価に基づいて決定しなければならないとされていることからすれば、評価額を不当とするだけの合理的な理由がない限り、執行裁判所は、評価人が算定した評価額どおりに売却基準価額を決定することになると解される。なお、売却基準価額の変更（60条2項）については、第2の5参照。

2 一括売却の決定

(1) 意義・趣旨

一括売却とは、同一の執行裁判所が数個の不動産を差し押さえて売却する場合において、その相互の利用上、同一の買受人に買い受けさせることが相当であると認められるときに、数個の不動産を一括して売却することをいう。このような一括売却が認められた趣旨は、複数の不動産を一体のものとして売却した方がその価値増加に寄与し、より高額での売却につながるという点や、個別売却による事後の複雑な法律関係の発生を回避し、不動産の合理的活用を図ることができるという点にある。

(2) 要件及び具体例

一括売却の決定をするためには、①目的不動産が執行裁判所を同じくする複数の不動産であること（執行裁判所の同一性）、②ある不動産を他の不動産と一括して同一の買受人に買い受けさせることが、その相互の利用関係からみて相当であること（利用上の牽連性。これが問題になった裁判例として東京高決平成21.6.30判タ1311号307頁、百選29参照）、③1個の申立てにより競売開始決定がされた数個の不動産のうち、あるものの買受可能価額で各債権者の債権及び執行費用の全額を弁済できる見込みがある場合（超過売却）には、債務者（又は

所有者)の同意があることの各要件を満たす必要があるが、主として問題になるのは②である。利用上の牽連性は、前述した一括売却制度の趣旨からすれば、一括売却をした方が価値増加に寄与するか、また、社会的・経済的効用が高まるかといった点から判断されることになる。例えば、土地とその地上建物、公道に面した土地とその裏側に位置して単独では通行上不便な土地、店舗とそれに隣接する作業場・倉庫といったものは、一括売却が相当と判断されることが多いであろう。

(3) 一括売却の決定

執行裁判所の職権によって行われる。執行裁判所は、前記各要件が満たされれば、常に一括売却の決定をしなければならないということではなく、売却基準価額への影響（一括売却によってあまりに高額になる場合は、買受希望者がいなくなる場合もある。）、優先債権者の利益等を総合的に考慮し、その合理的裁量により決定すべきである。

3 物件明細書の作成
(1) 意義・趣旨

物件明細書は、競売目的不動産に関する法律関係につき、競売記録上に現れている事実及びそれに基づく法律判断に関する裁判所書記官の認識を記載した書面をいう。競売目的不動産をめぐる権利関係に関する説明書的な意味を有する文書である（62条）。物件明細書は、買受希望者に対し、当該不動産の権利関係に関する重要な情報をあらかじめ提供することで、一般人が競売に参加することを容易にし、売却手続適正化の基盤を形成するものとして重要な意義ないし機能を有する。また、当該不動産の権利関係で重要なものは、ある権利が売却によって消滅するか否かという点であり、これは物件明細書の必要的記載事項であるところ、この記載内容は、買受け後に引渡命令（83条）が発令できるか否かを判断するうえで重要な参考資料になる。また、執行裁判所にとっても、売却後の抹消登記嘱託（82条）の可否の判断資料として重要な意義を有する。

(2) 法的性質

物件明細書は、裁判所書記官の認識を記載した文書であり、その作成は執

行手続上の処分ということになるから、裁判ではなく、既判力や形成力はない。また、物件明細書の記載には公信力はないので、その記載によって実体上の権利が影響を受けることはないと解されている。

(3) 記載事項及び作成資料

①不動産の表示、②不動産に係る権利の取得及び仮処分の執行で売却により効力を失わないもの、③売却により設定されたものとみなされる地上権の概要が必要的記載事項である（62条1項1号ないし3号）。この中では、②が最も重要である。そして、上記以外の事項は特に記載の必要はないが、実務上は、買受希望者に事前に提供しておくことが必要かつ有用な情報については、物件明細書に記載するとの運用がされている。これらの記載にあたって裁判所書記官は、競売記録（特に現況調査報告書・評価書や登記記録、場合によっては審尋の結果等）を検討することになる。

(4) 閲覧のための備置き等

作成された物件明細書は、その写しを、現況調査報告書及び評価書の写し（実務上、これらを「3点セット」という。）とともに執行裁判所に備え置いて一般の閲覧に供し、また、それと併せて、これらの内容につき、インターネット等によりアクセスできるような措置をとる（62条2項、規則4条3項、31条1項、3項）。特に後者のインターネットによる閲覧システム（BITシステム）は、現在は全国の各裁判所で実施されており、このホームページにアクセスすれば、買受希望者は全国の競売物件情報を入手できることから、競売市場の全国化に大きく寄与している。

4 無剰余判断

(1) 趣 旨

差押債権者の金銭的満足を図るために行われる不動産競売において、売却代金から差押債権者が配当を受けられないとすれば、そのような売却は無益であり許されない（**無益執行禁止の原則**）。また、目的不動産の担保権は売却によって消滅するが（59条1項）、差押債権者が全く配当を受けられないとすれば、差押債権者に優先して売却代金から配当を受けうる債権（優先債権）を有する担保権者の債権の全部または一部が全額の満足を受けられないまま消

【物件明細書ひな形】

```
                                    平成　　年（ケ）第　　号

              物　件　明　細　書

                                    平成　　年　月　日
                                    ××地方裁判所××民事部
                                    裁判所書記官

───────────────────────────────────────
1　不動産の表示
　　別紙物件目録記載のとおり
───────────────────────────────────────
2　売却により成立する法定地上権の概要
　　なし
───────────────────────────────────────
3　買受人が負担することとなる他人の権利
　　なし
───────────────────────────────────────
4　物件の占有状況等に関する特記事項
　　本件所有者が占有している。
───────────────────────────────────────
5　その他買受けの参考となる事項
　　なし
```

滅することになり、かかる事態は**優先債権者の換価時期選択の利益**を害してしまうことになる。また、執行裁判所の立場からしても、かかる無益な執行から解放されることの意味は大きいといえる。このようなことから、民事執行法は、買受可能価額を基準に、執行費用及び優先債権の額の合計額を弁済してなお剰余が生じるかにつき判断することを求め、その結果、①優先債権

がない場合においては買受可能価額が手続費用の見込額を超えないとき、②優先債権がある場合は、買受可能価額が手続費用及び優先債権の見込額の合計額に満たないときは、その旨を差押債権者に通知し（63条1項）、差押債権者が、この通知を受けた日から1週間以内に無剰余を回避する手段をとらなければ、競売手続を取り消さねばならないとした（同条2項）。無剰余取消制度（剰余主義）は、以上のとおり、無益執行禁止原則、優先債権者の換価時期選択の機会の保障、無益執行に関する執行裁判所の負担の解放といった点に趣旨があると考えられる。

(2)　無剰余判断（⇒【検討問題】1）

　手続費用とは、執行費用のうち、共益費用になるものをいい、優先債権とは、登記された担保権、配当要求がされた一般先取特権、交付要求がされた公租公課等であって、差押債権者の債権よりも優先するものをいう。優先債権がない場合は、買受可能価額が手続費用の見込額を超えるかどうか、優先債権がある場合は、買受可能価額が手続費用及び優先債権の見込額の合計額を満たすかどうかによって判断するが、いずれも最終的には配当段階で確定することになるから、売却前においては概算額で算定することになるという点に注意を要する。なお、売却すべき物件が複数ある場合は、個別売却の原則から、不動産ごとに剰余の有無を判断するのが原則であるが、一括売却が相当とされる物件については、一括単位（売却単位）で剰余判断すべきという説も有力である。

(3)　無剰余回避の措置及び取消決定

　執行裁判所が無剰余との判断に達した場合、差押債権者にその旨を通知しなければならない（63条1項）。これに対し、差押債権者が手続の続行を望む場合は、通知を受けたときから1週間以内に、①優先債権の見込額が執行裁判所の判断した額よりも少なく、剰余の見込みがあることを証明するか、②優先債権者（買受可能価額で自己の優先債権の全部の弁済を受けることができる見込みのある場合を除く。）の同意を得たことを証明するか、③手続費用と優先債権の見込額の合計額（これを「申出額」という。）を定め、売却手続において仮に申出額に達する申出がないときには、自ら申出額で不動産を買い受ける旨の申出をし、かつ、その申出額に相当する保証を提供しなければならない（な

お、差押債権者が不動産を買い受ける資格がない場合には、申出額と買受可能価額との差額に相当する保証を提供しなければならない。）。そして、差押債権者が、1週間以内にこれらの無剰余回避措置をとらないときは、執行裁判所は競売手続を取り消す（同条2項）。

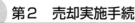 第2　売却実施手続

　売却のための準備が整えば、直ちに売却手続に入ることになる。売却にあたっては、公正かつ迅速な手続で、より高額に売却がされることが重要であり、民事執行法も、かかる公正・迅速・高価な売却という観点から、比較的詳細に手続規定を定めている。

1　売却方法

　売却方法は裁判所書記官が定めるが（64条1項）、その種類としては、**期間入札、期日入札、競り売り及び特別売却**が定められている（64条2項、規則34条、50条、51条）。このうち、競り売りは、競り売り期日に裁判所内の一定の場所（競売場）で買受申出額を競り上げさせる方法で行うものであり（規則50条）、民事執行法制定前においてはこのような方法がとられていた。しかし、この方法によった場合、競り売り期日には悪質な競売ブローカーが複数来場し、それらの者の談合によりあらかじめ買受人（最高価格での落札者）が決定され、それ以外の一般の買受希望者は事実上排斥されるといった極めて不公正な手続となっていた。また、期日入札も、入札期日において入札をさせたのちに開札を行うというものであるが、これも競り売りと同様に不公正な手続となる可能性が高いと考えられる。このようなことから、現在は、例外なく**期間入札**（入札期間を定め、その期間内に入札をさせ、開札期日に執行官が開札をして最高価買受申出人等を決定するという方式）によって売却がされ、特別売却はその補完的方法という位置づけとなっている。以下では、かかる期間入札及び特別売却の方式による手続の流れを説明する。

2 開札期日までの手続の流れ

(1) 売却実施処分及び期間入札の公告

期間入札方式では、裁判所書記官が入札期間（1週間以上1ヵ月以内の期間）、開札期日（入札期間満了後1週間以内の日）を定める（64条4項、規則46条1項。これを「売却実施処分」という。）。そして、裁判所書記官は、売却実施処分と同時に、売却決定期日（開札期日から1週間以内の日）を指定する（64条4項、規則46条2項）。その後、裁判所書記官は、入札期間開始の日の2週間前までに、売却すべき不動産の表示、売却基準価額、買受可能価額、入札期間及び開札期日を開く日時及び場所、売却決定期日を開く日時及び場所、買受けの申出の保証の額及び提供の方法などを公告する（64条5項）。

(2) 物件明細書等の写しの備置きなど

物件明細書、現況調査報告書及び評価書のいわゆる3点セットは、一般の閲覧に供するため、入札期間の開始の日の1週間前までに執行裁判所に備え置かれる（62条2項）。インターネット（BITシステム）による閲覧も可能であることは第1の3(4)で述べたとおりである。

(3) 入札方法

入札は、入札書を入れて封をし、開札期日が記載された封筒を執行官に差し出す方法又は郵便もしくは信書便により執行官に送付する方法により行われる（規則47条。入札書の記載事項につき、規則49条、38条2項）。また、入札書の提出に当たっては、一定の書類の添付が必要になる（規則49条、38条3項ないし6項）。

(4) 買受申出保証金

不動産の買受けをしようとする者は、売却基準価額の10分の2の**保証**を提供しなければならない（66条、規則49条、39条1項）。その提供の方法としては、執行裁判所の預金口座に振り込んだ旨の金融機関の証明書が実務上一般的であるが、銀行との間で支払保証委託契約を締結し、当該銀行が発行する支払保証委託契約締結証明書を提出する方法等、規則で定めた方法によることもできる（規則49条、40条）。

【入札書（期間入札）】

入札書（期間入札）											
平成　年　月　日 東京地方裁判所執行官　殿											
事件番号	平成　年（　）第　　号						物件番号				
入札価額	百億	十億	億	千万	百万	十万	万	千	百	十	一
											円

入札人	本人	住所（法人の所在地）	〒　－
		（フリガナ）	
		氏名（法人の名称等）※法人の場合、代表者の資格及び氏名も記載すること。	㊞
		日中連絡先電話番号　　（　）	
	代理人	住所（法人の所在地）	〒　－
		（フリガナ）	
		氏名（法人の名称等）※法人の場合、代表者の資格及び氏名も記載すること。	㊞
		日中連絡先電話番号　　（　）	

注　意

1　入札書は、一括売却される物件を除き、物件ごとに別の用紙を用いてください（鉛筆書き不可）。
2　事件番号及び物件番号欄には、公告に記載された番号をそれぞれ記載してください。事件番号及び物件番号の記載が不十分な場合、入札が無効となる場合があります。
3　入札価額が算用数字ではっきりと記載してください。入札価額を書き損じたときは、新たな用紙に書き直してください。
4　（個人の場合）氏名及び住所は、住民票のとおり正確に記載してください。
　　（法人の場合）名称、所在地、代表者の資格及び氏名は、資格証明書（代表者事項証明、全部事項証明等）のとおり正確に記載してください。
5　代理人によって入札するときは、本人の住所（所在地）、氏名（名称等）のほか、代理人の住所（所在地）、氏名（名称等）を記載し、代理人の印を押してください。
6　入札書を入れた封筒は、必ず糊付けして密封してください。
7　一度提出した入札書の変更又は取消しはできません。
8　資格証明書、住民票、委任状、振込証明書等は、必ず入札書とともに提出してください。
9　振込証明書によって保証を提供する場合の金融機関へ振込依頼は、必ず、「電信扱い」又は「至急扱い」としてください。翌日扱い等の事由により、入札期間後に入金された場合、入札が無効となります。

3　内覧

(1) 意義・趣旨

　内覧とは、買受希望者を競売目的不動産の内部に立ち入らせて見学させることをいう。一般の不動産売買で広く行われているものであるが、これを競売でも行うことで、多くの買受申出が得られるようにし、より高額での売却につなげようとする点に趣旨があるといえる。しかし、内覧の実施は、所有者又は占有者の居住利益やプライバシー保護の観点からは問題があることも確かであるから、民事執行法は、その実施に当たっては、ある一定の要件を満たすことを必要としている。なお、内覧制度は、平成15年の民事執行法改正で新設されたものであるが、その利用件数は少ない。前述した3点セット登載の写真などによってある程度内部の様子もわかること、内覧実施によるトラブルを懸念してのことと思われる。

(2) 内覧実施の手続

　売却実施処分時までに差押債権者の申立てがあることが必要である。これがされれば、執行裁判所は原則として内覧の実施を執行官に命じることになる（内覧実施命令。64条の2第1項、第2項、規則51条の2第2項）。もっとも、競売不動産の占有者が差押債権者に対抗しうる占有権原を有している場合には、当該占有者の同意が必要である（64条の2第1項ただし書）。また、執行裁判所は、内覧の円滑な実施が困難であることが明らかである場合には、内覧実施命令を取り消すことができる。

　内覧実施命令を受けた執行官は、売却実施の時までに、内覧を実施しなければならない。買受希望者のうち、買受資格がある者が内覧したいと考えたときは、参加申出をすることが必要になる（規則51条の3第3項）。執行官は、内覧実施に際し、自ら目的不動産に立ち入るとともに、内覧参加者を立ち入らせる権限を有し（64条の2第5項）、債権者に対抗しうる権原を有しない占有者が不動産への立ち入りを拒み、又は妨げたときは刑事罰が科される（205条2項）。また、執行官は、内覧の円滑な実施を妨げる行為をする者に対し、競売不動産への立入りを制限し、または競売不動産から退去させることができる（法64条の2第6項）。

4　開札期日
(1)　開札及び最高価買受申出人の決定（⇒【検討問題】2）

　期間入札の場合、開札期日は入札期間終了後に開かれる。開札期日は執行官が主宰し、開札に際しては、入札した者を立ち会わせなければならないが、立会がないときは、適当と認められる者（実務上は裁判所書記官が務める）を立ち会わせなければならない（規則49条、41条2項）。執行官は、立ち会った者の面前で入札書が入っていた保管箱を解錠して入札書を開封し整理したのち、最高価買受人を定め、その氏名・名称及び入札価額を口頭で読み上げる。

(2)　次順位買受けの申出

　最高価買受申出人に次いで高額の買受申出をした者のうち、その買受申出額が買受可能価額以上で、かつ、最高価買受申出人の申出の額から買受申出の保証額を控除した額以上である場合には、売却の実施の終了までに、執行官に対し、最高価買受申出人にかかる売却許可決定が代金不納付により失効したときは、自己の買受申出について売却を許可すべき旨の申出をすることができる（67条）。これが**次順位買受申出の制度**である。最高価買受申出人が代金を納付しなかった場合、本来であれば売却実施手続をやり直すことになるが、かかるやり直しをせずとも売却代金となるべき額が減少することがなく売却がされるのであれば、手続経済上も問題はなく、執行機関にも当事者にも利益がある。そこで、代金不納付により没収された保証の額と次順位者が申し出た金額の合計が最高価買受申出額を上回れば、その次順位者に、売却許可決定を得られる地位を与えることにしたのである。もっとも、かかる次順位者が当然にこのような地位に就くとしてしまうと、最高価買受申出人による代金納付時まで、自らが納付した保証の還付を受けることができないという不利益があるため、次順位者からの申出があった場合に限定した。実務上は、前記した最高価買受申出人の読み上げの際に、次順位買受申出の資格がある者がいた場合は、その者についても読み上げをし、買受申出をするか否かについて考慮する機会を与えている。

　次順位買受申出がされた場合、執行裁判所は、その者について売却許否の決定をすることになる。

5 買受申出がなかった場合の措置
(1) 売却基準価額の変更による再売却

買受申出が全くされずに売却できなかった場合、その原因はさまざまであると考えられるが、売却基準価額が当該物件の市場での評価に比べて高額に過ぎるということが考えられる。これは、売却基準価額決定の前提となる評価人による評価と、市場での評価の乖離に起因するが、仮にそのような乖離が生じている可能性がある場合は、**売却基準価額の変更**の要否が問題になる。売却基準価額の変更は、執行裁判所が必要ありと認めた場合に可能であるが（60条2項）、単に買受希望者がいなかったということだけで必要性ありとすることは疑問がある。しかし、買受希望がなかった原因が、前記した評価の乖離に起因する可能性があるというのであれば、必要性は肯定することができよう（特に地価が継続的に下落傾向にある局面では、このような変更の必要性が高い場合が多いと考えられる。）。この場合、評価人による再評価や補充評価を経ることもあるが、実務上は、評価人の意見を徴したうえ（規則30条の3）、執行裁判所が売却基準価額を変更（減額）することも少なくない。

(2) 競売手続の取消し

買受申出がない場合は、前記した売却基準価額の変更などの措置をとりつつ、繰り返し売却手続に乗せて買受希望者が現れるのを待つことになるが、そもそも市場性が極めて乏しい不動産の場合、このような運用上の努力にも限界があるし、執行裁判所の労力や負担も無視しえない。そこで、平成10年の民事執行法改正において、以下のような**競売手続取消制度**が設けられた。すなわち、執行裁判所は、入札による売却を3回実施しても買受申出がなかった場合において、不動産の形状・用途等の諸事情（あくまで当該不動産に関する客観的事情を意味し、執行妨害の存在などは含まれないと解される。）を考慮して、さらに売却を実施させても売却の見込みがないと認めるときは、競売手続を停止できるものとし（68条の3第1項）、停止後3か月以内に、差押債権者から買受希望者があることを理由として売却実施の申出がされなかったときは、執行裁判所は当該競売手続を取り消すことができるものとした（68条の3第2項、第3項前段）。もっとも、これについては、あくまで例外的措置であることを考慮すべきであり、謙抑的に運用されることが望ましい。また、

ここで重要な点は、かかる停止・取消の判断の前提として、差押債権者に対して、買受希望者の有無、売却を困難にしている事情等について調査することを求めることができるとした点である（規則51条の5）。差押債権者にも競売手続に関する一定の協力義務（売却促進に関する協力義務）を認めた点でも意義を有する。

第3 売却決定及び取消し

1 売却決定期日

売却決定期日は、最高価買受申出人に対して売却を許可するか否かを執行裁判所が決定する期日であり、原則として開札期日から1週間以内に開かれる（69条、規則46条2項）。執行裁判所は、法定の売却不許可事由があるか否かという点のみを審査し、不許可事由があると認められない場合には、**売却許可決定**をすることになるが、この審査は、売却決定期日前に、執行裁判所が事件記録を調査したり、関係者から事情を聴くなどして行われる。

2 売却不許可事由

以下に掲げる71条の事由があると認めるときは、執行裁判所は**売却不許可決定**をしなければならない。

(1) 強制執行の手続の開始または続行をすべきでないこと（1号）。管轄がない場合のほか、執行正本の欠缺、債務者について破産手続が開始されていた場合などが挙げられる。なお、強制競売における請求債権の不存在や消滅は請求異議の訴え（35条）によるべきであり、本号は適用されない。また、担保不動産競売における実行担保権の不存在や消滅は、執行異議（182条）によるべきであるから、同じく本号は適用されない（最判平成13.4.13民集55巻3号671頁、百選23）。

(2) 最高価買受申出人（またはその代理人）が不動産の買受資格または能力を有しないこと（2号）。買受資格を有しない場合としては最高価買受申出人が債務者であること（68条）が典型である。能力を有しない場合としては、

民法上の権利能力、意思能力、行為能力が欠けていることが挙げられる。
(3) 最高価買受申出人が不動産の買受資格がない者の計算において買受けの申出をした者であること（3号）。2号の資格制限の潜脱を防止する趣旨である。
(4) 最高価買受申出人、その代理人または自己の計算において買受けの申出をさせた者が、65条該当者などであること（4号）。
(5) 目的不動産の損傷による不許可の申出があるとき（5号）。具体的問題については後記4で検討する。
(6) 売却基準価額もしくは一括売却の決定、物件明細書の作成またはこれらの手続に重大な誤りがあること（6号）。売却準備段階での瑕疵を問題にする場合であり、特に売却基準価額決定（評価額の算出過程）の誤りを主張するものが実務上は多いが（その一例として、福岡高決平成元.2.14判タ696号218頁、百選28参照）、不許可となる例は少ない。
(7) 売却の手続に重大な誤りがあること（7号）。6号が主として売却準備段階での瑕疵であったのに対し、ここでは主として売却実施手続（売却実施処分以降の手続）の瑕疵が問題になる。通知・公告の欠缺、保証金の受け入れに関する過誤などで、それが買受申出をするか否か、買受申出額をいくらにするかといった点に影響を及ぼすことが明らかである場合に「重大な」誤りがあるとするのが通説である。

3 売却決定に対する不服申立て

売却決定に対しては、その決定により自己の権利が害されることを主張するときに限り、執行抗告をすることができる（74条1項）。

(1) 売却許可決定に対する執行抗告

この場合の執行抗告の理由は、売却不許可事由があること（71条）、売却許可決定の手続に重大な誤りがあること、および再審事由があること（民訴法338条）のいずれかである（74条2項、3項）。

債権者（申立債権者以外の債権者も含む）は、その瑕疵がなければ、より高額で売却がされ、自己がより多額の弁済を受けられる見込みがあるときに抗告の利益を有する。債務者は、その売却自体が許されないものであること（71

条1号）のほか、瑕疵のない売却によって高額に売却される見込みがあるときは、執行抗告をすることができる（買受申出人による執行抗告については⇒【検討問題】3）。これに対し、売却により消滅しない留置権者・賃借権者等の権利者は、売却決定（許可・不許可双方）によって権利を害されることはないから、執行抗告をすることはできない。また、売却により消滅する賃借権等の用益権者や仮処分権利者は、その売却自体が許されないものであることを理由とする場合（71条1号）の場合は抗告の利益を有するが、それ以外の場合は抗告の利益を有しないと解される。

(2) 売却不許可決定に対する執行抗告

この場合の執行抗告の理由につき、74条は再審事由があること以外に特に規定していないが、当該不許可決定の理由とされたことが抗告理由になる。なお、売却手続の誤りについては、同条2項で売却「許可」決定に対する抗告理由とされているところからすれば、売却「不許可」決定に対する抗告理由とはできないと解される。

債権者のうち、差押債権者は、売却が許可されるべきものであったならば、不許可決定によって売却代金から満足を得る権利が害されたといえるから、執行抗告することができるが、それ以外の債権者は、差押債権者の競売手続に便乗して事実上の利害関係を有しているにすぎないから、自己の権利を害されたとはいえず、抗告の利益はないと解される。債務者（所有者）も、不許可決定によって自己の利益を害されたとはいえないから、抗告の利益はない。留置権者や賃借人等の用益権者も、売却によって消滅するか否かを問わず、同様である。買受申出人については、不許可決定によって自己の利益を害されたといえるのは最高価買受申出人のみであるから、同申出人のみが抗告の利益を有すると解される。

4 不動産の損傷による売却許可の取消し

最高価買受申出人または買受人は、買受申出後の天災その他自己の責めに帰することができない事由により不動産が損傷した場合には、執行裁判所に対し、売却許可決定前であれば売却不許可の申出を（71条5号参照）、売却許可決定後は代金納付時までにその決定の取消しの申立てをすることができる

(75条1項本文)。ここでいう損傷とは、直接的には、地震や火災等による物理的損傷を指すが、それ以外でも、不動産の交換価値が著しく損なわれた場合は、75条1項を類推すべきと解するのが通説であり、実務においても同様の解釈運用がされている（特に、過去に殺人や自殺等が起きたいわゆる事故物件で問題になる。）。また、同条項は、買受申出後の損傷についてのみ規定しているが、通説及び実務においては、その損傷が買受申出前に発生していたものであっても、その損傷が売却基準価額の決定や物件明細書の記載に反映されておらず、買受人がこれにつき知らなかった場合にも同条を類推（拡張）適用している（東京高決平成22.4.9金法1904号22頁、百選32）。このような解釈運用は、競売においては瑕疵担保責任の適用が明文で排除されていること（民法570条ただし書）、軽微とはいえない損傷が判明した場合に、その危険負担を買受人に負わせることは、競売制度に対する信頼を確保するうえでプラスにはならないと考えられることからすれば、一定の合理性は認められよう。なお、競売手続外の救済としては、民法上の担保責任の追及が考えられる。これにつき、瑕疵担保責任は適用されないが（民法570条ただし書）、強制競売の目的物である建物に借地権が存在することを前提にその評価及び売却価額が決定されて売却が実施されたにもかかわらず、建物の買受人が代金を納付した時点で借地権が存在しなかったという場合につき、民法568条及び566条を類推適用できるとした判例がある（最判平成8.1.26民集50巻1号155頁、百選33）。

第4　代金納付

1　意　義

　売却許可決定が確定すると、買受人は、裁判所書記官が定める期限（規則56条1項。売却許可決定確定後から1か月以内）までに代金を執行裁判所に納付しなければならない（78条1項）。買受人が納付すべき代金は、通常、買受申出金額から保証金として提供した金額を控除した金額であるが、買受人が、売却代金から配当を受けるべき債権者であるときは、差引納付が認められている（同条4項）。

2 代金納付の方法

一括払い以外は認められないが、買受人が買い受けた不動産に担保権を設定して銀行等から融資を得て、それに基づいて一括納付することができれば便宜であるが、後述する登記嘱託が完了するまでは抵当権等の設定ができない（代金納付のために、抵当権設定契約より前に融資を実行しなければならない）ため、この方法は事実上困難とされてきた。そこで、ローン活用による売却促進の観点から、平成10年に抹消登記嘱託に関して民事執行法改正がされた。すなわち、代金納付時までに、買受人と抵当権設定を予定する者（金融機関）との共同の申出があったときは、代金納付による登記の嘱託は、登記申請代理を業とすることができる者で申出人の指定する者（弁護士及び司法書士に限定されている）に嘱託情報を提供して登記所に提供させる方法によってしなければならないとされた（82条2項）。これによって、申出人は、上記指定する者に抵当権設定登記手続を委任すれば、所有権移転登記と抵当権設定登記が事実上連続処理（連件処理）されることになり、競売におけるローン利用の促進が期待されることとなった。

3 代金納付の効果

(1) 不動産の所有権の取得等

買受人は代金の納付によって競売不動産の所有権を取得する（79条）。したがって、代金納付時をもって危険が買受人に移転する。また、代金納付時以降から引渡命令の申立てが可能になることにつき、第8講参照。

(2) 担保不動産競売での公信的効果

担保不動産競売において、担保権の存在は競売開始の要件であり、これが不存在又は消滅している場合は、換価権の基礎が失われていることになるから、競売による所有権移転の効果は生じないはずである。しかし、担保権という実体権の存否、特に抵当権のような約定担保においては、その有効性は、当事者間の合意の瑕疵等の様々な事由によって左右されることになる。そのような場合に、競売の効力がいちいち問題になっていたのでは、競売制度に対する社会的信頼は失われ、また、売却においてそのようなリスクを負うことは、買受希望者の減少や売却価額の低下を招くことになりかねない。

そこで民事執行法は、担保不動産競売による買受人の不動産の取得は、担保権の不存在又は消滅により妨げられないとした（184条）。これを**担保不動産競売での公信的効果**という。そして、このような公信的効果を支える理論的根拠としては、債務者（所有者）に十分な手続保障（主張立証の機会の保障）がされていたことに求める見解が通説である。すなわち、債務者（所有者）は、競売手続開始の際に提出される法定文書の作成に関与する機会が与えられていたこと、担保権の不存在又は消滅については、競売開始決定に対する執行異議（182条）や抵当権設定登記抹消登記手続訴訟などの民事訴訟で争う機会は十分にあったのであり、そのような権利行使をしなかった場合には、実体上の担保権の不存在又は消滅によって買受人の不動産の取得が妨げられることはないとしたものと考えられる。そして、このような考え方からすると、184条が適用されて当該競売不動産の所有権喪失が肯定されるためには、その者が当該不動産競売手続上で当事者として扱われ、181条ないし183条の手続に則って自己の権利を確保する機会が与えられていたことが不可欠の前提になると考えられよう（最判平成5.12.17民集47巻10号5508頁、百選25）。

4　代金不納付の効果

買受人が代金を納付しないときは、売却許可決定はその効力を失う（80条1項前段）。また、代金不納付に対する制裁として、買受申出の保証の返還請求権を喪失する（同条項後段）。返還されなかった保証は、売却代金に組み入れられ、代金不納付後に競売が取り下げられない限り、配当原資となる。

売却許可決定が失効しても、次順位買受申出（第2の4(2)）がされている場合は、執行裁判所は、その申出について売却決定をするが（同条2項）、かかる申出がない場合は、執行裁判所は、必要に応じて売却基準価額等の売却条件を見直したうえで、再度売却実施手続を行う。

5　登記嘱託

裁判所書記官は、代金納付後に、①買受人が取得した権利の移転登記（所有権移転登記）の嘱託、②売却により消滅した権利または売却により効力を失った権利の取得もしくは仮処分（59条1項ないし3項）に係る登記の抹消の

嘱託、③差押え及び仮差押えの執行（59条3項）に関する登記の抹消の嘱託を行う（82条）。

> **【実務の注目点】建物建築請負人は敷地について商事留置権を主張しうるか**
>
> 　土地（建物敷地）に抵当権が設定された後、土地所有者が建設業者との間で当該土地上に建物を建築することを内容とする請負契約を締結し、請負人がこれを施工して建物の所有権を取得した場合、その敷地について、請負人が有する建築請負代金請求権を被担保債権とする商事留置権（商法521条）が成立するかが問題になっている。これは、土地所有者（建物建築注文者）が倒産などして土地について不動産担保競売手続が開始された場合、上記商事留置権が59条4項によって引受になると土地抵当権者への影響が大きいことから、その成否が争われてきたものである。
> 　この問題点に関する最高裁の判断はまだ出されておらず、高裁レベルでは商事留置権の成立を肯定する立場と否定する立場とに大きく分かれているが、近時の裁判例では否定説がやや有力になりつつあり、また、執行実務においても、否定説に立つ取扱いが公表されるようになってきている（以上については、判タ1385号362頁参照）。商事留置権の成立を肯定する説は、(1)商法521条は「物」について商事留置権が成立するとしており、その中には不動産も含まれると解するのが自然である、(2)土地上に建物が存在する場合、建物所有者はその敷地を占有しているとみるべきであり、その占有の発生原因は特に限定されていない、(3)建物建築請負人が商人間の請負契約に基づいて敷地の占有をしている以上、その占有の取得は商行為によって生じたものといえ、民事留置権（民法295条）のように被担保債権と物との牽連関係は要求されていないこと等を根拠としている。これに対し、商事留置権の成立を否定する説は、(1)商法521条の沿革などからすれば、同条にいう「物」には不動産は含まれない、(2)建物建築工事請負人は敷地について保護に値する独立の占有を有しているとはいえず、占有補助者に過ぎない、(3)建物建築請負人による敷地占有権原は工事の施工を目的とする特殊なものであり、これに基づく商事留置権を認めることは、当事者の意思に反し、公平の観点からも問題があるといった点を根拠としている。また、最近は、商事留置権の成立自体は肯定しつつ、その成立時期と抵当権設定登記との先後関係によって優劣を決すべきとする説も現れているが（対抗要件説といわれる）、59条4項が抵当権設定登記との前後関係を問うことなく、留置権を引受としていることと整合性があるのか、請負契約が抵当権設定後に締結されたものである以上、請負人は抵当権者に対して常に占有権原を対抗できないとすべきではないのか、留置権の成立時期は、抵当権設定登記の時期のように一義的に認定できるものではなく、優劣関係の判断が困難であるといった批判が加えられている。

【検討問題】
1 以下の場合、無剰余を理由とする取消しをすべきか。
 (1) 先行する競売事件を基準にすれば無剰余となるが、二重開始に係る後行事件を基準にすれば剰余が生じる場合
 (2) 競売申立てに係る債権自体については無剰余となるが、優先債権者が差押債権者のみの場合
2 担保不動産競売における入札において、執行官が、最高価買受申出をした入札者の入札を誤って無効と判断したことが判明した場合、執行裁判所は、売却許否の決定においてどのような判断をし、また、その後の手続はどのように進めるべきか。また、上記とは逆に、最高価買受申出をした入札者の入札を誤って有効と判断したことが判明した場合はどうか。
3 最高価買受申出人とされなかった買受申出人は、自己の最高価買受申出が無視されたことを理由として、他の買受希望者に対してされた売却許可決定に対し、執行抗告をすることができるか。

第8講

不動産競売(3)
——保全処分、引渡命令及び配当手続——

第1 保全処分

1 意義・種類

　債務者（所有者）は、競売目的不動産を通常の用法に従って使用収益することはできるが（46条2項）、それを超えて、債務者（所有者）や占有者が上記不動産の価格を減少させる行為をするとき、またはそのおそれがある行為（以下「**価格減少行為**」という。）をするときは、債権者はこのような行為を防止する必要がある。また、最高価買受申出人や買受人が出た場合に、占有者等が価格減少行為や引渡しを困難にする行為をする場合も同様である。民事執行法上の保全処分は、かかる価格減少行為等を防止することで、競売目的不動産価格の担保価値の維持保全や適正な競争環境の維持、あるいは引渡執行の円滑化を図る点に趣旨がある。

　保全処分は、①売却のための保全処分（55条）、②買受けの申出をした差押債権者のための保全処分（68条の2）、③最高価買受申出人又は買受人のための保全処分（77条）、④担保不動産競売開始決定前の保全処分（187条）の4つがある。（⇒【検討問題】1）

2 保全処分の機能強化

　保全処分は、執行妨害行為に対する有効な対抗手段であり、累次にわたる民事執行法の改正によって、以下のとおり、新たな制度の創設や要件の緩和等をはじめとする機能強化が図られてきた。その意味で、保全処分の強化の歴史は、そのまま不動産執行妨害対策の歴史であると言っても過言ではない

(この経過については、百選60頁〔石渡哲〕参照)。

(1) 民事執行法制定時

国会に提出された民事執行法案（以下「政府原案」という。）では、売却のための保全処分と、最高価買受申出人又は買受人のための保全処分の規定が置かれ、その相手方は、債務者（所有者）のほか、占有者も規定されていた。しかし、国会審議の中で、占有者を相手方とすることについては、経営が悪化した企業の施設等を合法的に占有している労働者が明渡しを強いられるとの批判が出され、結局、占有者は相手方から外されることとなった。

(2) 平成8年改正

その後、バブル経済崩壊に伴う競売事件の激増、それに伴って著しく増加した執行妨害行為に対処すべく、裁判実務において、保全処分の積極的適用が図られるようになった。特に相手方の範囲については、債務者（所有者）に限定することなく、占有者も相手方としうるとの裁判例が様々な理論構成のもとに生み出された。そして、いわゆる住専問題を契機に、平成8年、議員立法により保全処分の相手方を拡大する（政府原案に戻す）形での改正がなされた。また、売却のための保全処分は競売申立て以後でないと申立てができないという問題点を解決し、かつ、当時執行妨害行為の温床とされていた抵当権実行通知および滌除制度へ対応すべく、担保不動産競売開始決定前の保全処分が新設された。

(3) 平成15年改正

① 保全処分の要件の緩和

従来は、保全処分発令のためには、不動産価格を「著しく」減少する行為が必要とされていたが、巧妙化する執行妨害行為に対処するには、このような厳格な要件を緩和すべきとの考えが出され、「著しく」の文言は削除された。

② 公示保全処分及び当事者恒定効の明文化

保全処分の内容を公示することで、その実効性を高めるべく、公示命令の制度が置かれ（55条1項柱書、77条1項柱書）、それとともに、占有移転禁止を命じる保全処分を明文化した（55条1項3号、77条1項3号）。そして、この保全処分と公示保全処分が執行された場合、その後に引渡命令が発令される

と、執行がされたことを知って当該不動産を占有した者及び知らないで占有を承継した者に対しても引渡しの強制執行が可能となった（**当事者恒定効**。83条の2第1項）。

③ 相手方を特定しないで発する保全処分（⇒【検討問題】2）

占有者を相手方とする保全処分が平成8年改正で可能になったのち、占有者を転々とさせるなどしてその特定を困難にすることで、保全処分の発令を困難にするという執行妨害行為などが出てきたことから、これを防止すべく、当該保全処分の決定前に相手方の特定を困難とする特別の事情があるときは、執行裁判所は、相手方を特定しないで保全処分を発令できるものとした（55条の2第1項、77条2項）。

3　各保全処分の比較

別表のとおりであるが、以下では、要件の中で重要な価格減少行為の意義等について説明する。

(1) 価格減少行為の意義

大別して、**物理的減少行為**と**競争売買阻害行為**の2つが考えられる。前者の物理的減少行為とは、競売目的不動産に物理的変更を加えて、その経済的効用を減少させる行為である。目的建物の取り壊し、仕様変更、障害物の設置、競売目的である更地への建物建築や大量の土砂等の搬入などがこれに該当する。競争売買阻害行為は、買受けにトラブルが伴う可能性があることを示唆するなどの行為をして、買受申出を事実上躊躇させ、実際の売却価額を大幅に減少させようとする行為をいう。反社会的勢力（暴力団員またはその関係者）による建物の占有や、そのような勢力が物件の占有管理に関与している旨の表示、外国人等で身元が明確でない者による占有、通常の用法を超える態様での競売目的不動産の賃貸等がこれに該当する。

(2) 価格減少行為の時期

担保不動産競売の場合、被担保債務が債務不履行に陥った後の価格減少行為が対象になると解されている。債務不履行後であれば、いつでも債権者は担保権を実行することができ、目的物の交換価値維持の必要性が高くなるからである。これに対し、強制競売の場合は差押えによってその物の交換価値

【民事執行法上の保全処分の対比表】

	競売開始決定前の保全処分（民執187条）	売却のための保全処分（民執55条・55条の2・188条）	買受けの申出をした差押債権者のための保全処分（民執68条の2・188条）	買受人等のための保全処分（民執77条・188条）
規定ができた時期	平成8年（平成8年法律第108号）	昭和54年（民事執行法制定当初）	平成10年（平成10年法律第128号）	昭和54年（民事執行法制定当初）
管轄裁判所	不動産所在地の地方裁判所（民執187条1項・44条）	基本事件たる競売事件が係属する執行裁判所（民執55条1項・188条）	左同（民執68条の2第1項・188条）	左同（民執77条1項・188条）
申立人	担保不動産競売の申立てをしようとする者	差押債権者	予備的買受申出をし、かつ、申出額に相当する保証の提供をした差押債権者	買受申出額か、代金を納付した、最高価買受申出人又は買受人
相手方	債務者又は不動産の所有者もしくは占有者（民執187条1項）。執行官保管命令については、不動産の占有者に対しては、占有権原を担保権実行者に対抗することができない者（同条2項）	債務者（所有者）又は不動産の占有者（民執55条1項）。執行官保管命令については、不動産の占有者に対しては、差押債権者、仮差押債権者又は民執法59条1項の規定により消滅する権利を有する者に対抗することができない者（民執55条2項）	債務者（所有者）又は不動産の占有者で、差押債権者、仮差押債権者又は民執法59条1項の規定により消滅する権利を有する者に対抗することができない者（民執68条の2第1項・4項・55条2項）	債務者（所有者）又は不動産の占有者で、差押債権者、仮差押債権者又は民執法59条1項の規定により消滅する権利を有する者に対抗することができない者（民執77条2項・55条2項）
相手方の特定が不要な場合があるか？	○（民執187条5項・55条の2）	○（民執55条の2）	○（民執68条の2第4項・55条の2）	○（民執77条2項・55条の2）
申立ての時期	被担保債権の弁済期経過後、担保権実行としての担保不動産競売開始決定時までの間	強制競売又は競売の申立て時から買受人が代金を納付するまでの間	入札又は競り売りの方法により売却を実施させても買受けの申出がなかったときから買受人が代金を納付するまでの間	最高価買受申出人が定められる売却実施終了時から引渡命令の執行までの間

齋藤・飯塚編著・民事執行〔補訂版〕（リーガルプログレッシブシリーズ4）（2014、青林書院）210-212頁より引用

第1　保全処分　117

対象行為	価格減少行為（内容は右同）＋特に必要があるとき	価格減少行為（不動産の価格を減少させ、又は減少させるおそれがある行為。ただし、軽微な場合を除く。）	不動産の売却を困難にする行為、又はその行為をするおそれがあるとき	価格減少行為等（不動産の価格を減少させ、又は不動産の引渡しを困難にする行為）をし、又はその行為をするおそれがあるとき
命ずることのできる保全処分	①作為・不作為命令（＋公示保全処分） ②執行官保管命令（＋公示保全処分） ③当事者恒定の保全処分＝占有移転禁止命令＋公示保全処分（民執187条1項・2項）	①作為・不作為命令（＋公示保全処分） ②執行官保管命令（＋公示保全処分） ③当事者恒定の保全処分＝占有移転禁止命令＋公示保全処分（民執55条1項各号）	①不動産に対する占有を解いて執行官又は申立人に引き渡すことを命ずる処分（＋公示保全処分） ②執行官又は申立人に不動産の保管をさせることを内容とする保全処分（＋公示保全処分）（民執68条の2第1項各号）	①作為・不作為命令（＋公示保全処分） ②執行官保管命令（＋公示保全処分） ③当事者恒定の保全処分＝占有移転禁止命令＋公示保全処分（民執77条1項各号）
立担保の要否	執行官保管命令の立担保は必要的（民執55条4項ただし書）、その他は任意的（同項本文。民執法187条5項による55条4項の準用）	執行官保管命令の立担保は必要的（民執55条4項ただし書）、その他は任意的（同項本文）	常に必要的（民執68条の2第1項柱書）	常に任意的（民執法77条2項は、55条4項本文のみを準用）
当事者恒定効はあるか？	○（民執法187条5項により、83条の2の規定が占有移転禁止命令・公示保全処分の執行に準用）	○（民執法55条1項3号の占有移転禁止命令・公示保全処分に当事者恒定効肯定。民執83条の2）	×（債務者の使用を許すことは処分の内容とはされていないから）	○（民執法77条1項3号の占有移転禁止命令・公示保全処分に当事者恒定効肯定。民執83条の2）
保全処分の申立て及び執行費用は共益費用となるか？	○（民執187条5項・55条10項）＊1	○（民執55条10項）＊2	○（民執68条の2第4項・55条10項）	×（全債権者のための処分ではないから）

注：＊1・＊2　保全処分命令の申立て及び執行官保管命令の執行に要した費用のほか、東京地裁執行部（民事執行センター）では、民事執行法55条1項1号の作為・不作為命令の執行に要した費用（代替執行、間接強制のための費用）についても、共益費用として認めている（不動産執行の理論と実務（上）368頁）。

維持の必要性が高くなるといえるから、差押え後の価格減少行為が対象になると解される。

第2　引渡命令

1　意義・趣旨

代金納付によって競売目的不動産の所有権を取得した買受人は、買受人に対抗しえない権原によりその不動産を占有する者に対し、所有権に基づく明渡請求権を取得する。しかし、売却に対して非協力的な場合が多い競売においては、任意の引渡しは期待できず、買受人は訴訟提起等の負担を余儀なくされる場合がある。しかし、このような状況は、買受人の保護という観点からは問題であり、競売手続における売却促進の阻害要因ともなる。そこで民事執行法は、執行裁判所による簡易な手続により、競売不動産の占有確保の途を開いている。これが**引渡命令**であり、執行裁判所は、買受人の申立てがあるときは、競売事件記録上の資料に基づき、一定範囲の占有者に対し、目的不動産を買受人に引き渡すべき旨を命ずることができるとした（83条）。そして、引渡命令は、目的不動産引渡しの債務名義となり（22条3号）、これに基づいて明渡しの強制執行が可能になる。

2　立法及び改正経過

国会に提出された政府原案は、現在の83条1項とほぼ同じ文言であったが、これに対しては、主として労働組合側から、経営状態が悪化した企業が所有する不動産を適法に占有している労働組合や労働者の保護に欠けるといった批判が出され、その結果、本条1項は、「債務者または事件の記録上差押えの効力発生前から権限により占有している者でないと認められる不動産の占有者」を相手方としつつ、「事件の記録上差押えの効力発生後に占有した者で買受人に対抗することができる権原により占有していると認められる者」に対してはこの限りではない、という修正がされ成立した。その結果、同条項の解釈については、「権原」の意味内容を中心に、様々な見解が

出されるに至り、解釈・運用にかなりの混乱が生じることになった。

その後、前述したバブル経済崩壊による競売事件の激増と、いわゆる住専問題を契機として執行妨害行為が社会的にクローズアップされる中で、本条項の不合理性が明らかになり、前述の保全処分と同様に、平成8年、議員立法により政府原案と同一の条文に改正された。これによって、買受人と相手方の優劣は対抗関係で決することになり、規定が簡易平明になったことはもとより、改正前には引渡命令の対象にならないと解されてきた使用借人等にも引渡命令の発令が可能になるなど、簡易迅速に目的不動産の占有を取得させるという引渡命令制度の趣旨がより実現できるようになり、また、その機能が向上することとなった。また、実務上は、現況調査や物件明細書作成などの売却準備手続において、占有者の占有権原の調査・確定、その対抗関係の有無及び引渡命令発令の可否がいわば一直線で連結されることになったことから、売却準備手続の事務もより簡素化され、迅速な競売手続進行に大きく寄与しているという点も、その効用として挙げられよう。

さらに、平成15年改正による短期賃貸借制度の廃止と建物明渡猶予制度の創設（民法395条）に伴い、明渡猶予制度の適用を受ける者が占有していた建物の買受人については、代金納付の日から9か月を経過するまで引渡命令の申立てをすることができるとの改正がされた。

3　引渡命令の当事者

(1)　申立人

代金を納付した買受人及びその一般承継人が申立人となる。買受人の地位の承継がない特定承継人は申立人となることはできないと解される。

(2)　相手方（⇒【検討問題】3）

債務者（所有者）及び買受人に対抗することができる権原を有する不動産の占有者以外の占有者が相手方となる（83条1項）。債務者（所有者）は、実体法上当該不動産の引渡義務を負っているから、常に引渡命令の相手方となり、自己に占有がないことを理由に引渡命令を拒むことはできない（大阪高決平成6.3.4高民集47巻1号79頁）。このほか、使用借人や最先抵当権設定後の賃借権に基づく賃借人も、買受人に対抗できる権原を有していないから、引渡

【引渡命令の発令の可否に関する一覧表】

相手方	平成8年の法改正前	平成8年の法改正後、平成15年の法改正前	平成15年の法改正後	民法395条の明渡猶予の有無
所有者	○	○	○	×
信義則上、所有者と同視される占有者（実行抵当権の被担保債権の債務者等）	○	○	○	×
不法占拠者	○	○	○	×
未登記所有権に基づく占有者	○	○	○	×
抵当権等設定前からの賃借権者（長期賃借権者）	×	×	×	—
抵当権等設定後からの賃借権者 ・短期賃借権者	×	×	○*1	○*1
・抵当権設定後の民法602条所定の期間を超える賃借権者	×	○	○	○
・仮登記担保権に後れる賃借権者	×	○	○	○
・差押え後に期間が満了した短期賃借権者	×	○	○	○*2
・非正常賃借権者（執行妨害目的の賃借権者など）	○	○	○	×
使用借権者	×	○	○	×
差押え前からの占有者で、権原不明の者	×	○	○	×
差押え後の占有者	○	○	○	×
仮差押え後の占有者	○	○	○	○*3
滞納処分差押え後の占有者	×	○	○	○*3
留置権者	×	×	×	—

出所：阪本勁夫著〔東京地裁民事執行実務研究会補訂〕『不動産競売申立ての実務と記載例〔全訂3版〕』（金融財政事情研究会、2005）62頁の表を参照した。

注：*1 旧民法395条所定のいわゆる短期賃貸借保護の適用を受ける賃借権者については、改正附則5条により、平成16年4月1日（平成15年改正法施行日）時点で現に存する場合（賃借人保護の観点から、上記時点で、賃貸借契約が成立していれば足りると考える。池田知史「短期賃貸借保護の制度の廃止と建物明渡猶予制度の創設」判タ1233号（2007）73頁）には、改正前と同様の扱いとなり、引渡命令が発令されない場合がある。

*2 差押え後に期間が満了した賃借権者に対する民法395条の明渡猶予は、その期間が民法602条の期間を超えると否とにかかわらず認められる。

*3 民事執行の差押えには先立つが、仮差押え又は滞納処分差押えに後れる占有者に明渡猶予制度が適用されるかについては積極説と消極説の両説があるが、東京地裁執行部では、積極説を採っている（三輪和雄「東京地方裁判所における平成15年改正担保・執行法の運用状況」民訴51号（2005）65～66頁、池田・前掲＊1論文82～83頁）。

齋藤・飯塚編著・民事執行〔補訂版〕リーガル・プログレッシブシリーズ4（青林書院、2014）180頁より引用

命令の相手方になる（もっとも、後者については前記した建物明渡猶予制度の適用がある。）。

「買受人に対抗することができる権原」を有する占有者としては、最先の抵当権設定時よりも前に当該不動産の引渡しを受けて使用収益していた賃借人が典型例であるが、このような賃借人であっても、その者が実行抵当権の被担保債権の債務者であった場合は、賃借権を主張することは信義則に反するというべきであるから、引渡命令の相手方になると解される（最決平成13.1.25民集55巻1号17頁、百選36。この場合は、明渡猶予制度の適用はないと解される。）。

4 引渡命令の審理
(1) 申立て

執行裁判所に対する申立てで開始される。実務上は書面によるのが通例である。申立期間は、原則として代金納付時から6月以内であるが、前記明渡猶予期間が適用される占有者については、代金納付後9月まで延長される（83条2項）。

(2) 要件審査

引渡命令の可否は、申立ての相手方が、事件の記録上買受人に対抗できる権原により占有していると認められるか否かで決せられるから（したがって、調査の結果、権原が不明な場合についても、引渡命令は発令される）、執行裁判所は、申立てがあった後は、競売事件記録を職権で調査して、上記の点について判断することになる。その結果、事件の記録上買受人に対抗することができる権原により占有しているものでないことが明らかであると認められるときは、その相手方を審尋することなく引渡命令が発令される（83条3項ただし書）。競売事件記録の調査においては、売却準備段階で作成された物件明細書及び現況調査報告書が有力な資料となる。

(3) 裁判及びその効力

申立てが不適法な場合は却下、理由がないときは棄却の決定がされる。申立てに理由がある場合は、執行裁判所は、相手方に対し、当該不動産を引き渡すべきことを命ずる決定をする。

引渡命令には執行抗告が認められており（83条4項）、かつ、確定しなけれ

ばその効力を生じない（同条5項）。執行抗告を棄却する裁判に対しては特別抗告又は許可抗告が可能ではあるが（20条、民訴法336条1項、337条1項）、これは確定を遮断するものとはならない。

5　引渡命令の執行方法

確定した引渡命令は債務名義となるから（22条3号）、買受人は、これについて執行文付与を受けたうえで引渡しの強制執行を行うことになる。このときの手続は、明渡しの強制執行と同様である（168条）。

第3　配当手続

1　配当と弁済金交付

金銭執行における換価手続が終了したのち、執行裁判所はその金銭について**配当**又は**弁済金交付**（併せて「配当等」という。）を行う。弁済金交付とは、債権者が1人である場合や、債権者が2人以上であっても売却代金で各債権者の債権および執行費用をすべて弁済できる場合に、売却代金の交付計算書（84条2項）を作成し、これに基づいて弁済金交付の日に弁済金を債権者に交付することをいい、売却代金の分配に紛争性がまずないことから、比較的簡易な手続で行われる。これに対し、配当は、売却代金の分配をめぐり紛争が予想される場合であり、配当手続という慎重な手続を通じて行われる。

2　配当手続の概要

(1)　配当期日までの準備段階（⇒【検討問題】4）

執行裁判所は、代金納付後に配当期日を指定し（規則59条1項）、配当を受けるべき債権者及び債務者を呼び出す（85条3項）。配当受領資格を有する債権者は87条に定められた者であり、①差押債権者（同条1項1号）、②配当要求の終期までに配当要求をした債権者（同条項2号）、③差押登記前に登記をした仮差押債権者（同条項3号）、④差押登記前に登記された担保権で売却により消滅する者を有する債権者（同条項4号）である。

そして、裁判所書記官は、上記呼出しとともに、各債権者に対し、債権の元本、配当期日までの利息その他の附帯債権及び執行費用の額を記載した計算書（債権計算書）を執行裁判所に提出するように催告する（規則60条）。その後、裁判所書記官は、上記債権計算書のほか、事件記録に現れた資料などをもとに配当表の原案を作成する。

(2) **配当期日**

執行裁判所は、配当期日において、前記87条所定の全ての債権者につき、それぞれの債権の元本、利息その他の附帯債権および執行費用の額・配当順位及び配当額を定めることになる。その際、必要があれば出頭した債権者及び債務者を審尋し、かつ、即時に取り調べることのできる書証の取調べを行うこともでき（85条4項）、配当期日においてすべての債権者について合意が成立した場合には、執行裁判所はその合意にしたがって配当順位及び配当額を定めることになるが、大多数は民法・商法その他の法律に定めるところによって定められる（85条2項）（複数の被担保債権を有する担保権者が配当を受けたが、その配当額をもってしては被担保債権全額の満足に至らない場合の充当方法については、法定充当によるべきとするのが判例であるが（最判昭和62.12.18民集41巻8号1592頁、百選38）、指定充当を認めるべきとする説も有力である。）。そして、このようにして定められた各事項の内容は、裁判所書記官によって**配当表**として書面化され、**配当期日調書**に添付されることになる（同条5項）（実務上は、裁判所書記官作成の原案どおりに配当が実施されることが決まる場合がほとんどであり、その場合は、あらかじめ作成した原案がそのまま添付されることになる。）。

3 配当異議の申出

以上のように、配当手続は、その準備段階から、比較的慎重な手続によって進められるものではあるが、判決手続ほど厳格なものではないから、配当表の記載通りに配当が実施されることによって実体的に不利益を被る者がいた場合、その者に不服を申し立てる機会を保障する必要は大きい。そこで民事執行法は、配当表に記載された各債権者の債権または配当額について不服があるときは、配当期日において**配当異議の申出**をすることができることとした（89条）。これが行われることによって、異議申出がされた部分について

は配当の実施が阻止されることになる。

かかる配当異議の申出をすることができるのは、配当期日に呼び出しを受けた債権者及び債務者であり、配当表に記載のない債権者は、まずは配当表に対する執行異議の申立てをすべきであり、直ちに配当異議を申し出ることはできないとするのが判例である（最判平成6.7.14民集48巻5号1109頁、百選40）。また、実行担保権の債務者（物上保証人等）が配当異議申出をすることができるかについても争いがあるが、判例はこれを肯定している（最判平成9.2.25民集51巻2号432頁）。

4 配当異議等の訴え

配当異議の申出により不利益を受ける債権者がこれに応じない場合、異議を完結させるため、異議申出者による訴え提起が必要であり、これに基づき、必要的口頭弁論を経て、異議の当否について判断がされることになる。

(1) 配当異議等の訴え提起

配当異議の申出をした債権者、及び執行力ある債務名義の正本を有しない債権者に対して配当異議の申出をした債務者は、**配当異議の訴え**を提起しなければならず（90条1項）、このような債権者または債務者が、配当期日から1週間以内に執行裁判所に対して配当異議の訴えを提起したことを証明しない場合には、配当異議の申出は取り下げられたものとみなされる（同条6項）。配当手続の迅速性を確保する趣旨である。

次に、債務名義の正本を有する債権者に対し配当異議の申出をした債務者は、請求異議の訴え（35条）又は民訴法117条1項の訴えを提起しなければならず（90条5項）、このような債務者が配当期日から1週間以内に執行裁判所に対し、これらの訴えを提起したことの証明と、その訴えにかかる執行停止の裁判の正本を提出しない場合には、配当異議の申出は取り下げられたものとみなされる（同条6項）。以下では、配当異議の訴えを中心に説明する。

(2) 法的性質

配当異議の訴えの法的性質についても、請求異議の訴えや第三者異議の訴えと同様の対立がある。配当表の変更又は新たな配当表の調製のために配当表の取り消しを求める訴訟上の形成訴訟と解する説（**形成訴訟説**）、配当額の

確認又は相手方の配当受領権の存否の確認を目的とする確認訴訟と解する説（**確認訴訟説**）、実体的配当請求権の確認とそれに対応する配当表の変更という形成をともに内容とすると解する説（**救済訴訟説**）、執行関係の具体的あり方を定める前提要件たる事項を審判対象として既判力をもって確定するとともに、その審判結果からみて、あるべき執行関係を、執行担当機関に向けて判決主文で指示・宣言し、これを義務付ける命令訴訟であると解する説（**命令訴訟説**）などがあるが、形成訴訟説が妥当と解する。執行裁判所が配当手続に関して前記（第3の2(2)）のとおり、比較的慎重な手続をとったうえ、配当期日における当事者の審尋及び書証の取調べによって配当表を確定するという構造をとっていること、配当異議の訴えを認容する場合の判決主文において、配当表の変更又は取消しによるべきとされていること（90条4項）からすれば、配当表の変更は、単なる配当額等の変更の結果なされる修正作業ではなく、一種の裁判の変更としての性質を持つと解されるのであり、このような配当表の変更や取消しの性質を説明するには、形成訴訟説が最も優れていると解されるからである。このような形成訴訟説からすると、配当異議の訴えの訴訟物は、配当表における配当額の記載と、実体法上及び手続法に従った形でのあるべき配当状態に一致しないとの主張ということになる。そして、このような法的性質は、債権者による訴えの場合も、債務者による訴えの場合も同様と解される。

(3) 訴訟手続上の問題

配当異議の訴えは、執行裁判所の専属管轄である（90条2項、19条）。原告適格は、配当異議の申出を配当期日においてした債権者又は債務者が有し、被告適格は、配当異議の申出の相手方である債権者で、当該配当異議が認容されれば配当表上の自己の配当額を減額されるべき者である。

訴訟手続は一般の民事訴訟手続と同様であるが、原告が第一審の最初の口頭弁論期日に出頭しない場合は、不出頭がその責に帰することができない事由による場合を除き、訴えを却下しなければならない（90条3項）。配当異議の訴えの濫用防止と迅速な配当実現を図る趣旨である。

債権者からの配当異議の訴えの場合、原告は、請求を基礎づける事由として、①配当表が存在し、そこに異議のある配当額等が記載されていること、

②配当期日において配当異議の申出がされていること、及び異議の範囲、③配当表の是正を求める異議の存在及びその内容、並びに④他の債権者への配当額の否定または減少により、自分に対する配当額の増加をもたらすものであることの主張立証が必要と解される。これに対し被告は、①異議部分の自己への帰属を基礎づける事由、②原告の配当帰属原因の発生障害又は消滅の事実を主張立証すべきことになると解される（このほか、本案前の抗弁として、配当異議の申出が適式にされていないことや、起訴証明の不提出等を主張することができると解される。）。債務者からの配当異議の訴えの場合は、前記請求原因のうち、①ないし③の主張立証が必要と解される。

(4) 判決とその効力

　請求の一部または全部を認容する場合、裁判所は、判決において配当表を変更し、または新たな配当表を作成するために配当表を取り消さなくてはならない（90条4項）。原告が債務者である場合、判決は全債権者のために効力を生じるので、執行裁判所は、配当異議を申し出なかった債権者についても配当表を変更しなければならない（92条2項参照）。これに対し、原告が債権者の場合は、判決効の一般原則及び92条2項の反対解釈により、判決効は原告と被告との間にのみ生じ、配当を受けるべき債権者全員との間では効力を生じないと解される。問題になるのは、原告が債権者で認容判決がされた場合に、受訴裁判所が配当表をどのように変更すべきかという点であるが、判決が前記のとおり相対的効力を有するに過ぎないことを考慮すれば、配当異議の訴えで争いになっていた被告に対する配当額は、原告の債権額に満つるまで、原告の配当額にそのまま付け加えられると解するのが妥当と解する（**吸収説**。最判昭和40.4.30民集19巻3号782頁、百選41）。これに対し、平等主義を重視する観点から、被告から取り上げる係争配当額の部分を同順位の他の債権者に案分して原告に配当されるべき金額を算出し、その限度でのみ原告の配当額に加えるべきとする説（**案分説**）もあるが、少数である。

　では、吸収説を前提として、被告への当初の配当額を原告の債権者に加えた結果、剰余が生じた場合、この剰余分はどのように扱うべきか。吸収説に立つ前記最判昭和40.4.30は、傍論において、債務者に返還すべきとしているが（**債務者説**）、被告である債権者の配当額に止めるべきとする説（**被告説**）も

有力である。

5 不当利得返還請求

配当期日において配当異議の申出をせず、または異議を申し出たが期間内に配当異議の訴えを提起しなかった債権者が、配当実施後に、他の債権者に対し、その配当を受領する実体法上の根拠はなかったなどと主張して、**不当利得返還請求**をすることができるかが問題になる。実体上の権利の尊重と、配当手続で異議が出されなかったことによる法的安定性の確保や配当結果に対する信頼性をどのように調整するかの問題であるといえるが、判例は、抵当権者が債権者の場合には不当利得返還請求権を認め（最判平成3.3.22民集45巻3号322頁）、一般債権者であった場合には認めなかった（最判平成10.3.26民集52巻2号513頁、百選39）。このような折衷説に対し、学説においては、いずれの場合も不当利得返還請求は認めないと解する説（全面否定説）が有力である。なお、配当異議の申出をしなかった債務者からの不当利得返還請求については、これを認めるのが判例である（最判昭和63.7.1民集42巻6号477頁、百選24）。

【補講】準不動産執行

第1 船舶執行

1 船舶競売総論

総トン数20トン以上の船舶に限られる。これは民法上は動産として扱われるが（民法86条2項）、登記が対抗要件とされていること（商法686条）、資産価値が高いことなどから、不動産に準じた扱いがされる（ただし、登録された小型船舶に対する強制執行または担保権に基づく競売は、自動車に対する執行に準ずる。）。債務名義に基づく船舶の競売は、強制競売の規定に従い、また、船舶に対する担保権に基づく競売では、不動産担保競売に関する規定に従うことになるが、不動産とは異なり可動性を有することなどから、若干の特則がある。

2 船舶競売手続

(1) 申立て及び開始決定

競売開始決定時における船舶の所在地を管轄する地方裁判所に対し、申立

てを行う。強制執行であれば債務名義、担保権に基づく競売の場合は、担保権の存在を証明する文書の提出が必要となる（189条、商法842条等）。開始決定では、差押えとともに船舶の出航禁止が命じられ（114条2項）、執行官に対し、船舶国籍証書その他の航行所要文書を取り上げて執行裁判所に提出すべきことを命じる（同条1項）。

(2) **先行的船舶抑留処分**（船舶国籍証書等の引渡命令）

船舶競売申立て前に船舶国籍証書その他の航行所要文書を取り上げないと船舶競売が著しく困難になるおそれのあるときは、申立てにより、裁判所は、債務者に対し、上記航行所要文書を執行官に引き渡すべき旨を決定で命ずることができる（115条1項・2項）。無保証で船舶抑留のみを先行させ、船舶競売を実効化するという点に趣旨がある。実務的には、この引渡命令の申立てが最も多い。この場合も、上記おそれの疎明のほか、強制競売であれば債務名義、担保権に基づく競売の場合は担保権の存在を証する文書の提示が必要である。

(3) **債務者の損失回避措置**

船舶が運航できなくなることによって債務者（所有者）に生じる損害を回避する手段として、一定の要件の下に、①船舶航行許可（同意航行の許可。118条1項）及び②保証の提供による競売手続の取消し（117条1項）といった制度が認められている。

第2　航空機・自動車・建設機械に対する執行

1　航空機

新規登録を受けた飛行機・回転翼航空機は、船舶の強制競売・担保競売に準ずる（航空法8条の4、規則84条ないし85条、175条参照）。それ以外のものは動産執行による。

2　自動車執行

新規登録自動車は、基本的に不動産の強制競売・担保競売に準ずるが、移動性の高さや車両の種類が多様であることから、管轄をはじめとして、特別の規定が置かれている（規則86条ないし97条、176条参照）。

3　建設機械

建設工事の用に供される政令所定範囲の機械類で登記がされたものに対する執行は、登録自動車に対する強制競売・担保競売に準ずる（建設機械抵当法26条、規則98条、177条）。

> **【実務の注目点】不動産競売手続の迅速化**
>
> 　不動産競売は、バブル経済崩壊後の一時期に大量の未処理事件を抱えたが、その後の度重なる法改正（⇒第１講の【実務の注目点】）や、執行機関・関係者の運用改善努力、経済状況の回復に伴う売却率の向上などにより、未処理事件は大幅に減少し、また、事件ごとの処理期間も著しく短縮している（森山ほか「平成26年度における不動産競売事件の処理状況」金法2022号57頁以下によれば、ピーク時には約13万件であった未処理事件の件数が、2014年には約２万件にまで減少したとのことであり、また、競売申立てから売却実施処分までの期間が６か月以内の事件が全体の85パーセントを占めるに至り、売却率も、全国平均で80パーセントを超えているとのことである。）。また、東京地方裁判所では、権利関係が比較的単純な自用マンション（所有者が自ら占有するマンション）を目的物とする競売事件について迅速処理の取組みをしているが、近時では申立てから配当終了まで７か月という短期間で事件処理が終了しているとのことである（古閑裕二「東京地方裁判所（本庁）における平成27年の民事実行事件の概要」新民事執行実務14号127頁）。このような迅速化傾向は、基本的には歓迎すべき傾向であることは疑いがないが、競売手続における手続の適正確保との両立をどのように図るかについても引き続き検討をしていく必要があると考えられるし、また、このような迅速化は、ひとり執行機関や補助機関による尽力だけではなく、関係者（特に債権者）の協力なしには成り立ちえないものであることも認識しておく必要があろう。手続の適正さを十分に保障しつつ、迅速化を実現するためには、手続の利用者とその担い手が相互に協力し、「先の見える」手続をいかに構築するかという観点から検討していくことが必要である。

【検討問題】
1　民事執行法上の保全処分においては、担保を立てることが求められる場合があるが、これは民事保全法に基づく仮差押えや仮処分での担保よりも相当程度低額であることが一般である。その理由は何か。
2　相手方を特定しないでする保全処分について、以下の各問を検討せよ。
　(1)　「相手方を特定することを困難とする特別の事情」（55条の２第１項）の具体例及び「特別の事情」を認定するプロセスについて説明せよ。
　(2)　この保全処分の執行に当たり、執行官はどのようなことを行うのか。

3 以下に掲げる者は、引渡命令の相手方となるか。また、相手方になるとして、明渡猶予制度の適用を受けるか。
 (1) 民法旧395条の短期賃貸借制度が適用される賃借人
    （参考）　平成15年法律第134号附則5条
 (2) 執行妨害目的を有する賃借権に基づいて占有する者
 (3) 滞納処分による差押えの後に使用収益を開始した賃借人
 (4) 所有者と賃借人との間の原賃借権を基礎として、賃貸借または使用貸借契約をして占有している転借人
4 Xは、債務者Yが所有する不動産に根抵当権を有していたが、Yの債務不履行により担保不動産競売を申し立てた。Xは、その際、申立書に、担保権の表示と元本債権全額は記載したものの、付帯債権（利息及び損害金）は記載していなかった。執行裁判所はこれに基づき競売を開始し、その後売却がされたため配当を実施することになった。その際Xは、元本債権以外に付帯債権も債権計算書に記載して執行裁判所に提出した。この場合、執行裁判所は、付帯債権分についても配当の基礎とすることができるか。

第9講

債権執行
——総論・債権強制執行——

第1 権利執行総論

1 意 義

　債権その他の財産権に対する民事執行を権利執行ということがあるが、この権利執行は、債権執行、その他財産権に対する執行及び少額訴訟債権執行とに分けられ、さらに、債務名義に基づく強制執行と、担保権に基づく実行とに分けられる。

　債権執行とは、執行債権者が、その有する金銭債権の満足のために、執行債務者が第三債務者に対して有している金銭債権または船舶もしくは動産の引渡請求権に対して強制執行を行う手続である（143条～166条）。

　その他財産権に対する執行（以下「その他財産権執行」という。）とは、不動産、船舶、動産及び債権以外の財産権に対して強制執行を行う手続である（167条1項）。電話加入権、知的財産権、出資持分権、信託受益権、ゴルフ会員権、株式等がその例であり、債権執行の例によって行われる。

　少額訴訟債権執行（以下「少額執行」という。）は、少額訴訟（民訴法第6編）に係る債務名義に基づき行われる、簡易な手続による債権執行である。

2 特 質

　債権は、不動産と異なり、それ自体が観念的な存在であるから、差押えや換価の手続は、執行裁判所による観念的な処分によってなされることになる。また、申立てに当たって、執行目的となる権利（**差押債権**）については、その存在の立証は基本的には求められないことから、差押えがなされた

132 第9講 債権執行

【債権執行の手続概要図】

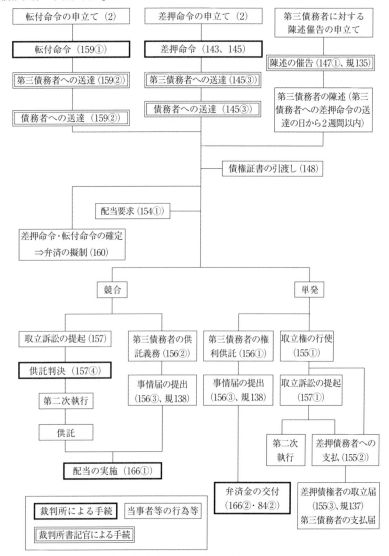

佐藤歳二・実務保全・執行法講義〔債権法編〕（2006、民事法研究会）312頁より引用

後の第三債務者の陳述などを通じて、差押債権の存否がはじめて明らかになるという構造を有する。

また、換価に当たっては、不動産のように執行裁判所が主体となった精緻な手続が履践されるのではなく、金銭債権の場合は、基本的には差押債権者による直接の**取立権**の行使によって換価および回収が図られるのが特徴であり、差押命令が競合するなどした場合に初めて配当が問題になるという点も特徴的である。

そして、権利執行の多くにおいては、執行債権者及び執行債務者のほかに、**第三債務者**が登場する点も特徴である。第三債務者は、執行債権者と執行債務者の争いに巻き込まれた者であり、その保護という点が、権利執行における諸論点の解決において大きく影響することになる。

第2 金銭債権に対する強制執行（1）――差押え

1 差押債権の適格要件

(1) **差押え時に存在し、かつ債務者に帰属している権利であること**

条件付債権または期限付債権でもよい。給料債権等の継続的給付債権については、差押えの効力が、差押債権者の債権及び執行費用の額を限度として、差押え後に受けるべき給付にも及ぶとされているが (151条)、それ以外の継続的給付債権や、単純な将来債権の扱いについては問題がある (⇒【検討問題】1）。

もっとも、差押命令発令の際には、差押債権が現存するか、債務者に帰属するかについての調査は行われない。したがって、差押命令発令後にこの要件が満たされていないことが判明したとしても、さかのぼって差押命令が不適法になるわけではない。

(2) **換価可能な独立の財産的価値を有すること**

反対給付に係る債権、質権が付着する債権、差押えまたは仮差押えの執行を受けている権利であってもよい。換価可能で独立性を有する限り、私的権利であることは必要ではない。公法上の請求権（土地収用の補償金請求権、押収

物の還付請求権など）でもよい。ただし、法律行為の取消権や解除権、担保物権や未発生の利息債権のみの差押えはできない。

(3) **譲渡可能であること**（他人が権利行使可能であること）

法令上もしくは性質上譲渡ができず、または他人が代わって行使することができない権利は、被差押債権とはならない。帰属上・行使上の一身専属的権利（本人行使前の扶養請求権、財産分与請求権、遺留分減殺請求権、公租公課の請求権、氏名権・商号権などが典型例）がこれに該当する。これに対し、譲渡禁止特約のある債権については、これにより差押えができないとすることは、私人間の合意で差押禁止債権を創設することになってしまうから、差押債権者の善意悪意を問わず、差押債権となるとするのが判例である（最判昭和45.4.10民集24巻4号240頁）。

(4) **差押禁止債権に該当しないこと**

差押債権が法定の差押禁止債権に該当しないことが必要である。これは、①**民事執行法上の差押禁止債権**と、②**特別法上の差押禁止債権**とに分けられる。

①は、給与等に係る債権（152条）である。すなわち、債務者が国及び地方公共団体以外の者から生計を維持するために支給を受ける債権や、給料、賃金、俸給、退職年金及び賞与並びにこれらの性質を有する給与にかかる債権については、原則としてその支払期に受けるべき給付（いわゆる手取額で実費支給のものを除いた額）の4分の3に相当する部分は差押えが禁止される（152条2項）。また、退職手当及びその性質を有する給与にかかる債権については、その給付の4分の3に相当する部分については差押えが禁止される（152条2項）。もっとも、この差押禁止範囲は固定的なものではなく、差押命令が効力を発生した後に、執行裁判所は、債権者または債務者の申立てにより、個々の事案における債務者及び債権者の生活状況その他の事情を考慮の上、その裁量により差押禁止範囲を拡張または縮減することができる（**差押禁止範囲変更の申立て**。153条1項）。実務上は、債務者からの禁止範囲拡張の申立てが多い（⇒【検討問題】2）。

②については、社会政策的考慮に基づき、差押禁止の規定が個別に置かれている。①社会保険給付の請求権（国民年金法24条、厚生年金法41条1項、健康保

険法61条、国民健康保険法67条等)、②公的扶助等の請求権（生活保護法58条、母子保健法24条等)、③災害補償や損害賠償等の請求権（労働基準法83条2項、労働者災害補償保険法12条の5第2項、自動車損害賠償保障法18条・74条等）が挙げられる。

　法定の差押禁止に反した差押命令は、執行抗告により取り消されうる。

2　差押命令手続

(1)　差押命令の申立て

　債務名義を有する債権者は、債務者の普通裁判籍の所在地を管轄する地方裁判所に、普通裁判籍がない場合は差し押さえるべき債権の所在地（通常は第三債務者の普通裁判籍の所在地）を管轄する地方裁判所に差押命令の申立てをする（144条1項・2項。19条により専属管轄）。

　申立ては、書面を提出して行う。記載事項は規則133条が規定しているが、特に**差押債権の特定**が重要である。

　執行裁判所は、差押命令の発令にあたり、債務者または第三債務者に対して審尋をすることができない（145条2項）。迅速な発令の要請及び密行性の確保といった、債権者の利益保護が趣旨である。

(2)　超過差押えの禁止

　差押債権が執行債権と執行費用の総額を上回る場合でも債権満額の差押えが可能である（もっとも、実務上は、債権者の方で差押債権の価額を「執行債権と執行費用の総額に満つるまで」と特定することで、差押えの範囲を限定するのが通例である。）。しかし、差押債権が複数の場合、そのうちの1個の債権の価額が上記総額を超えるときは、執行裁判所は、他の債権を差し押さえてはならない。これを超過差押えの禁止という（146条）。ただし、かかる超過が存在するか否かを債権者及び執行裁判所が事前に把握できるとは限らないことから、実際上は債務者からの執行抗告（145条5項）があった際に審査されることが多い。

(3)　差し押さえるべき債権の特定（規則133条2項）（⇒【実務の注目点】①）

　執行裁判所は、差押債権の現存等については審査しないが、特定されているかについては審査を行う。一般に、差押債権の特定が要求されている趣旨は、執行裁判所において差押禁止債権か否か、超過差押えの禁止（146条）に

反しないかを判断できるようにするためであり、債務者や第三債務者、特に第三債務者においてどの債権がどのような範囲で差し押さえられたかを認識できるようにするためであると解される。この特定が不十分な場合、第三債務者は二重払いの危険を負わされることになったり、債務不履行責任を問われる可能性があるし、差押命令が第三債務者に送達された段階で差押えの効力が発生することを考慮すれば、かかる効力が発生した債権がどれであるか等について迅速に確定できなければ、競合する差押債権者等の利害関係人がいる場合に、その法的地位が不安定になりかねない。このようなことからすれば、差押債権の特定とは、差押命令の送達を受けた第三債務者において、直ちにとはいえないまでも、差押えの効力が上記送達の時点で生ずることにそぐわない事態とならない程度に速やかに、かつ、確実に、差し押さえられた債権を識別できるものでなくてはならないと解される（最決平成23.9.20民集65巻6号2710頁。百選47）。そして、このような差押債権につき、どの程度まで具体的に記載すれば特定したといえるかについて、その対象となっている債権の性質や具体的事案に応じて個別に決せられることになるが、実務上多く見られる類型の債権、例えば給与等債権や預貯金債権については、迅速審査確保等の見地から、定型的な書式が使用されるのが通例であり、それ以外の債権についても、実務上は定型化されているものが多い。そして、かかる差押債権の特定は、差押えを求める債権者がその責任を負い、不特定の場合、執行裁判所は差押命令申立てを却下する。

(4) 差押命令の発令と送達等

執行裁判所は、差押命令において、差し押さえるべき債権を特定し、債務者に対してその債権の取立てその他の処分を禁止するとともに、第三債務者に対して債務者への弁済を禁止する（145条1項）。

差押命令は、債務者及び第三債務者に送達されるが、差押えの効力は、第三債務者に送達されたときに生じる（同条3項、4項（実務上は、債務者による差押債権の処分等を防止するため、債務者よりも先に第三債務者に送達する扱いである。））。なお、登記または登録された先取特権、質権または抵当権によって担保される債権に対する差押命令が効力を生じたときは、裁判所書記官は、申立てにより、差押えの登記または登録の嘱託をする（150条）。

【給料債権及び退職金債権(基本型)】

差押債権目録

金　　　円

債務者(○○支店　勤務)が、第三債務者から支給される、本命令送達日以降支払期の到来する下記債権にして、頭書金額に満つるまで

記
1　給料(基本給と諸手当。ただし、通勤手当を除く。)から所得税、住民税、社会保険料を控除した残額の4分の1(ただし、上記残額が月額44万円を超えるときは、その残額から33万円を控除した金額)
2　賞与から1と同じ税金等を控除した残額の4分の1(ただし、上記残額が44万円を超えるときは、その残額から33万円を控除した金額)
なお、1及び2より弁済しないうちに退職したときは、退職金から所得税、住民税を控除した残額の4分の1にして、1及び2と合計して頭書金額に満つるまで

【預金債権(基本型)】

差押債権目録

金　　　円

債務者が第三債務者株式会社○○銀行(○○支店扱い)に対して有する下記預金債権のうち、下記に記載する順序に従い、頭書金額に満つるまで

記
1　差押えのない預金と差押えのある預金があるときは、次の順序による。
　(1)　先行の差押え、仮差押えのないもの
　(2)　先行の差押え、仮差押えのあるもの
2　円貨建預金と外貨建預金があるときは、次の順序による。
　(1)　円貨建預金
　(2)　外貨建預金(差押命令が第三債務者に送達された時点における第三債務者の電信買相場により換算した金額(外貨)。ただし、先物為替予約があるときは原則として予約された相場により換算する。)
3　数種の預金があるときは、次の順序による。
　(1)　定期預金
　(2)　定期積立
　(3)　通知預金
　(4)　貯蓄預金
　(5)　納税準備預金
　(6)　普通預金
　(7)　別段預金
　(8)　当座預金
4　同種の預金が数口あるときは、口座番号の若い順序による。
　なお、口座番号が同一の預金があるときは、預金に付せられた番号の若い順序による。

インフォメーション21(裁判所ホームページ)より引用。

(5) 不服申立て

差押命令申立てについての裁判（差押命令または申立却下決定）に対しては、執行抗告をすることができる（145条5項）。なお、申立却下決定に対する執行抗告において、抗告審で原決定を取り消すときに、抗告裁判所が自ら差押命令を発令しうるかについては争いがある。

4 差押命令の効力

(1) 効力が及ぶ客観的範囲

債権者は、差押命令において特に限定していない限り、差押えの効力発生時の差押債権全額に及び、かつ、従たる権利にも効力が及ぶ。

給料債権等の継続的給付債権については、差押えの効力が、差押債権者の債権及び執行費用の額を限度として、差押え後に受けるべき給付にも及ぶとされていることは前述のとおりであるが（151条）、この差押えの後にさらに差押え又は仮差押えの執行がされた場合、各請求債権、被保全債権及び執行費用の合計額の限度まで、差押えの効力は拡張する（149条参照）。

(2) 債務者に対する効力

債務者は、差押えにより、差押債権の処分（取立て、譲渡、放棄、免除、相殺等）が禁止され、これに違反してされた債務者の処分行為は、債権者に対してはもとより、その差押えに基づく執行手続に参加した全ての債権者に対する関係で無効となると解される（**手続相対効**。最判平成10.3.24民集52巻2号399頁）。

これに対し、差押債権それ自体ではなく、その債権の基礎または発生原因となる法律関係それ自体（例えば、賃料債権が差押債権となっている場合の賃貸借契約、給与債権が差押債権となっている場合の雇用契約等）の処分は禁止されるものではない。しかし、その処分が執行妨害の実質を有するなど、信義則に反するものか否かについては、具体的事情を考慮して慎重かつ適切に判断する必要があると解される（最判平成24.9.4判時2171号42頁参照）。

なお、債務者が差押えの効力発生後に差押債権について給付訴訟を提起することができるかは争いがある。差押えによって債務者からの取立てが禁止されていることを考慮すれば、債務者は給付訴訟を提起することができないとも考えられる。しかし、差押え後も債務者は差押債権について管理処分権

限を有していることや、差押債権について時効中断の措置をとる必要があることを考慮すれば、裁判所は給付判決をなし得ると解される（最判昭和48.3.13民集27巻2号344頁）。もっとも、145条1項の趣旨からすれば、債務者は、給付判決を受けたとしても、それに基づく強制執行によって差押債権の満足を図ることはできないと解される。

(3) 第三債務者に対する効力

第三債務者は、差押債権について債務者への弁済が禁止される（145条1項）。これに反して第三債務者が債務者に弁済した場合、それを差押債権者に対抗することはできず、第三債務者は二重弁済の危険を負担することになる（民481条1項）。

第三債務者は、差押えの効力が生じた時点で債務者に対して主張することができた抗弁を差押債権者に対抗できる。例えば、差押債権を弁済したこと、同時履行の抗弁権を有することなどである。問題は相殺の主張であり、第三債務者は、差押え後に取得した債権を自働債権とする相殺をもって差押債権者に対抗することはできない（民511条）。しかし、差押え前に取得していた反対債権であれば、弁済期が差押え後に到来する場合であっても、また、差押債権の弁済期との先後関係に関わらず、相殺適状にある限り、その反対債権を自働債権、差押債権を受働債権とする相殺を持って差押債権者に対抗することができるとするのが判例である（最大判昭和45.6.24民集24巻6号587頁）。相殺の持つ担保的機能を重視したものであるといえるが、これに対しては批判も強い。

5 第三債務者の陳述

第三債務者は、差押命令送達後、被差押債権の存否・種類・額、第三債務者としての弁済の意思の有無、弁済する範囲ないし弁済しない理由、優先債権の内容、他の債権者による差押え・仮差押えの有無、滞納処分による差押えの有無等について書面で回答を求める（147条1項、規則135条）。債権の存否及び内容等に関する情報は第三債務者が保持していることから、その陳述を得ることで、差押債権の存否等に関する情報を獲得し、その後の執行手続を円滑に進めることを目的とする。このような陳述催告制度の重要性に鑑み、

【陳述書】

平成　　年（ル）第　　　　号		
陳　述　書 平成　年　月　日		
東京地方裁判所民事第21部　御中　　　　　　　　　　第三債務者　　　　　　㊞		
下記のとおり陳述します。		
1　差押えに係る債権の存否	あ　る　　　　な　い	
2　差押債権の種類及び額（金銭債権以外の債権は、その内容）		
3　弁済の意思の有無	あ　る　　　　な　い	
4　弁済する範囲又は弁済しない理由		
5　差押債権について、差押債権者に優先する権利を有する者（例えば、質権者）がある場合の記入欄	優先権利者の住所、氏名	
	優先する権利の種類及び範囲（金額）	

(以下略)

　第三債務者は、かかる陳述催告に対し、故意または過失により陳述しなかったとき、または不実の陳述をしたときは、これによって差押債権者に生じた損害について賠償責任を負う(147条2項)。

　この陳述は、差押債権者からの申立てに基づき、裁判所書記官が陳述を催告して行われるが、実務上は、差押命令の送達と同時に、第三債務者に対して上記陳述に関する定型書式(陳述書)が送付され、第三債務者はこの陳述書に必要な事項を記載して執行裁判所に送付する。

第3　金銭債権に対する強制執行 (2)――換価

1　差押債権の換価

民事執行法は、差押債権の換価方法として、①差押債権者による取立て (155条)、②差押債権を差押債権者に移転する転付命令 (159条)、③譲渡命令・売却命令・管理命令等 (161条) の各規定を置いているが、金銭債権の換価方法としては、①の取立てによる方法が原則である。

差押債権者が取立権の行使等により第三債務者から請求債権等の全額弁済を受けたときは、執行手続は終了する。また、一部の支払いを受けたときは、請求債権等はその支払いを受けた限度で弁済したものとみなされる (155条2項)。

(1)　取立て (155条)――**裁判所が関与しない換価方法** (債権執行の特徴)

差押債権者は、債務者に対して差押命令が送達された日から1週間を経過したときは、差押債権を取り立てることができる (155条1項。執行抗告がされていても、取立権は発生する。)。取立権を行使しうる範囲は、請求債権及び執行費用の限度である (同条項但書)。この取立権の行使を怠った場合、債権者は損害賠償責任を負う (158条)。

取立権が発生した後は、債権者は、自己の名で、第三債務者に対し、取立てに必要な一切の裁判上または裁判外の一切の行為をすることができると解される。生命保険契約に基づく解約返戻金請求権を差し押さえた債権者が、同契約の解約権を行使しうるかにつき、判例 (最判平成11.9.9民集53巻7号1173頁、百選56) は、解約権を行使できるとした。

(2)　転付命令 (159条)

差押債権者に独占的満足をもたらすものとして、執行での平等主義の例外をなす制度である。転付命令は、差押債権を**券面額**で差押債権者に移転させるというものであり、これによって債権それ自体が差押債権者に帰属し弁済したことになるという点で、取立権を取得する差押命令とは異なる。したがって、第三債務者の無資力のリスクも差押債権者が負担することになるので、取立てよりも不利なことがある。実務上は、他の債権者が競合せず、差

し押さえるべき債権額が特定していて、なおかつ第三債務者の無資力のリスク負担がないと考えられる場合に利用することになり、差押命令と同時にされることもあるが、差押命令の効力発生後に申立てがされることもある。

　転付命令の発令要件は、①譲渡可能な債権であること、②差押債権が券面額を有する（額が特定している）こと、③転付命令送達までに他の債権者の差押え、仮差押えの執行または配当要求がないこと（159条3項）である。①は、差押命令のところで述べたことがそのまま妥当する。②については、転付命令の段階で額が特定していないもの（例えば、将来の債権や条件付き債権）は券面額を有しない。賃貸借契約終了による建物明渡し前の敷金返還請求権（最判昭和48.2.2民集27巻1号80頁）、委任事務処理のために委任者が受任者に交付した前払費用の返還請求権（民法649条）も同様である（最決平成18.4.14民集60巻4号1535頁、百選59）。なお、他人の優先権の目的となっている債権も、優先権が行使されるまでは債権額が確定しないので、券面額を欠くと解されるが、判例は、質権の目的となっている債権について、弁済に充てられる金額を確定することができるとして、券面額を有するとした（最決平成12.4.7民集54巻4号1355頁、百選60）。③は、転付命令が申立債権者に独占的満足を与える制度であることから当然の要件である。このことからすれば、転付を受ける債権者が実体法上競合債権者に優先する権利者である場合（最判昭和60.7.19民集39巻5号1326頁、百選75）や、転付命令を申し立てた差押債権者が取立訴訟を提起し、その訴状が第三債務者に送達された後に、他の債権者による差押えや配当要求があった場合（165条2号）及び、各債権者が目的債権の一部を差し押さえ、被差押部分の総額が目的債権以下である場合などは、転付命令が可能であると解される。

(3) 譲渡命令等（161条）

　取立権の行使が困難な差押債権に対する換価方法として認められているものであるが、実務上は、後述するその他財産権に対する強制執行における換価方法として重要な意義を有することから、本講第6で検討する。

2 取立訴訟
(1) 意義及び法的性質

債権差押命令に対し、第三債務者が何らかの理由で支払を拒絶したときは、差押債権者は強制的に差押債権を取り立てることになるが、そのための手段の一つが、第三債務者を被告として差押債権の支払を求める訴訟を提起することである。このような訴訟を**取立訴訟**という。

取立訴訟の法的性格については、訴訟担当説と固有適格説の対立がある。訴訟担当説は、差押債権者による債務者の法定訴訟担当と捉える説であり、この説に立つと、取立訴訟の判決の債務者への効力拡張は比較的説明しやすい（民訴法115条1項2号参照）。これに対し、固有適格説は、差押債権者は自己固有の利益に基づき取立訴訟を提起し追行する適格を有すると解する説である。この説に立つと、取立訴訟の判決の債務者への効力拡張は否定する方向になる（もっとも、債権者に有利な形での既判力の拡張については肯定するという説もある。）。

(2) 参加命令

差押債権者が競合した場合、各差押債権者は別個に取立訴訟を提起しうるが、この場合第三債務者はそれぞれについて別個に応訴しなければならず、極めて煩瑣となり、判断の統一も保てない可能性が出てくる。そこで、かかる第三債務者を保護する観点から、民事執行法は、第三債務者に参加命令申立ての権限を与えた（157条1項、3項）。**参加命令**とは、競合債権者の1人から取立訴訟を提起された場合、それ以外の競合差押債権者に対し、上記取立訴訟に参加するよう命ずることをいい、第三債務者からの申立てに基づいて裁判所が決定する。

参加命令を受けた競合債権者は、参加しないことも自由であるが、その場合には、取立訴訟の既判力を受けることになる（157条3項。訴訟告知を受けた場合の参加的効力と同じようにみえるが、執行法上は既判力拡張として位置づけられている。なお、参加命令を受けなかった差押債権者について取立訴訟判決の効力が及ぶかについては争いがある。）。

参加する場合には、共同訴訟参加の申立てをする必要があり、参加後は取立訴訟原告と必要的共同訴訟人の関係に立つと解されている（**類似必要的共同

訴訟)。これにより判断の統一と一回的解決が実現することになる。

第4　金銭債権に対する強制執行（3）——配当

　配当及び弁済金交付の2つの手続（以下「配当等」という。）があることは、不動産執行の場合と同様であるが、債権執行では、その前段階において、第三債務者による供託と事情届の提出という行為が入ってくる点に特徴がある。以下、順を追って説明する。

1　第三債務者による供託
　差押命令によって、第三債務者は債務者への弁済を禁止されるが、実体上の弁済義務まで免れるわけではないから、債務不履行の危険を依然として負っている。また、債権者が取立権を取得した後は、その行使に応じなければならない義務を負うことになる。さらに、複数の差押命令や配当要求が競合した場合は、公平の見地から、特定の債権者に弁済することはできず、実体法秩序に応じた配当等を行う必要がある。
　そこで民事執行法は、第三債務者が差押債権について供託することにより免責が得られるようにしている（156条、**執行供託**）。そのうち、差押えの競合が生じない場合、第三債務者は供託することができるものとし（同条1項。**権利供託**）、差押え等の競合等が生じた場合、第三債務者は供託しなければならないとした（同条2項、**義務供託**）。

(1)　**権利供託**
　この供託は、弁済供託としての性質を有し、差押債権の全額に相当する金銭を供託しなければならない。この場合、後述する事情届が提出されたときは、執行裁判所は弁済金交付手続を行う。

(2)　**義務供託**
　差押え等の競合が生じた場合は、差押債権者に対する直接の弁済は許されないことになり、供託をすることが義務になる。すなわち、第三債務者は、取立訴訟の訴状の送達を受けるまでに、差押えに係る金銭債権のうち差し押

第4 金銭債権に対する強制執行(3)

【供託書（義務供託の場合）】

供託書・OCR用

（雛）

| 申請年月日 | 平成20年4月25日 | 供託カード番号 | |

供託所の表示　○○法務局

供託者の住所氏名
　住所　甲県乙市丙町一丁目1番1号
　氏名・法人名等　甲山太郎　印

被供託者の住所氏名
　住所　（別添のとおり）
　氏名・法人名等　（別添のとおり）

供託金額　¥1,000,000

供託の原因たる事実：
供託者は、甲県丙市丁町二丁目2番乙野次郎に対し、平成20年3月25日付け売買契約に基づく全100万円の売買代金債務（弁済期：平成20年4月25日、弁済場所：乙野次郎住所）を負っているが、これについて下記の差押命令が相次いで送達されたので、債権の全額に相当する金100万円を供託する。

記

差押命令の表示
1　○○地方裁判所平成20年（ル）第596号　債権者甲野三郎、第三債務者乙野次郎、差押債権額金80万円、差押債権に相当する債権差押命令　平成20年4月16日送達
2　○○地方裁判所平成20年（ル）第597号　債権者丙野四郎、第三債務者乙野次郎、差押債権額金60万円、差押債権に相当する債権差押命令　平成20年4月18日送達

法令条項　民事執行法第156条第2項

備考

（注）1　供託金額の冒頭に¥記号を記入してください。なお、供託金額の訂正はできません。
2　本供託書は折り曲げないでください。

供託者カナ氏名　コウヤマタロウ

法務省ホームページより引用

さえられていない部分を超えて発令された差押命令、差押処分または仮差押命令の送達を受けたときは、その債権の全額に相当する金銭を、また、配当要求があった旨を記載した文書の送達を受けたときは、差し押さえられた部分に相当する金銭を債務の履行地の供託所に供託しなければならない。競合がある場合は、この供託がされない限り免責されないから、供託せずに一部の債権者に支払ったことは、他の債権者との関係で対抗することはできない。また、供託された金銭の分配は、配当手続によることとなる。

2 事情届の提出 (配当手続開始の契機)

権利供託・義務供託を問わず、執行供託をした第三債務者は、執行裁判所に対し、供託書正本を添付して差押えに係る債権について供託をした旨の**事情届を提出しなければならない** (156条3項)。執行裁判所は、かかる事情届の提出によって供託の存在を知ることになり、配当等の事件を立件することになる。

3 配当手続

配当事件立件後の手続は、基本的に不動産執行の場合と同様であることから、配当等の手続、配当異議の申出及び配当異議の訴えについては、不動産執行での規定が広く準用されている (166条2項、規則145条⇒第8講第3参照)。以下では、配当等を受けるべき債権者の範囲、配当要求及び配当順位などを中心に説明する (⇒ 【検討問題】3)。

(1) 配当を受けるべき債権者

配当要求の終期までに差押え、仮差押えの執行又は配当要求をした債権者である (165条)。

(2) 配当要求

債権執行において配当要求できる債権者は、執行力のある債務名義の正本を有する債権者及び文書により先取特権を有することを証明した債権者である (154条1項)。

配当要求の終期は、①第三債務者が権利供託または義務供託した時 (165条1号)、②取立訴訟の訴状が第三債務者に送達された時 (同条2号)、③売却命

【事　情　届】

1	東京地方裁判所民事第21部　御中		
	平成　　年　　月　　日		
	第三債務者　住　所		
	氏　名　　　　　　　　　　　　　　　㊞		
	（電）		
	（担当）		

2 事件の表示	事 件 番 号	東京地方裁判所　平成　　年（　）第　　号	
	当 事 者 名	債権者　　　　　　　　　　　　　　外　　名 債務者　　　　　　　　　　　　　　外　　名	
	3　差押命令の送達日	平成　　　年　　　月　　　日	
	4　供 託 し た 金 額	金　　　　　　　　　　　　　円也	
	5　供 託 の 日 時	平成　　年　　月　　日午前/後　　時	

6 供託の事由	供　託　所	法 務 局	
	供 託 番 号	平成　　年度　金第　　　　号	
	上記に競合する差押命令、差押処分、仮差押命令、配当要求、滞納処分による差押えは下記のとおり			
	裁判所名 事件番号	債権者名	命令送達日	請求債権額

令により執行官が売得金の交付を受けた時（同条3号）、④動産引渡請求権に対する執行において、執行官が動産の引渡しを受けた時（同条4号）である。不動産執行においては、執行裁判所が配当要求の終期を定めるが、債権執行では、その終期（換言すれば、配当加入遮断効が発生する時点）があらかじめ法定されているという点に特色がある。実務上は、①の例が大多数であり、この場合、執行裁判所は、供託書を調査して配当要求終期を確定し、それ以前に差押え等で配当加入した債権者を確定していくことになる。

(3) 配当の順位

債権執行での配当における優先順位は、①手続費用、②公租公課に優先する私債権、③公租公課、④公租公課に劣後する優先権のある私債権、⑤一般債権である。

第5 船舶・動産等の引渡請求権に対する強制執行（162条、163条）

1 意義・趣旨

債権者の債務者に対する金銭債権満足のために、債務者が所有する船舶や動産（以下「動産等」という。）を差し押さえて換価したいと考えたが、当該動産等が第三者の占有下にある場合は、第三者の同意がない限り強制執行をすることはできない。そこで、債務者が第三者に対する**動産等の引渡請求権**を債権者が差し押さえることにより、当該動産等を換価する方法を認めた（162条、163条）。以下では、実務上比較的例の多い動産の引渡請求権に対する執行について説明する。

2 動産の引渡請求権に対する執行

差押えの手続は金銭債権に対する強制執行と同じく、執行裁判所の差押命令によって行われる。そして、債務者に差押命令が送達された日から1週間を経過したときは、第三債務者（動産の占有者）に対し、執行官に当該動産を引き渡すべきことを請求することができる（163条1項）。そして、第三債務者が引渡しに応じないときは、差押債権者は取立訴訟（動産引渡請求訴訟）を

提起し、執行官への動産引渡しを命ずる判決を得て、動産引渡しの強制執行を行う。動産の引渡しを受けた執行官は、動産執行の売却手続によって動産を売却し、その売得金を執行裁判所に提出しなければならない（同条2項）。これを受けて、執行裁判所は配当等の手続を実施することになる。

3　貸金庫の内容物に対する強制執行

　銀行の貸金庫の内容物を差し押さえようとする場合、内容物は動産であるから、動産執行の方法（⇒第11講）によることが考えられる。しかし、銀行は、貸金庫利用者の承諾がないままで内容物の提出に応じないことから、この方法によることは事実上困難である。この場合の執行方法については、従来から争いがあったが、判例（最判平成11.11.29民集53巻8号1926頁、百選64）は、内容物に対する銀行の占有を認めたうえで、貸金庫利用者（債務者）が銀行（第三債務者）に対して有する、**貸金庫契約上の内容物引渡請求権**（内容物を取り出すことのできる状態にするよう請求する権利）を差し押さえる方法により強制執行することができるとした。

第6　その他の財産権に対する強制執行

1　意義・趣旨

　不動産、船舶、動産、金銭債権及び物の引渡請求権以外の財産権に対する強制執行につき、特別の定めのあるもののほか、債権執行の例によるとした（167条1項）。具体例としては、電話加入権、知的財産権、出資持分権、信託受益権、ゴルフ会員権、リゾートクラブ会員権、振替株式以外の株式、電子記録債権、賃借権等がある。

2　差押命令及び換価・配当

　原則として債権執行の手続が準用される（管轄については、167条2項で、権利の移転について登記を要するものについての特則がある。）。ただし、差押えの効力発生時期について、第三債務者またはこれに準ずる者がいない場合は、差押命

令が債務者に送達された時に生じる（167条3項）。

　換価については、権利の性質上取立てはなじまないと考えられるので、譲渡命令、売却命令、管理命令等（161条）がここではメインになる。どの換価方法を選択するかは、それぞれの権利の性質に応じて何が最適かを判断して決定することになる。以下、これらの各命令について説明するが、いずれの場合も債務者の審尋が必要的とされている点に注意を要する（161条2項）。

(1) 譲渡命令

　差押債権を執行裁判所が定めた価額で支払いに代えて差押債権者に譲渡する命令である（161条1項）。実務上は、電話加入権、知的財産権、ゴルフ会員権、リゾートクラブ会員権、株券未発行株式、振替社債及び賃借権等で用いられることが多い。

　評価は必要的ではないが、譲渡命令の持つ重要な効果にかんがみ、評価額算定の適正を期する見地から、実務上は評価人を選任して評価が行われる。

　差押命令及び譲渡命令が確定すると、請求債権及び執行費用は、執行裁判所の定めた価額で、譲渡命令が第三債務者に送達された時に弁済されたものとみなされる（161条6項、160条）。このようなことからすると、譲渡命令は転付命令に類似するところがあることから、その規定が準用されているが（161条6項）、転付命令が券面額をもって移転するのに対し、執行裁判所の定めた価額で移転する点が異なる。そして、譲渡命令が債権の消滅をもたらすものであることを考慮すれば、評価額を0円とする譲渡命令を発令することはできないと解される（最決平成13.2.23判時1744号74頁、百選62）。

(2) 売却命令

　差押債権の取立てに代えて、執行裁判所の定める方法により、その債権の売却を執行官に命ずる命令である（161条1項）。実務上は、電話加入権、知的財産権、ゴルフ会員権、リゾートクラブ会員権、振替社債等で用いられることが多い。

　売却手続に当たっては、不動産執行の規定が準用される（同条6項）。無剰余となる場合は売却命令を発令することはできない（規則141条1項、2項）。執行官は、売却代金の支払いを受けたときは、債務者に代わり、第三債務者に対して確定日付ある証書によって譲渡通知をし（規則161条5項）、買受人に

対して債権証書を引き渡す（141条3項）。

売却手続が終了したときは、執行官が売得金及び売却に係る調書を執行裁判所に提出し、執行裁判所はこれを契機として配当等の手続を行う（166条1項2号）。

(3) 管理命令

執行裁判所が管理人を選任し、差押債権の管理を命ずる命令である（161条1項）。債権から得られる収益をもって弁済に充てるものである。管理人が差押債権者に代わって収益の取立てを行うが、差押債権それ自体は債務者に帰属したままであるという点が特徴である。このような構造は、後述する不動産強制管理によく似ていることから、その規定が多く準用されている（161条6項）。

(4) その他相当な方法による換価

譲渡命令・売却命令及び管理命令以外に、相当な換価方法があればそれによることもできる（161条1項）。具体例としては、差押債権を債権者以外の第三者などに委託して売却させることが考えられるが、実務例はほとんどないと思われる。

第7 少額訴訟債権執行（167条の2ないし14）

1 意義・趣旨

民訴法の少額訴訟（民訴368条以下）に基づく債務名義について、簡易迅速な権利実現という趣旨を徹底するため、簡易裁判所の裁判所書記官が債務者の債権について差押処分をし、その債権の取立てを可能とした。限定された範囲であるが、裁判所書記官が執行機関となっている点が大きな特徴である。なお、債権者は、少額訴訟債権執行を利用しうる場合でも、地方裁判所に通常の債権執行の申立てをすることもできる。

2 手続の概要

(1) 申立て

少額訴訟に係る債務名義を有している債権者が申立権者である。差押債権は金銭債権に限定される（167条の2第1項）。

(2) 差押処分と換価方法

裁判所書記官は、債権者の申立てにより、差押処分を発令する。差押処分の内容は通常の債権差押命令と同様であり、送達が必要であること、第三債務者への送達により効力が発生することも同様である（167条の5、14）。

換価方法は、取立てに限定される（167条の14、155条1項）。

(3) 通常債権執行への移行

少額訴訟債権執行として開始した手続につき、地方裁判所での通常の債権執行手続に移行することが認められている。まず、移行が義務的・必要的になる場合としては、差押債権者が譲渡命令等の換価命令を求めた場合、第三債務者により執行供託がされ、または取立訴訟の判決に基づく供託がされ、かつ、配当を実施すべきときがある（167条の10第2項、同条の11第1項）。次に、裁量により移行する場合としては、差し押さえるべき金銭債権の内容その他の事情を考慮して相当と認めるときがある（167条の12第1項）。結局、少額訴訟債権執行の趣旨である、簡易迅速な権利の実現に反する事態が生じた場合に移行がされるということになる。

【実務の注目点】　① 複数金融機関又は複数支店にわたる預金債権の差押え

同一債務者が同一金融機関の各支店に対して有する預金債権を差し押さえる場合は、各取扱店舗において預金取引管理が行われているとの実情等に照らし、一般の銀行の預金債権についてはその預金の取扱店舗を、一般の銀行の預金債権についてはその預金の取扱店舗を、ゆうちょ銀行の貯金債権についてはこれを所管する貯金事務センターを特定することを求め、差押債権の額についても、各店舗ごとに一定金額を割り付けて申立てをする（割付け方式）ように求める扱いをしていた。ところが、平成17年ころから19年ころにかけて、取扱店舗等を特定しないまま、複数の取扱店舗につき一括して差押命令を申し立てる事案が増加するようになった。そして、差押債権の特定を欠くとして却下した裁判に対して抗告する例も増加し、特定があるとする裁判例と、特定がないとする裁判例とが分立するようになった。

そして、平成23年に至り、再び、取扱店舗等を特定しないまま、複数の取扱店舗

第 7　少額訴訟債権執行（167条の 2 ないし14）　153

につき一括して差押命令を申し立てる事案が増加し、これに伴って抗告審決定が続出するに至った。そして、このような中で、最決平成23年 9 月20日（以下「23年最決」という。）が出された。

　同最決は、申立債権者 X が、債務者 Y に対する債務名義に基づき、Y が 3 つの銀行（三菱東京 UFJ、三井住友、みずほ）及びゆうちょ銀行に対して有する預金債権の差押えを申し立て、その際、上記 3 銀行に対する申立てにおいては、取扱店舗を限定せず、「複数の店舗に預金債権があるときは、支店番号の若い順序による」という順位付け方式をとり、ゆうちょ銀行については全国の貯金事務センターを列挙して、「複数の貯金事務センターの貯金債権のあるときは、別紙貯金事務センター一覧表の番号の若い順による」という順位付け方式をとった（以下「全店一括指定方式」という。）事案に対する決定である。原々審及び原審はいずれも差押債権の特定を欠く不適法なものとして申立てを却下したのに対し、X が許可抗告したところ、同最決は、以下のとおり判示して、原審の判断を是認して抗告を棄却した。

　「本件申立ては、大規模な金融機関である第三債務者らの全ての店舗を対象として順位付けをし、先順位の店舗の預貯金債権の額が差押債権額に満たないときは、順次予備的に後順位の店舗の預貯金債権を差押債権とする旨の差押えを求めるものであり、各第三債務者において、先順位の店舗の預貯金債権の全てについて、その存否及び先行の差押え又は仮差押えの有無、定期預金、普通預金等の種別、差押命令送達時点での残高等を調査して、差押えの効力が生ずる預貯金債権の総額を把握する作業が完了しない限り、後順位の店舗の預貯金債権に差押えの効力が生ずるか否かが判明しないのであるから、本件申立てにおける差押債権の表示は、送達を受けた第三債務者において上記の程度に速やかに確実に差し押さえられた債権を識別することができるものであるということはできず、本件申立ては、差押債権の特定を欠き不適法というべきである。」これによって、複数店舗にわたる預金債権の差押えに関する問題点は終息に向かうかとも思われたが、同最決が出されて間もなく、取扱店舗を特定しない場合でも特定を欠くとはいえないとした裁判例が現れた（東京高決平成23年10月26日・金法1941号151頁。以下「22部決定」という。）。これは、申立債権者 X が、債務者 Y に対する債務名義に基づき、Y が 4 つの銀行（三菱東京 UFJ、三井住友、みずほ、りそな）に対して有する預金債権の差押えを申し立て、その際、取扱店舗を特定せず、「複数の店舗に預金債権があるときは、預金債権額合計の最も大きな店舗の預金債権を対象とする。なお、預金債権額合計の最も大きな店舗が複数あるときは、そのうち支店番号の最も若い店舗の預金債権を対象とする」という特定方法（以下「預金額最大店舗指定方式」という。）をとった事案である。原審は23年最決を引用して差押債権の特定を欠くとしたのに対し、同決定は、預金額最大店舗指定方式によれば、第三債務者である金融機関の負担は、支店名個別指定方式（複数店舗のうち一つをその名称により個別具体的に特定して表示した場合）と同様になるとし

て、かかる方式によれば、23年最決の全店一括指定方式に比べて第三債務者の負担が格段に小さく、債権差押命令の送達を受けた第三債務者において、直ちにとはいえないまでも、差押えの効力が第三債務者に送達された時点で生ずることにそぐわない事態とならない程度に速やかに、かつ、確実に、差し押さえられた債権を識別することができるものであると結論付け、23年最判に照らしても、差押債権の特定に欠けることはないとした。そして、同決定は、X（の申立代理人弁護士）が、第三債務者に対して預金の有無、預金がある場合は取扱支店名及び残高金額を弁護士法23条の2に基づく照会を行ったが第三債務者らはこれに回答しなかったことから、前記の通りの預金債権の特定方法をとらざるを得なくなったと指摘し、これについて差押債権の特定を欠くとするとすれば、勝訴判決を得た債権者であっても、債務者の預金債権に対する強制執行を事実上断念させられる結果になり、ひいては民事執行の機能不全を招きかねないと判示した。

　この22部決定に対しては、これに同調する裁判例もみられたが（名古屋高決平成24.9.20金商1405号16頁）、これに対して、預金額最大店舗方式によったとしても、債権差押命令の送達を受けた第三債務者は、全店舗について預金債権の有無及びその預金額を確認しなければならず、店舗ごとの債権管理方式を採用している金融機関の現状に照らし、第三債務者において差押えの効力が送達の時点で生ずることにそぐわない事態とならない程度に速やかにかつ確実に差し押さえられた債権を識別することができるとすることはできない、差押債権の特定がされているか否かは、差押債権目録の表示自体に基づいて判断すべきであるから、弁護士法23条の2に基づく照会に対し第三債務者が回答を拒絶があったとしても、そのことのみによって差押債権の特定についての基準が異なってくるものではないとして、差押債権の特定があるとはいえないとした裁判例も出され（東京高決平成24.10.10金法1957号116頁、同高決平成24.10.24金法1959号109頁）、ここにおいても抗告審裁判例が対立する状況となった。

　このような中で、前記東京高決平成24.10.24の許可抗告において最高裁は、所論の点に関する原審の判断は正当として是認することができるとして抗告を棄却し、預金額最大店舗指定方式についても、差押債権の特定がされているとはいえないとした原審の判断を是認した（最決平成25.1.17金法1966号110頁）。これによって、同方式による差押債権の特定に関する実務上の争いには決着が付いたものといえるが、預金をはじめとする債務者所有財産をいかに的確に把握し、実効性のある執行につなげていくかは、債務者財産開示制度のあり方とも密接に関連するものであり、今後の大きな課題といえる。

【実務の注目点】　②　電子記録債権の差押え

　電子記録債権とは、その発生または譲渡において、電子記録債権法（以下「電債

法」という。）による電子記録を要件とする金銭債権をいう（電債法2条1項）。これまでの資金調達手段であった、民法上の指名債権譲渡や約束手形に内在するリスクや保持のためのコストを回避するために、電子記録という方法で債権の発生や譲渡ができるようにしたものである。すなわち、電子債権の発生・譲渡においては、当事者の意思表示に加えて、電子債権記録機関の記録原簿に発生記録や譲渡記録をすることが必要となる点に特徴がある。

電子記録債権を被差押債権とする強制執行については、電債法の委任に基づく民事執行規則によって規定が整備されているが、基本的には債権強制執行の手続規定が準用されている。ここでは、手続の骨格的部分について説明する。

1　差押え

執行裁判所の差押命令によってなされる。差押命令では、(1)執行債務者に対する、被差押債権の取立て禁止、(2)第三債務者に対する、執行債務者への弁済禁止に加え、(3)電子債権記録機関に対する電子記録の禁止命令がなされる（規則150条の10第1項）。差押えの効力は、差押命令が電子債権記録機関に送達された時に生じるが、第三債務者に対しては、差押命令の第三債務者への送達の時に生じる（規則150条の10第3項）。

2　換価

換価方法は、原則として取立てまたは転付命令の方法によるが（規則150条の15第1項）、被差押債権の元本が支払期日前であるときまたは取立てが困難であるときは、差押債権者の申立てにより、譲渡命令・売却命令が認められる（規則150条の14第1項）。

申立てについての決定に対しては執行抗告ができ、命令は確定しなければ効力を生じない（規則150条の14第3項、第4項）。

3　供託

被差押債権について第三債務者が権利供託または義務供託をしたときは、第三債務者は、その旨を執行裁判所に届け出なければならない（規則150条の12第1項ないし第3項）。

4　記録の嘱託

取立てに関し、電子債権記録機関が支払等記録（規則150条の10第6項）をしたときは、直ちにその旨を執行裁判所に届け出なければならない（規則150条の11第1項、第2項）。この届出または差押債権者が提出する取立届によって執行債権の全部満足が明らかになったときは、裁判所書記官は、その旨を電子債権記録機関に通知する（同条第3項）。

転付命令または譲渡命令が確定したときは裁判所書記官が、売却命令により売却代金が支払われたときは執行官が、電子債権記録機関に対し変更記録を嘱託する（規則150条の15、150条の14第5項、第6項）。

【検討問題】
1　以下の債権について、これを差押債権として差押命令を発令できるか。
　(1)　債務者と第三債務者間の、継続的な売買契約に基づく売買代金請求権
　(2)　債務者と第三債務者間の、継続的な請負契約に基づく請負代金請求権
　(3)　医師である債務者が支払いを受ける診療報酬請求権
2　Xは国民年金受給者であり、同年金額に相当する金員は、Y銀行Z支店のX名義の口座に振り込む方法で支払われていた。その後、Xは、債権者Aにより、債務名義に基づいて上記Z支店の預金の差押えを受けてしまった。この場合、Xから相談を受けた弁護士として、どのような措置をとるべきことになるか。
3　Xは、Yに対する債務名義に基づき、Yの預金債権についての差押命令を得た。その申立てにおいてXは、請求債権として、元金100万円及びこれに対する債権差押命令申立ての日までの遅延損害金を記載していた。その後配当手続となった際、Xは、上記遅延損害金の終期を配当期日までとした債権計算書を提出した。執行裁判所は、配当期日において、上記債権計算書記載のとおりの遅延損害金を請求債権額として配当額を決定できるか。

第10講

不動産収益に対する執行
——物上代位・収益執行——

第1 総論

　これまでみてきた不動産競売及び債権執行は、差押え時あるいは売却時における当該不動産又は債権の価値に着目し、これを差し押さえて換価することで債権の回収を図るというものであったが、**物上代位**（特に賃料債権に対する物上代位）及び**収益執行**（強制管理及び担保不動産収益執行）は、当該不動産が生み出す**継続的な収益価値**（キャッシュフロー）に着目し、これを継続的に差し押さえて債権の回収を図るというものである。これは、当初は不動産競売の停滞状況への代替策として注目を集めたものであったが、現在は、物上代位や収益執行にとどまらず、このようなキャッシュフローに担保価値を見出した取引が活発に行われるようになっている。

第2 収益執行制度の概要

　収益執行制度は、大別すると、債務名義に基づく強制管理と、担保権に基づく物上代位及び担保不動産収益執行とに分けられる。

1 強制管理

　強制管理は、不動産の継続的収益（天然果実・法定果実）を執行の目的とし、管理人が当該不動産を管理しつつ、上記継続的収益を回収・換価・配当して、金銭債権の満足を図る執行方法である（93条）。

2　担保権に基づく物上代位

担保目的物の売却、賃貸、滅失等により所有者が得る対価（売買代金、賃料、損害賠償金）等の価値代替物についても担保権の効力が及び、このような価値代替物から担保権者が優先弁済を受ける場合がある。これを物上代位という（民法304条1項、372条）。実務上は抵当権に基づく賃料債権に対する物上代位が最も件数が多く、裁判例も多いが、近時は譲渡担保権に基づく物上代位を肯定する判例も現れている（最決平成11.5.17民集53巻5号863頁、最決平成22.12.2民集64巻8号1990頁）。

3　担保不動産収益執行

平成15年改正前の民事執行法においては、担保権者が目的不動産の収益から満足を受けるという制度は置かれていなかった（これは、民法解釈上、抵当権は目的物の交換価値を把握する権利であり、使用収益権までは把握していないから、これに基づく収益から満足を得ることはできないとする考え方（価値権論）が伝統的に有力であったことが一因といわれている。）。しかし、賃料債権に対する物上代位が実務上定着していく中で（最判平成元.10.27民集43巻9号1070頁）、例えば大規模なテナントビルが目的不動産であった場合、それを競売で売却するのには時間がかかることや、賃料等の収益が継続的に見込まれる場合には、むしろそれを差し押さえて優先弁済が得られるとした方が実効的であるといった考え方が出されるようになり、民法上の問題点を解決したうえで、このような制度を設けるべきとの考えが有力になっていった。このようなことから、平成15年改正法は、抵当権の実行方法の多様化等の観点から、抵当権者その他の担保権者が担保不動産の収益から優先弁済を受けるための強制管理類似の制度として、**担保不動産収益執行**の制度を創設し、併せて民法371条が一部改正された。すなわち、平成15年改正前の旧民法371条は、抵当権の効力が抵当不動産の競売開始による差押え後の天然果実に及ぶという趣旨であると解されてきた。しかし、担保不動産収益執行制度の創設に当たり、抵当権の効力が担保不動産収益執行の開始後の天然果実及び法定果実に及ぶという趣旨に明確化する必要があると考えられたため、同改正法において、「抵当権は、その担保する債権について不履行があったときは、その後に生じた抵当不動産

の果実に及ぶ」という規定に改められたのである。以下では、まず物上代位について説明したうえで、強制管理及び担保不動産収益執行を一括して説明する。

第3 抵当権に基づく賃料債権に対する物上代位

1 債権に対する担保権の実行一般

債権その他の財産権に対する担保権の実行及び物上代位権の行使としての債権差押え（以下「債権担保権実行」という。）については、債権に対する強制執行に関する規定が多く準用されている（193条2項）。ただし、債権担保権実行については、超過差押え禁止の規定（146条）や差押禁止範囲の変更（152条、153条）は準用されていない点に注意を要する（193条2項括弧書き参照）。

2 物上代位の盛行とその背景
(1) 最判平成元.10.27民集43巻9号1070頁

「抵当権の目的不動産が賃貸された場合においては、抵当権者は、民法372条、304条の規定の趣旨に従い、目的不動産の賃借人が供託した賃料の還付請求権についても抵当権を行使することができるものと解するのが相当である。」として、肯定説をとることを明らかにした。その理由として同最判は、「民法372条によって先取特権に関する同法304条の規定が抵当権にも準用されているところ、抵当権は、目的物に対する占有を抵当権設定者の下にとどめ、設定者が目的物を自ら使用し又は第三者に使用させることを許す性質の担保権であるが、抵当権のこのような性質は先取特権と異なるものではないし、抵当権設定者が目的物を第三者に使用させることによって対価を取得した場合に、右対価について抵当権を行使することができるものと解したとしても、抵当権設定者の目的物に対する使用を妨げることにはならないから、前記規定に反してまで目的物の賃料について抵当権を行使することができないと解すべき理由はな（い）」とした。

(2) 不動産売却率の低迷と物上代位の件数の増加

　この物上代位を認めた前記最判は、当初実務的にはあまり注目されなかったものの、バブル経済崩壊後の不動産事件の激増と売却率の低迷の中で、にわかに注目を集めるようになった。それは、不動産の売却による債権回収が行き詰まりを見せる中で、その物件が持つ収益力に着目し、その収益を抵当権に基づく物上代位によって把握し、売却に至るまでのいわば「つなぎ」として債権回収を図ろうとする動きの現れであったといえる。このような流れの中で、物上代位の件数は増加の一途をたどり、それとともに、様々な法的問題の解決が迫られるようになり、さらに執行妨害行為に対する対処の必要から、数多くの判例が生まれるに至った。収益担保価値に対する関心が高まったのも、このような動きの中であったといえる。以下では、この点に関する判例の流れを追っていくことにする。

3　物上代位に関する判例の流れ
(1)　執行妨害への対応
①　賃料債権譲渡

　物上代位の目的である賃料債権を他の第三者に譲渡し、これが304条1項にいう「払渡し又は引渡し」に該当すると主張して物上代位を免れようという動きがみられた。これに対し、判例は、同条項の趣旨を、二重弁済を強いられる危険から第三債務者を保護する点にあるとした上、賃料債権の譲渡は304条の「払渡又は引渡」に該当せず、抵当権者は、物上代位の目的債権が譲渡され第三者に対する対抗要件が備えられた後においても、自ら目的債権を差し押さえて物上代位権を行使しうるとした（最判平成10.1.30民集52巻1号1頁）。その理由として同最判は、民法304条1項の「払渡又は引渡」という言葉は当然には債権譲渡を含むものとは解されないし、物上代位の目的債権が譲渡されたことから必然的に抵当権の効力が右目的債権に及ばなくなるものと解すべき理由もないところ、物上代位の目的債権が譲渡された後に抵当権者が物上代位権に基づき目的債権の差押えをした場合において、第三債務者は、差押命令の送達を受ける前に債権譲受人に弁済した債権についてはその消滅を抵当権者に対抗することができ、弁済をしていない債権についてはこ

れを供託すれば免責されるのであるから、抵当権者に目的債権の譲渡後における物上代位権の行使を認めても第三債務者の利益が害されることとはならず、抵当権の効力が物上代位の目的債権についても及ぶことは抵当権設定登記により公示されているとみることができ、対抗要件を備えた債権譲渡が物上代位に優先するものと解するならば、抵当権設定者は、抵当権者からの差押えの前に債権譲渡をすることによって容易に物上代位権の行使を免れることができるが、このことは抵当権者の利益を不当に害するものというべきだからであるとしている。

② **転貸賃料債権**

①ののち、抵当目的物を賃貸（転貸）して、物上代位の追及を免れようとする動きが出てきた。これに対し、どのような場合に物上代位を肯定するかにつき、学説及び実務で様々な見解が出されたが、判例は、民法372条によって抵当権に準用される同法304条1項に規定する「債務者」には、原則として、抵当不動産の賃借人（転貸人）は含まれないものと解すべきであるとし、その理由として、同条項の文言及び、所有者は被担保債権の履行について抵当不動産をもって物的責任を負担するものであるのに対し、抵当不動産の賃借人は、このような責任を負担するものではなく、自己に属する債権を被担保債権の弁済に供されるべき立場にはない、転貸賃料債権を物上代位の目的とすることができるとすると、正常な取引により成立した抵当不動産の転貸借関係における賃借人（転貸人）の利益を不当に害することにもなるといった点を挙げた。もっとも、所有者の取得すべき賃料を減少させ、又は抵当権の行使を妨げるために、法人格を濫用し、又は賃貸借を仮装した上で、転貸借関係を作出したものであるなど、抵当不動産の賃借人を所有者と同視することを相当とする場合には、その賃借人が取得すべき転貸賃料債権に対して抵当権に基づく物上代位権を行使することを許すべきものとした（最決平成12.4.14民集54巻4号1552頁）。原則として物上代位は否定しつつ、執行妨害的な場合についてはこれを肯定する趣旨といえる（⇒【検討問題】2）

③ **相殺との優劣**（最判平成13.3.13 民集55巻2号363頁）

②と並んで、物上代位に対し、第三債務者である賃借人から賃貸人に対して抵当権設定登記後に取得した債権を自働債権として相殺したとの主張が出

されるようになった。これにつき判例は、賃料債権の差押えをした後は、抵当不動産の賃借人は、抵当権設定登記の後に賃貸人に対して取得した債権を自働債権とする賃料債権との相殺をもって、抵当権者に対抗することはできないと解するのが相当であるとし、その理由として、物上代位権の行使としての差押えのされる前においては、賃借人のする相殺は何ら制限されるものではないが、上記の差押えがされた後においては、抵当権の効力が物上代位の目的となった賃料債権にも及ぶところ、物上代位により抵当権の効力が賃料債権に及ぶことは抵当権設定登記により公示されているとみることができるから、抵当権設定登記の後に取得した賃貸人に対する債権と物上代位の目的となった賃料債権とを相殺することに対する賃借人の期待を物上代位権の行使により賃料債権に及んでいる抵当権の効力に優先させる理由はないというべきであるからであるとした。抵当権設定登記の公示機能を重視し、抵当権者の利益を重視したものといえる。

　もっとも、敷金が授受された賃貸借契約にかかる賃料債権につき抵当権者が物上代位権を行使してこれを差し押さえた場合において、当該賃貸借契約が終了し、目的物が明け渡されたときは、賃料債権は、敷金の充当によりその限度で消滅するとし、賃借人の利益を保護する立場を示している（最判平成14.3.28民集56巻3号689頁）。

(2) **差押え及び配当要求との関係**

① **一般債権者との優劣**（最判平成10.3.26民集52巻2号483頁、百選77）

　債権について一般債権者の差押えと抵当権者の物上代位に基づく差押えが競合した場合には、両者の優劣は、一般債権者の申立てによる差押命令の第三債務者への送達と抵当権設定登記の先後によって決すべきとした。

　これに対し、一般債権者が差押命令のほか転付命令を取得しこれが送達された後に、抵当権者が物上代位権の行使により当該債権を差し押さえた場合については、転付命令が第三債務者に送達される時までに抵当権者により当該債権の差押えがされなかったときは、その効力を妨げられないとし、転付命令を得た一般債権者が優先するとした（最判平成14.3.12民集56巻3号555頁、百選78）。（⇒【検討問題】3）

② **配当要求の可否**（最判平成 13.10.25 民集 55 巻 6 号 975 頁、百選 79）
　民法304条1項ただし書の「差押え」に配当要求を含むと解釈することはできないこと、154条及び193条1項は、抵当権に基づき物上代位権を行使する債権者が配当要求することは予定していないとして、抵当権に基づき物上代位権を行使する債権者は、他の債権者による債権差押え事件に配当要求することによって優先弁済を受けることはできないとした。

4　物上代位による差押えの手続

　物上代位による差押えの手続は、債権を目的とする担保権実行の例による（193条2項、167条1項）。申立書には、当事者として、債務者・債務者及び担保権設定者を記載し（規則170条1項）、第三債務者も、当事者ではないが、その者への送達が差押えの効力発生の基準となることから（145条4項）、これを特定したうえで、申立書に記載しなければならない（規則179条1項）。
　物上代位の要件は、(1)担保権及び被担保債権の存在と、(2)被担保債権の弁済期の到来であるが、(1)については、その具体的内容を記載したうえ（規則179条1項）、担保権の存在を証明する文書を提出しなければならない（193条1項）。抵当権に基づく物上代位の場合は、このような文書として、当該抵当権が記載された不動産登記事項証明書が提出されるのが一般である。(2)については到来を基礎づける事実を申立書に記載し、これは上記文書及び申立ての事実によって認定されることになる。そして、弁済期到来を争う場合は、不動産担保競売と同様、執行異議を申し立てることになる（193条2項、182条）。
　なお、賃料に対する物上代位の場合には、差押債権（賃料債権）の存在について特段の証明を要せず、その不存在や消滅は差押えの適法性には影響しないとするのが判例及び実務の扱いである（最決平成14.6.13民集56巻5号1014頁参照。差押債権の不存在・消滅等の事由は執行抗告の理由とはできないとする。）。

5　物上代位による債権回収の限界ないしデメリット

　このような物上代位に基づく賃料債権差押えは、担保不動産の収益に対する簡易な執行方法として多用されたが、他方において、一定のデメリットな

いし限界があったことは否定できない。すなわち、物上代位による差押えの申立てのためには、前述のとおり第三債務者（賃借人）を債権者において特定しなければならず、これができなければ申立ては却下されてしまうこと、第三債務者が多数にわたる場合は、賃料取立てがかなり煩瑣になること、管理費や共益費相当額まで差し押さえてしまうと、当該不動産を管理する原資がなくなってしまうばかりか、所有者（賃貸人）が当該不動産の維持管理の意欲を喪失してしまう結果、物件が荒廃し、賃借人が減少してかえって債権回収の支障になってしまうこと、仮に空室ができたとしても、抵当権者においてその補充等はなしえないことなどがデメリットとして指摘されていた。このような、物上代位が持つ実務上のデメリットを解決し、収益に関する継続的・安定的な回収を保障するという見地と、前述した収益担保の考え方が相まって、担保不動産収益執行の制度が構想されたものといえる。以下では、担保不動産収益執行をまず概観したうえで、強制管理について最後に言及することにしたい。

第4　担保不動産収益執行

1　意　義

　担保不動産収益執行とは、不動産から生ずる収益を被担保債権の弁済に充てる方法による不動産担保権の実行をいう（180条2号）。ここでいう「収益」とは、民事執行法上、後に収穫すべき天然果実及び既に弁済期が到来し、または後に弁済期が到来すべき法定果実であることが前提となる（188条、93条2項。なお、以下では188条の記載を省略する）（⇒【検討問題】4）。

2　開始要件等

　担保不動産収益執行は、担保権実行の一種であるから、その開始要件、開始決定に対する不服申立て及び手続の停止・取消しについては、担保不動産競売と同一の規律に服する（181条ないし183条）。もっとも、開始に関する決定に対する不服申立てについては、担保不動産競売とは異なって執行抗告と

なっている点が注目される（15年改正法で、182条に執行抗告が新たに付加されたが、これは担保不動産収益執行の開始に関する決定に対する不服申立てとしておかれたものである。）。これは、実体的事由に基づく抗告を認めたものであり、その立法的妥当性については意見が分かれるところであろうが、債権担保権実行に対する不服申立ての方法に関する従来の議論との関係が問題になろう（⇒【検討問題】5）。

3　申立ておよび開始決定等
(1)　**申立て**

債権者（担保権者）は、不動産所在地を管轄する地方裁判所に対し申立てをしなければならない（44条）。申立書の記載事項は不動産担保競売の場合と同様であるが、担保不動産収益執行の場合、給付義務者を特定するに足りる事項及び給付請求権の内容であって申立人に知れているものを記載することが必要となる（規則170条3項）。申立ての時点で給付義務者が全て特定できていることはまれであることを考慮してのものである。

(2)　**開始決定**

開始決定においては、不動産の差押えを宣言して債務者に対して収益の処分を禁じ、給付義務者に対し給付の目的物を管理人に交付すべき旨を命ずる（93条1項）。開始決定による差押えの効力は、執行債務者への開始決定送達時またはそれに先立つ差押えの登記時に発生する。なお、給付義務者に対する効力は、当該義務者への開始決定送達時に発生する。

差押えの効力は、不動産それ自体だけでなく、管理・収益の双方に及ぶ。差押えに反する処分行為の効力が手続相対効であることは不動産競売の場合と同様である（⇒第6講）。

(3)　**物上代位との関係**

当該収益について既に物上代位等による債権執行がされている場合は、当該差押命令の効力は停止する（93条の4）。両手続が併存することによる手続の複雑化を回避し、管理人による収益収受に一本化することで、関係者（特に第三債務者）の保護を図るとともに、収益執行手続の適正さを確保しようとする点に趣旨がある。

(4) 管理人の選任

執行裁判所は、開始決定と同時に管理人を選任する（94条1項）。管理人の資格に特別な制限はないが、執行官が選任されることが比較的多い。管理人は、執行裁判所の監督下に置かれ（99条）、職務の執行につき善管注意義務を負い（100条1項）、これを怠ったときは損害賠償責任を負う（同条2項）。他方、必要費用の前払い及び執行裁判所の定める報酬を受ける（101条）。

(5) 開始決定後の事務処理

実務上、管理人は、選任直後から給付義務者の調査を行って義務者を特定・確定する。そして、その調査結果を執行裁判所に報告し、執行裁判所はこれを受けて、確定した給付義務者に対して開始決定と給付命令を同時に送達している。給付義務者確定の後に送達を行うことで、確実に収益執行手続を開始できるようにするためである。

4 不動産の管理

管理人は、不動産の処分権限はないが、目的不動産の管理や果実の収取・換価のためにする裁判上または裁判外の行為はなしうる（95条1項）。このように、管理人は、目的不動産の収益を自らに給付するよう請求する権限は有するが、収益の給付請求権そのものは依然として債務者（所有者）に帰属している。したがって、抵当権に基づく担保不動産収益執行における目的不動産の賃借人は、開始決定の送達後も、抵当権設定登記前に取得した反対債権の弁済期が到来すれば、それを自働債権とする相殺をもって管理人に対抗することができると解される（最判平成21.7.3民集63巻6号1047頁、百選42）。

5 配 当

(1) 配当原資

配当に充てられる金銭（配当原資）は、98条1項による分与後の収益又はその換価代金から、不動産に対して課される租税その他の公課および及び管理人の報酬その他の必要な費用」を控除したものである（106条1項）。

(2) 配当受領権者

配当等を受けるべき債権者は、107条4項、93条の4第3項に列挙されて

いる者及び交付要求をした公租公課庁に限定されている。したがって、差押債権者以外の担保権者には配当受領資格はなく、配当要求も認められないから、配当等を受けるためには、自ら収益執行の申立てをして開始決定を得る必要がある。

(3) 配当等の実施機関

金銭を受領すべき債権者が1人の場合、または配当原資で全員の債権と全執行費用を弁済できる場合には、管理人が弁済金の交付を行う（107条2項、規則69条）。それ以外の場合は、管理人は配当協議の日を定め、それまでに配当計算書（案）を作成して債権者に閲覧させ、上記配当協議の日に債権者間で協議が調えば、その協議に従って管理人が配当を実施する。これに対し、協議が調わなかった場合は、管理人は執行裁判所に事情届を提出し、執行裁判所による配当手続に委ねる（107条3項、5項、109条、規則69条ないし72条）。

6 手続の終了

担保不動産収益執行手続の終了は、申立ての取下げによる場合と、執行裁判所の取消決定による場合の2つに大別される。

取消決定の原因としては、配当受領権者全員がその債権及び執行費用全額の弁済を受けた場合（110条）、執行取消文書の提出（40条1項）、不動産の滅失（111条、53条）、配当原資が得られる見込みがない場合（106条2項）、並行して進行していた強制競売・担保不動産競売等における売却による所有権喪失（111条、53条）などがある。実務上は、担保不動産競売による売却によって所有権を喪失したのちに、債権者が申立てを取り下げることで終了する例が多い。

第5 強制管理

1 意 義

執行目的不動産の収益を債権者の請求債権の満足に充てる執行方法を強制管理という。収益に対する執行であり、管理人によって収益収取がされると

168 第10講 不動産収益に対する執行

【担保不動産収益執行手続の流れ】

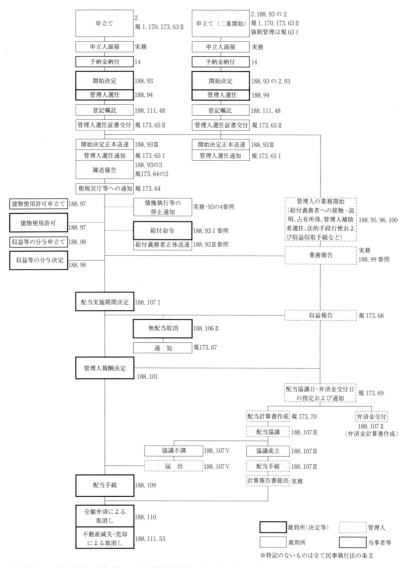

執行官実務の手引〔第2版〕(2016、民事法研究会) 626-627頁より引用。

いう点で担保不動産収益執行と共通するが、債務名義に基づく強制執行であることが大きな相違点である。

2 開始要件等

強制執行としての性質を有することから、強制競売に関する規定の多くが準用されている（111条）。

3 手 続

担保不動産収益執行と基本的には同じである。

> 【実務の注目点】不動産収益侵奪とその対策
>
> 　かつての執行妨害の手口としては、賃貸借関係を偽装するなどして目的物件を占有し、高額な立退料などを請求するといった事案が典型例であったが、収益に対する民事執行が注目されるにつれ、それに対する妨害行為もみられるようになった。本文で述べた、賃料債権譲渡や転貸借、相殺といったものはその一例と言ってよいが、近時は、収益型不動産（旅館・飲食店等）について、いわゆる詐害的会社分割や詐害的事業譲渡を行うケースが見られるとの報告がされている（粟澤方智「不動産収益侵奪の現状と課題－平成26年会社法改正を踏まえて－」金法2011号46頁、48頁）。例えば、従来テナント営業を行っていた飲食店の経営会社が、従業員や仕入先との間の取引関係を（無償又は極めて低廉な価格で）ダミー会社に事業譲渡し、日々の売上はダミー会社に「隔離」した上で、旧会社は、新たに締結した不動産転貸借契約に基づき、ダミー会社から極めて低廉な賃料の支払しか受けないようにするといったケースがあるとのことである。このような行為によって、日々の売上等のキャッシュフローを既存会社の債権から「隔離」されてしまい、債権回収が困難になってしまうことになる。
>
> 　これに対し、詐害的会社分割や事業譲渡については、平成26年の会社法改正で手当てがされている。すなわち、新設分割の場合、分割会社が設立会社に承継されない債務の債権者（残存債権者）を害することを知って新設分割をした場合、残存債権者は、設立会社に対して、承継した財産の価額を限度として、当該債務の履行を請求することができるものとした（会社法764条4項。濫用的事業譲渡については同法23条の2）。しかし、ここでいう「承継した財産」の中に、事業から生じた将来のキャッシュフローや営業権（のれん）などが含まれないと解した場合、上記手当てでは対応ができないということになるが、この点についてはなお解釈・運用による工夫が求められることになろう。また、民事執行法との関係では、悪質な主観的意図が推

認されるような事案では、法人格否認法理による執行力の拡張も考えられてよいであろう（粟澤・前掲論文52頁）。法人格否認の法理の執行法への適用については、これを否定するのが判例であるが（最判昭和53.9.14判時906号88頁）、これについては、執行妨害対策という観点から再考を要するのではなかろうか。また、このような収益侵奪事案での、強制管理や担保不動産収益執行での当事者、特に債務者は誰にするのか、また、どのような観点から確定するのかといった側面からも検討を要するように思われる。

【検討課題】
1　賃料債権の譲渡は304条1項の「払渡又は支払」に該当せず、抵当権者は譲渡後も物上代位権を行使して賃料債権を差し押さえることができるとする最判平成10.1.30に対し、動産売買先取特権者は、物上代位の目的債権が譲渡され、第三者に対する対抗要件が備えられた後には、目的債権を差し押さえて物上代位権を行使することはできないとしている（最判平成17.2.22民集59巻2号314頁）。このように、抵当権の場合と先取特権の場合で差異が生じる理由としてはどのような点が考えられるか。
2　転貸賃料債権に対する物上代位権の行使を例外的に肯定した最決平成12.4.14がいう「抵当不動産の賃借人を所有者と同視することを相当とする場合」とは具体的にはどのような場合を指すか。
3　一般債権者が差押命令のほか転付命令を取得しこれが送達された後に、抵当権者が物上代位権の行使により当該債権を差し押さえた場合については、転付命令が第三債務者に送達される時までに抵当権者により当該債権の差押えがされなかったときは、その効力を妨げられないとした最判平成14.3.12は、なぜ転付命令の効力を抵当権に優先させたのか。
4　被担保債権の不履行が発生する前に履行期が到来した未収賃料債権がある場合、これについて担保不動産収益執行に基づく差押えの効力が及ぶか（優先弁済権を主張できるか）につき、93条2項及び民法371条の解釈論と関連付けながら検討せよ。
5　193条2項は、債権差押命令に対する執行抗告を定めた145条5項を準用する一方、担保不動産競売開始決定に対し、担保権の不存在または消滅を理由とする異議を認めた182条も準用していることから、債権担保権実行における差押命令に対する不服申立ての方法およびその理由について争いがある。この問題に関する学説及び裁判例を示したうえで、どのような説が妥当かを検討せよ。

第11講
動産関係執行・財産開示・形式競売

第1 動産関係執行

1 総論
(1) 意義と機能
　動産執行とは、債務者の占有する動産、または債権者が提出を拒まない第三者が占有する動産を執行官が差し押さえてそれを売却し、その売却代金を債権者に弁済する手続である。

　動産は、不動産などと比較して一般に経済的価値が低く、その売却代金から多くの弁済を期待することはできない。そのため、わが国における動産執行の件数は多くなく、債権者も、動産執行による弁済よりも、そのような執行自体（執行官による債務者の私的領域への立入り等）が行われることで、債務者に対して任意の弁済を間接的に強制するという役割に期待しているのではないかという指摘がされている（**動産執行の間接強制的機能**）。もっとも、このような機能が望ましいものではないことは言うまでもないところであり、本来の債権回収機能を果たすためにはどのようにしたらよいかが今後の検討課題となっている（⇒【検討問題】1）。

(2) 対象となる動産
　債権者が動産執行において差し押さえることができる動産は、民法上の動産（民法86条）とは範囲が異なることに注意を要する。すなわち、民法86条の動産（ただし、登記・登録制度のある船舶・航空機・自動車・建設機械を除いたもの）のほか、登記することのできない土地の定着物、土地から分離する前の天然果実で1月以内に収穫することが確実であるもの、及び裏書の禁止されてい

る有価証券以外の有価証券が差押対象動産となる。

(3) 執行機関

動産執行は、差押え及び換価の双方で執行官が執行機関となる。不動産執行や債権執行に比べて権利関係が単純であり、事実的支配の移転を要素とする動産執行では、執行官が主宰するのが適当と考えられるためである。

2 動産に対する強制執行

(1) 申立て——場所単位の原則

債権者は、差し押さえるべき動産所在地の執行官に対して、動産執行の申立てを書面で行う（規則1条）。そして、動産執行は、不動産執行や債権執行のように目的物（権利）を特定する必要はなく、場所を単位とした概括的特定で足りるとされている点が特徴である（**場所単位の原則**）。執行官は、このような特定を前提として、その場所内にある債務者の財産のうち、適当と考えられるものを差し押さえることになる。

(2) 差押えの手続

動産の差押えは、執行官が債務者の占有を解いて、自らこれを占有するという事実的・実力的方法で行われる（123条1項）。債務者の「占有」とは、外観上その動産に対して直接に支配を及ぼしている状態をいい、そのような状態であると執行官が認める限り、その差押えは適法である（**外観主義**⇒**第4講**）。仮にこの差押えに係る動産が第三者の所有であったとすれば、それについて、第三者が第三者異議の訴え（38条）を提起して執行を排除しなければならない。また、第三者が占有する動産については、その者が提出を拒まないときに限り、これを差し押さえることができる（124条）。ただし、第三者が提出を拒む場合は、当該動産の差押えはできない。その場合、債権者は、動産の引渡請求権を差し押さえたうえで、その取立てとして、第三者に対し、執行官に対する引渡しを請求しなければならない（163条）（⇒**第9講**）。

差し押さえるべき動産の選択は、執行官の裁量判断によるが、債権者の利益を害しない限り、債務者の利益を考慮しなければならないとされる（規則100条）。具体的には、換価が容易な動産や金銭をまずもって差し押さえるべきであり、換価困難な動産は差押えしないといったことが考えられよう。

このような執行官による占有取得を可能かつ円滑にするために、執行官にはいくつかの強制権限が認められている。①債務者の住居その他債務者の占有する場所への立入権（123条2項）、②債務者の占有する金庫その他の容器についての目的物の捜索権（同条項）がそれであり、これら権限行使にとって必要があるときは、閉鎖した戸及び金庫等を開くための必要な処分をすることができる（これらの権限行使の際に抵抗を受けたときは、それを排除するために、威力を用いたり、警察上の援助を求めることができる（6条）。）。

動産の差押えと間をおかずして売却手続が行われる場合は、差押物の保管は問題にならないが、差押えがされた日と売却期日が別の場合は、保管の問題が生じる。この場合、動産の保管はあくまで執行官が行うのが原則であるが、相当と認めるときは、債務者に差押物を保管させることができ、その場合は、封印その他で差押えの表示をしたときに限り、差押えの効力が生じる（123条3項後段）。また、同じく相当と認められるときは、債務者に使用を許可することもできる（同条4項）。

(3) 差押えの制限
① 超過差押禁止の原則

動産の差押えは、差押債権者の請求債権及び執行費用の弁済に必要な限度を超えてはならず、限度を超えることが差押え後に明らかになったときは、執行官は超過部分の差押えを取り消さなくてはならない（128条）。

② 無剰余差押禁止の原則

差し押さえるべき動産の売得金の額が手続費用の額を超える見込みがないときは、執行官は差押えをしてはならない（129条1項）。また、差押物の売得金の額が手続費用及び差押債権者の債権に優先する債権の合計額以上となる見込みがないときは、執行官は差押えを取り消さなくてはならない（同条2項）。趣旨として無益執行禁止などが挙げられることは、不動産の場合（63条）とほぼ同様である。

③ 差押禁止動産、差押え範囲変更の申立て

債務者及びその家族の生存保障、個人的生業の維持、職業活動の保障及び宗教的・精神的活動の保障といった見地から、債務者の有する一定の動産の差押えが禁止される（131条）。これを**差押禁止動産**という。差押禁止動産に

【公示書（動産執行）】

平成　年（執イ）第　　号

公　示　書

債権者＿＿＿＿＿＿＿＿＿＿＿＿＿＿＿＿＿＿＿＿＿＿＿＿＿＿＿＿＿＿＿
債務者＿＿＿＿＿＿＿＿＿＿＿＿＿＿＿＿＿＿＿＿＿＿＿＿＿＿＿＿＿＿＿

　上記当事者間の動産執行事件につき、下記物件は本日執行官が差し押さえた。よって、同物件を処分したり、この公示書・封印票・標目票などを破棄または無効となるようなことをした者は、刑法第96条、第242条、第252条等の定めにより処罰に処せられる。
　ただし、債務者に差押物の使用を認める。

　　平成　　年　　月　　日
　　東京地方裁判所執行官　　　　　　　　　　　　　　　　　　㊞

記

差押物の表示　　別紙目録記載のとおり

執行官実務の手引〔第2版〕（2016、民事法研究会）102頁より引用。

該当するか否かは、執行官が、差押えの執行時点を基準にして、差押えを禁止している法令の趣旨、一般人の社会生活状況、生活水準、債務者の営業状況等の事情を総合して判断する。

そして、執行当事者（債務者だけではなく、債権者も含まれる。）は、差し押さえる動産の範囲について変更を申し立てることができる（132条）。この申立てに対する判断は、執行裁判所が行い、執行裁判所は、債務者及び債権者の生活の状況その他の事情を考慮して、差押えの全部または一部の取消しを命じ、または差押禁止動産とされた動産の差押えを許可することができる（132条1項）。

(4) **差押えの効力**

差押えにより、債務者は差押目的物の処分権能を喪失し、処分が禁止される。差押え後にされた処分行為の効力は、不動産や債権の差押えの場合と同様に、処分当事者間では有効であるが、差押債権者や買受人のほか、当該差押えに基づく執行手続に参加したすべての債権者に対抗し得ないと解される（**手続相対効**）。そして、このような処分禁止効を実効化するため、執行官が保管していない差押物につき、第三者が執行官の措置によらずに占有を取得したときは、執行裁判所は、差押債権者の申立てに基づき、第三者に対し、当該差押物を執行官に引き渡すべきとする命令を出すことができる（**引渡命令**、127条1項）。

(5) **換価手続**

換価手続も執行官が主宰する。執行官は、金銭以外の差押物を評価しなければならないが（規則102条2項）、宝石・貴金属・書画骨董など特に高価な動産については、参考として評価人に評価させる（111条。あくまで参考資料であり、不動産評価の場合と異なる。）。

売却方法は、競り売り、期日入札、特別売却・委託売却のいずれかである（134条、規則121条、122条）。期間入札はできない。売却に当たっては、不相当に低額での売却は許されず（規則116条1項但書）、株式などの有価証券では特別の規制がある（規則123条、124条）。売却単位は個別売却が原則であるが、一括売却も可能である（規則113条）。

相当な方法で売却を実施したが、なお売却の見込みが立たない動産につい

ては、執行官は差押えを取り消すことができる（130条）。逆に、すでに売却された一部の動産で請求債権及び執行費用を弁済できる見込みが立った場合は、他の動産の売却は留保し、それが確実になった時点で、他の動産の差押えは取り消さなくてはならない（128条2項）。

(6) 配当等の手続
① 配当要求、事件の併合（⇒【検討問題】2）

動産執行では、配当要求権者は動産先取特権者と質権者に限定されているため（133条）、一般債権者は配当要求をすることができない。そこで、一般債権者が配当を受けるためには、二重差押えをすることが考えられるが、これも禁止されている（125条1項）。しかし、すでに動産執行の差押えを受けている債務者に対して、他の債権者から重ねて同じ場所での動産執行が申し立てられたときは、執行官は、まだ差し押さえられていない動産があればそれを差し押さえ、それがないときはその旨を明らかにして、当該動産執行事件と先行の動産執行事件を併合する（125条2項前段、これを**事件併合手続**という。）。このように、事件併合がされた場合、後行の動産執行事件で追加的に差し押さえられた動産は、先行事件で差し押さえられたものとみなされ、後行事件の申立ては、先行事件での配当要求的効力を生じさせるものとなる（同条3項前段）。なお、配当要求の終期は、差押物が売却された場合は、執行官が売得金の交付を受ける時である（140条）。

② 配当等の実施

配当等（配当と弁済金交付の双方）を実施する機関は、第一次的には執行官、第二次的には執行裁判所である（139条、142条）。

執行官は、債権者が1人の場合、または2人以上であっても、売得金等で各債権者の債権及び執行費用の全部を弁済することができる場合には、債権者に弁済金を交付し、剰余金があれば債務者に交付する手続をとる（139条1項）。そして、上記以外の場合で、売得金等の配当について当事者間で協議が調ったときは、執行官は、その協議に従って配当を実施する（同条2項）。そして、協議が調わなかったときは、執行官は、その事情を執行裁判所に届け出なければならず（同条3項）、この事情届があった場合には、執行裁判所は直ちに配当等の手続を実施なければならない（142条1項）。そして、執行

裁判所が行う配当等の手続については、不動産執行における配当等の規定が準用される（同条2項）。

3 動産に対する競売
(1) 総論
動産が担保権の目的となっている場合に、その担保権に基づく実行手続を動産競売という。動産競売のもとになる担保権として実務上重要なものは、動産売買先取特権に基づくものである（動産質権に基づく競売も可能であるが、流質契約による売却が主流であり、質権実行はまれである。一般先取特権も可能であるが、同じくまれである。）。

(2) 競売の要件（190条1項）
平成15年改正までは、動産競売の開始要件としては、①債権者（担保権者）による動産の提出又は②動産の占有者が差押えを承諾することを証する文書の提出の2つのみが認められていた。しかし、これでは、担保権者が目的物を占有していない限り競売申立ては事実上できないとの問題点が指摘されていた。そこで15年改正法は、これらに加えて、③担保権の存在を証する文書を提出した債権者の申立てがあったときは、執行裁判所は、当該担保権についての動産競売の開始を許可することができるとした（190条1項3号、2項）。担保権の存否という実体判断を執行官に行わせるのは適当ではないということから、**執行裁判所による許可決定**という形になっている。この許可決定が出された場合は、担保権者がその決定書謄本を執行機関である執行官に提出し、執行官による差押えのための差押場所の捜索に先立ってまたはこれと同時に当該許可決定が債務者に送達された場合、執行官は、動産競売を開始することができる。

(3) 競売手続
基本的には動産に対する強制執行の規定が準用される（192条）。以下、主要な制度のうち、準用されるものとされないものについて説明する。

① 差押え
執行官の立入・捜索権限については、動産競売開始許可に基づく場合は準用されるが、それ以外の開始要件の場合は準用されない。差押物の保管につ

いては動産強制執行の場合と同じである。超過差押の禁止や、差押禁止動産とその範囲変更については、動産競売では差押え目的物が特定していることから適用がない。差押えに対する不服申立てについては、動産競売の場合は担保権の不存在・消滅等の実体的事由も主張できる（191条）。

② **換価手続**

動産に対する強制執行と同じである。

③ **配当等の手続**

動産競売での配当要求権者は、動産に対する強制執行の場合と同じである。配当等の実施も、動産に対する強制執行と同じである。

第2　財産開示手続

1　意義・趣旨

債権者が金銭債権について民事執行の申立てをする場合、執行の対象となる債務者の財産を特定しなければならないのが原則である。しかし、債権者が債務者の財産に関する十分な情報を有していない場合は、金銭債権について強制的実現を図ることができないということになってしまう。そこで、15年改正法は、権利実現の実効性を確保する見地から、債権者が債務者の財産を把握する手段として**財産開示手続**を設けた。

財産開示手続は、債権者の申立てにより、裁判所が財産開示手続の実施決定をして債務者を呼び出し、非公開の財産開示期日において、債務者に宣誓させたうえで自己の財産について陳述・申告させることを内容とするものであり、申立てから実施決定に至る手続と、財産開示期日における手続の二段階に分けることができる。

2　申立て

(1) **申立権者**

財産開示手続実施の申立権を有するのは、①執行力ある債務名義（ただし、仮執行宣言付き判決、仮執行宣言付き賠償命令、仮執行宣言付き支払督促、執行証書

第2 財産開示手続　179

【財産開示手続の流れ】

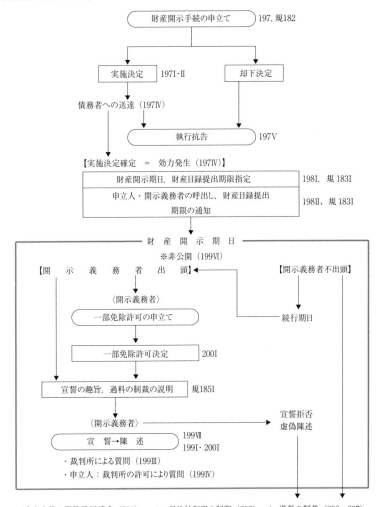

三木浩一編・金銭執行の実務と課題（2014、青林書院）57頁より引用

及び確定判決と同一の効力を有する支払督促を除く。）の正本を有する金銭債権の債権者（197条1項）及び②債務者の財産について一般の先取特権を有することを証する文書を提出した債権者である（同条2項）。

(2) 申立ての手続

　前記申立権者は、債務者の普通裁判籍の所在地の地方裁判所に対し、書面で財産開示手続開始を申し立てなければならない（196条、民訴法4条、規則1条）。この管轄は専属管轄である。申立書の記載事項は規則182条1項で定められているが、以下で述べる手続実施要件の主張と立証（疎明）が重要である。

3　手続実施の要件

(1) 執行開始要件を具備していること

　債務名義に基づく財産開示手続を実施する場合、当該債務名義の正本に基づく強制執行について、強制執行の開始要件を具備していることが必要である（197条1項ただし書、29条ないし31条⇒第1講）。したがって、債権者はこの点について申立時に主張し、さらに証明文書の提出が必要になる。

　また、一般先取特権に基づいて財産開示手続を実施する場合は、一般の担保権実行と同様に、被担保債権が履行遅滞にあることが必要と解されるので、この点についての証明文書が必要になる。

(2) 財産開示の必要性があること

　財産開示手続は、債務者のプライバシーに関係する財産情報の開示を強制するものであるから、財産開示を求める必要性がある場合に限定される。これについて民事執行法は、必要性が認められる場合を以下の2つに分けて規定し、そのいずれかに該当することを要するものとした。なお、以下の要件は、債務名義に基づく財産開示及び一般先取特権に基づく財産開示のいずれでも必要であり、債権者は、これを疎明する資料を提出しなければならない（⇒【検討問題】3）。

　①　強制執行又は担保権の実行における配当等の手続（申立ての日より6月以上前に終了したものを除く。）において、申立人が当該金銭債権の完全な弁済を得ることができなかったとき（197条1項1号、2項1号）。

② 知れている財産に対する強制執行を実施しても、申立人が当該金銭債権の完全な弁済を得られないことの疎明があったとき（197条1項2号、2項2号）。

(3) **財産開示手続の再施要件に該当しないこと**
過去3年以内に、財産開示期日においてその財産について陳述をしていた場合は、原則として、財産開示手続を実施することはできない（197条3項）。短期間に債務者財産に変動が生じることは通常は考えられないこと、すでに実施された財産開示手続の記録を閲覧することで債務者財産の把握という目的は達しうると考えられることから、このような再施制限が設けられている。したがって、このような趣旨に合致しない場合（以前の財産開示期日で一部財産の開示にとどまっていたり、新たに財産を取得した場合等）は、3年以内であっても財産開示手続を実施できる（同条項ただし書）。

4　実施決定等
執行裁判所は、前記3の実施要件を満たしていると判断したときは、**財産開示手続を実施する旨の決定**をしなければならない。この実施決定は債務者に送達される（197条4項）。これに対し、実施申立てが却下された場合は、その決定は債権者に送達される。これらの裁判に対しては執行抗告をすることができ（同条5項）、実施決定は確定しなければその効力は生じない（同条6項）。なお、一般先取特権に基づく実施決定に対して、債務者は、担保権の不存在または消滅を理由として執行抗告することができる（203条、182条）。

実施決定後、手続停止や取消事由が生じたときは、その停止等の文書を提出することが必要になる（203条、39条、40条）。

5　財産開示期日の指定及び財産目録の提出
実施決定が確定したときは、執行裁判所は、**財産開示期日**を指定し、申立人及び開示義務者を呼び出す（198条）。そして、期日指定とともに執行裁判所は、財産目録を開示期日よりも前の期限を指定して提出を命ずる（規則183条1項）。開示義務者は、上記期限までに財産目録を提出しなければならない（同条3項）。

6　財産開示期日

　財産開示期日は非公開で行われ（199条6項）、申立債権者が出頭しなくても実施することはできる（同条5項）。

　期日に出頭した債務者は、宣誓のうえ、執行対象財産について強制執行又は担保権実行の申立てをするのに必要な事項を明示して陳述しなければならない（同条1項、2項、7項）。執行裁判所は債務者に対して質問することができ（同条3項）、申立債権者も、執行裁判所の許可を得て、債務者に対して質問することができる（同条4項）。

　なお、財産開示期日において財産の一部を開示した開示義務者は、執行裁判所に対して陳述義務の一部免除を申し立てることができる。そして、申立人の同意がある場合、又は当該開示において債権者の金銭債権や被担保債権の完全な弁済に支障がなくなったことが明らかである場合において、執行裁判所の許可を受けたときは、その余の財産について陳述義務の免除を受けることができる（200条1項）。

7　過料の制裁

　開示義務者が、正当な理由なしに、執行裁判所の呼出しを受けた財産開示期日に出頭しないとき、もしくは財産開示期日において宣誓を拒んだとき、又は財産開示期日において宣誓した開示義務者が、正当な理由なしに陳述すべき事項について陳述せず、もしくは虚偽の陳述をしたときは、30万円以下の過料に処せられる（206条）。過料事件は、執行裁判所が職権により開始され、その裁判手続は非訟事件手続法による。

8　閲覧に関する制限等

　財産開示事件の記録中、財産開示期日に関する部分（開示義務者から提出された財産目録を含む）について閲覧請求できる者は、申立人、財産開示手続の申立てをすることができる債権者、債務者または開示義務者に限られる（201条）。また、財産開示手続及びその記録の閲覧等によって得られた債務者の財産又は債務に関する情報については、その債務者に対する債権をその本旨に従って行使する目的以外の目的のために利用し又は提供してはならない

(202条。目的外利用等の禁止)。債務者のプライバシー保護を趣旨とする。

9　財産開示手続の限界と今後（⇒【検討課題】1）

　財産開示手続は、基本的には債務者の財産状態を自主申告させるものであり、また、実施要件が前記のとおりある程度厳格に法定されていること、不出頭や虚偽陳述等に対する制裁が過料のみであることなどから、その実効性等については、当初から疑問視されていたといえる。現在に至るまで、財産開示手続の申立件数はそれほど多いとはいえないこと（司法統計年報によれば、財産開示手続の申立件数は、おおむね1000件前後で推移しているようである。）を考えれば、より実効性のある、また、債権者にとって利用しがいのある制度に変革していくことが必要であろう。

第3　形式競売

1　意義・種類

　形式競売とは、請求権の満足を目的とはしないが、担保権実行の例によるとする競売手続のことをいう（195条）。形式競売は、留置権による競売と、それ以外の民法・商法その他の法律による換価のための競売（換価競売）とに分けられる。

2　申立て及び開始決定

　開始要件の認定については、留置権のような公示手段のない担保物権による競売もあることからすれば、法定文書による制限を適用することはできないので、担保権の存在を証明する文書の提出で足りると解すべきである（193条1項参照）。確定判決をかかる証明文書とする場合も、その理由中において担保権の存在が認定されていれば足りる（最決平成18.10.27民集60巻8号3234頁、百選20。民事留置権に基づく登録自動車の競売の事例。）。また、換価競売において、換価を命ずる判決や審判等がある場合は、その添付を要することは当然である。

形式競売が差押えによって開始されること、その公示手段として差押えの登記・登録または第三債務者への差押命令の送達が必要になることは、通常の差押えの場合と同様である。

3 換価手続 (⇒【検討問題】4)
(1) 物的負担の処遇 (消除主義の適否)
目的不動産上に存在している抵当権や先取特権が、形式競売によって消滅するか否か (消除主義の適用があるか) の問題である。形式競売では配当などの満足手続がないことからすれば、消除主義の適用はないと解する説 (引受説)、これとは逆に、買受人の地位の安定等の要請から、消除主義の適用はあると解する説 (消除説) が対立し、さらに折衷説 (留置権による競売と換価のみを目的とする換価競売では引受説、清算型の換価競売では消除説を妥当とする説) もあるが、判例は、共有物分割による競売 (民法258条2項) の事例において、消除主義に関する59条が準用されること、そしてそれを前提として、無剰余取消に関する63条が準用されるとして、消除説に立つことを明らかにした (最判平成24.2.7判時2163号3頁)。

(2) 配当要求の可否
形式競売でも配当要求を認めるべきかについては争いがある。形式競売は、請求権の満足を図る手続ではないので、配当要求は認められないと解するのが妥当なようにも思えるが、前述のとおり、消除主義を採ることを前提とした場合、抵当権者等の優先弁済権確保を図る上で、配当要求を認める必要があると解する説も有力である。

【実務の注目点】動産売買先取特権の実行 (転売代金債権に対する物上代位)

動産関係執行で実務上比較的に目にすることの多い、動産売買先取特権に基づく転売代金債権に対する物上代位について、ここで説明する。なお、動産売買先取特権の実行方法については、百選154頁〔野村秀敏〕が詳細である。
1 発生要件 (民311条5号、321条)
 (1) 被担保債権の発生原因事実 (債権者と債務者の売買契約)
債権者と債務者が目的動産について売買契約を締結していたことをまず立証する必要がある。ここでは、代金額の定めと目的物の特定が重要になる。特に目的物の特

定については、目的物ごとに担保権が発生すると解されていることから、それぞれを正確に特定する必要がある。また、債権者から債務者に目的動産の所有権が移転していることを証明する必要があるが、これについては、債権者が売買契約締結時において目的動産を所有していたことが立証されれば足りると解される。

(2) 物上代位権の発生原因事実（債務者と第三債務者の転売契約）

転売によって物上代位権が発生することになるから、この点の立証が必要になると解される（物上代位権の発生については立証不要説もあるが、実務では必要説によっている。）。もっとも、転売の事実においては、具体的な代金額の証明までは不要としている。

また、物上代位権発生のためには、債権者と債務者との間で売買の対象とされた動産と、債務者と第三債務者との間でされた転売契約で対象とされた動産が同一であることが必要になる。この点、目的動産が債権者から第三債務者に直接送付されている場合（直送型）であれば同一性の立証は比較的容易であるが、債務者を経由している場合（真正転売型）では同一性の立証が容易でない場合が多い。

(3) 被担保債権の弁済期の到来

これを立証する必要があるかについては、立証必要説と不要説との対立があるが、実務上は必要説が多い（この場合、取引基本契約書等に記載されていることが多い、期限の利益喪失条項に該当する事実があるかを審査することになる。）。もっとも、実務上多く見られる、債務者が破産している場合などは、それ自体が期限の利益喪失事由になっているので（民137条1号）、問題が少ない。

2 要件の立証方法

担保権の存在を証する文書の提出によって開始する。

(1) 準（法定）文書説

当該文書それ自体から担保権の存在が高度の蓋然性をもって直接証明される文書であることが必要とする説

(2) 書証説（実務、名古屋高決昭和62.6.23判時1244号89頁、百選73）

文書の種類・内容等にかかわらず、複数の文書を総合しての証明も許容されるとする説。実務では、わが国の動産取引における実情等に照らし、書証説による運用が一般的である。もっとも、書証説に立ちながらも、差押命令が債務者の反論や反証を経ずに発令されるものであること、しかも担保権として優先的効力を有することから、その存在の証明は高度のものが要求されると解する立場が有力である。

実務では書証説によった運用がされていることが多いが、その場合の立証の程度は前述のとおりかなり高いものになっている。例えば、売買契約の立証については、契約時に債務者が作成に関与した文書の提出を求め、事後文書（陳述書等）による立証は原則として許容しないといったことが挙げられる。

3 競合債権者との関係

動産売買先取特権者が物上代位の目的物について仮差押えをしたのち、さらに物上代位権行使としての差押えを申し立てたが、その差押命令の第三債務者への送達前に、他の債権者による債務名義に基づく差押えがあって、すでに第三債務者が義務供託していた場合、物上代位権行使のための差押命令の申立てだけでは他の債権者による差押命令の配当手続において優先弁済権を主張しえないとした判例がある（最判平成5.3.30民集47巻4号3300頁、百選76）。

【検討課題】
1　動産執行や財産開示制度については、現行法上様々な問題点や課題があることは本文で述べたとおりであるが、これに対しては、近時、実効性強化のための立法提案がされるようになってきている。その内容について説明せよ。
2　動産執行においては、債権者の競合の場合につき、不動産執行や債権執行と異なり、なぜ二重開始や重複差押えではなく、事件の併合という形で処理がされるのか。
3　197条1項各号又は2項各号の必要性の要件立証のための資料としては、どのようなものが考えられるか。これまで学修した、不動産執行、債権執行及び動産執行手続から考えてみよ。
4　形式競売において、消除主義及び剰余主義を採用するのが相当とされる根拠ないしメリットはどのような点にあるか。また、これとの関連で、形式競売での配当要求や交付要求の可否について検討せよ。

第12講

非金銭債権の実現
——非金銭執行——

第1 総論

1 意義

　非金銭執行とは、金銭の支払いを目的としない請求権の満足のために行われる強制執行をいう。これまでみてきた金銭執行は、金銭債権の満足のため、目的物や権利を差し押さえたうえで金銭化（換価）し、それを配当するという三段階の構造をとっていたが、非金銭執行ではそのような構造をとる必要はない。しかし、非金銭執行は、実現されるべき請求権が債権に限らず、物権的請求権や作為・不作為の請求権といった多様なものが含まれており、それらによって執行方法が異なってくる点に特徴がある。

2 非金銭執行の類型と執行方法

　非金銭執行は、大別して、(1)物の引渡し・明渡しを目的とする請求権と、(2)作為・不作為を目的とする請求権とに大別される。これらを債務の性格という面から見た場合、(1)は**「与える債務」**、(2)は**「為す債務」**といわれる。そして、(2)については、さらに、①作為を目的とする請求権、②不作為を目的とする請求権及び、③意思表示を目的とする請求権とに分けられる。

　他方、執行方法は、**直接強制**（債務内容をそのままの態様で直接的に実現する執行方法）、**間接強制**（不履行に対して一定の不利益（損害賠償等）を課すことで債務者に心理的圧迫を加え、債務内容を実現する執行方法）および**代替執行**（給付実現の権限を債権者に付与し、それに要した費用を債務者から取り立てる執行方法）の3種類が予定されており、平成15年改正法までは、この3種類の執行方法の区分けが

明確であったといえる。すなわち、直接強制が可能な場合には代替執行はできず、間接強制は、直接強制および代替執行ともに不可能な場合に認められるとの考え方（**間接強制の補充性**）のもと、与える債務である(1)については直接強制により、為す債務である(2)のうち、債務者以外の者が履行しても目的を達成できるもの（**代替的作為義務**）は代替執行により、債務者自身が履行しなければならないもの（**不代替的作為義務**）は間接強制によるものとされてきた。

　しかし、このような考え方に対しては、その合理性について疑問が呈されるようになってきた。すなわち、直接強制の方法によることのできる物の引渡債務（168～170条）や、代替執行の方法によることができる代替的な作為義務及び不作為債務（171条）についても、事案によっては間接強制の方が効果的かつ迅速に目的達成できる場合があるとの指摘がされるようになったのである。これにつき、実力行使による排除を内容とする直接強制よりも、自発的な履行を促す間接強制の方がソフトな執行方法として債務者の人格尊重の観点からも問題が少ないとも考えられるところであり、これまでの区分には合理性が必ずしもないともいえることから、平成15年改正法は、権利実現の実効性を高めるという観点から、間接強制の適用範囲を拡大するようになった。すなわち、物の引渡しの強制執行（168～170条）及び代替的作為義務及び不作為義務の執行についても間接強制の方法によることを認めるようになった（173条1項）。これによって、上記各執行については、直接強制、代替執行及び間接強制を適宜選択して申し立てることが可能になったが、双方を併用することができるかについては問題がある（⇒【検討問題】1）

【非金銭執行の執行方法】
1　物の引渡し・明渡し　⇒直接強制・間接強制
2　作為・不作為
　(1)　代替的作為請求　　⇒代替執行・間接強制
　(2)　不代替的作為請求　⇒間接強制
　(3)　不作為請求　　　　⇒代替執行・間接強制

第2　物の引渡し・明渡し（引渡し等）の強制執行

　物の引渡し・明渡しを目的とする請求権の強制執行は、(1)不動産の引渡し・明渡し、(2)動産の引渡し、(3)第三者が占有する物の引渡しの3つに大別される。このうち、(1)と(2)については、執行官が債務者の目的物の占有を解いて債権者にその占有を得させる方法により行われる（168条1項、169条1項）。間接強制も可能なことは前記のとおりであるが、実務上は例が少ないため、以下では直接強制の方法について説明する。

1　不動産の引渡し等の強制執行（168条）
(1)　執行の目的物
　168条1項の規定上、不動産が目的物であるが、これは、43条1項の不動産と同義ではなく、民法上の不動産（民86条1項）の意味である。現実の支配の移転が目的となることから、登記しうるものに限定する必要はないと解される。

(2)　引渡し等の意義
　引渡しとは、不動産の直接支配を移転することをいい、明渡しとは、引渡しの一態様ではあるが、そこに居住する者を不動産から退去させたうえ、内部の物品等を撤去して引き渡すことをいう。例えば、土地明渡請求の債務名義に基づいてその執行を行うときに、当該目的土地上に自動車や動産があった場合、これらのものを撤去する行為は土地明渡しの執行に含まれるから、上記債務名義のみで上記自動車や動産の撤去もできることになる（168条5項）。これに対し、当該目的土地上に建物があった場合、土地と建物は別個の不動産であるから、建物を当該目的土地上から撤去するためには、別途建物収去についても債務名義を得ておく必要があり、それに基づいて、建物収去の代替執行をする必要がある（171条）。これにつき、土地に対する不動産引渡命令（83条）を債務名義として、同土地上にある競売対象外の建物を代替執行によって収去しうるかにつき、否定した裁判例がある（名古屋高決平成13.2.28判タ1113号278頁、百選69）。

【不動産明渡執行手続の流れ】

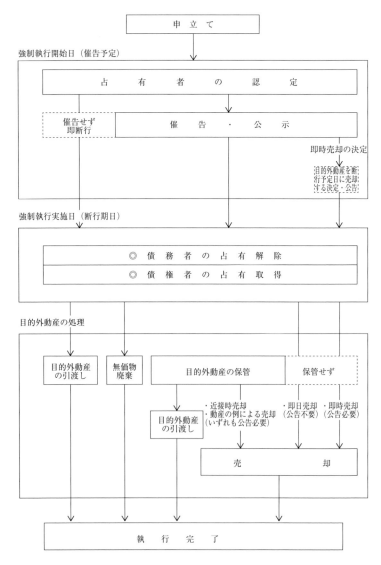

執行官実務の手引（第2版）（2016、民事法研究会）130頁より引用。

第2　物の引渡し・明渡し（引渡し等）の強制執行

(3) 引渡し等の手続
① 申立て等
　執行機関は執行官であるから、申立ては、当該目的不動産の所在地を管轄する地方裁判所の執行官に対して書面で行う（規則1条）。執行官は、申立てを受けて（第1回）執行期日を定め、それを債権者に原則として通知する（規則11条1項）。引渡し等の強制執行は、債権者又はその代理人が執行場所に出頭した場合に限りすることができることから（168条3項）、執行期日における出席を確保するためである。

② 執行官の権限
　執行官は、引渡し等の強制執行のために不動産の占有者を特定する必要があるときは、当該不動産に在る者に対し、当該不動産等又はこれに近接する場所において質問をし、または文書の提示を求めることができ（168条2項）、電気・ガス・水道の使用者等に関する報告を求めることもできる（ライフライン調査権。同条9項、57条5項）。

　また、執行官は、引渡し等の強制執行に際し、債務者の占有する不動産に立ち入り、必要があるときは、閉鎖した戸を開くため必要な処分をすることができる（168条4項、6条1項）。

③ 執行期日における明渡しの催告
　執行官は、引渡し等の強制執行を開始することができるときは、債務者が当該不動産を占有していないときを除き、引渡し期限を定めて、**明渡しの催告**をすることができる（168条の2第1項）。これは、引渡し等の執行における従来からの実務慣行を15年改正法によって明文化したものであるが、引渡し等の強制執行の断行が、債務者に与える打撃が大きいことを考慮し、債務者の任意による明渡しの実現を図るものであり、債権者にとっても断行による費用や手間の点で利益になることから、実務上もよく行われており、初回の執行期日の際にこの催告が行われることが多い。引渡し期限は、原則として、明渡しの催告があった日から1月を経過する日とされている（同条第2項）。

　そして、この催告がされた後に目的不動産につき占有が移転しても、その占有者は明渡しの催告があったことを知って占有したものと推定されるもの

とし（同条第8項）、さらに、引渡し期限経過前であれば、承継執行文の付与を受けずにそのまま明渡し等の執行ができるものとした（当事者恒定効。同条第6項）。そして、かかる当事者恒定効を働かせるためには、明渡しの催告をしたこと、引渡し期限及び債務者が不動産の移転を禁じられていること旨を公示しなければならない（同条第3項）。

④ 引渡し等の断行

執行官は、執行期日において、現実に債務者または第三者が占有する物の占有を解いたうえ、債権者に引渡しまたは明渡しをする。このように、現場において債権者に占有を移転させることが必要なため、債権者又はその代理人が執行場所に出頭することが必要になる（168条3項）。

⑤ 目的外動産の処理

執行官は、引渡し等の執行においては、執行目的となっていない動産を取り除いて、債務者等にこれを引き渡さなければならず、引渡しができないときは、売却することができる（168条5項）。そして、引渡しも売却もしなかったものがあるときは、これを保管しなければならない（同条6項）。平成15年改正法で、このような目的外動産を搬出・保管せずに売却できるよう、上記のとおりの改正がされたものであるが、必ずしも十分に機能していないのではないかという指摘もされている。

⑥ 執行の終了

引渡し等の執行は、債務者の目的物に対する占有を解いて、債権者にその占有を取得させた時点で終了する。

2 動産の引渡しの強制執行

(1) 執行の目的物

人の居住する船舶等以外の動産である（169条1項）。金銭執行のための動産執行とは異なり（⇒第11講）、対象動産は特定されていなければならない。また、船舶や自動車、航空機等は、金銭債権の執行のためには別の手続が用意されているが（⇒第8講）、引渡請求権の執行においては、人が居住していない限り、この執行の対象動産となる。

(2) 引渡しの意義

引渡しとは、執行官が債務者から目的動産を取り上げて、これを債権者に引き渡す方法をいう（169条1項）。動産の現実の支配（直接占有）を債権者に移転することが要素である。

(3) 引渡しの手続

① 申立て等

執行機関は執行官であるから、申立ては、当該目的不動産の所在地を管轄する地方裁判所の執行官に対して書面で行う（規則1条）。

② 引渡しの執行

前述のとおり、執行官が債務者から目的動産を取り上げて、これを債権者に引き渡す方法で行われる（169条1項）。執行官は、債務者が目的物を任意に引き渡すときは、これを受領することができ（169条2項、122条2項）、目的動産の取り上げに際し、債務者の住居等に立ち入り、目的物を捜索することもできる（169条2項、123条2項）。目的外動産がある場合の処理については、不動産の引渡し等の手続に準ずる（169条2項、168条5項ないし8項）。

3 第三者の占有する動産に対する強制執行

債務名義上の債務者ではない第三者が目的物（不動産、動産を問わない）を占有している場合は、その者に対する引渡しの強制執行はできないのが原則である。しかし、その第三者が当該目的物の引渡義務を債務者に対して負っている場合には、かかる債務者の第三者に対する引渡請求権を差し押さえ、請求権の行使を債務者に許す旨の命令を発することで、引渡し等の強制執行が可能になる（170条1項）。よって、この場合における執行は、金銭債権のための物の引渡請求権に対する執行と同様に、債権執行の方法により行われることになる（同条2項）（⇒第9講）。もっとも、本条の場合には換価手続はないので、差押命令が確定することで終了することになる。

第3 代替的作為請求権の強制執行

1 意義及び執行方法

代替的作為義務とは、債務者以外の者が履行しても目的を達成できる作為義務をいう。建物収去義務が典型例である。

このような代替的作為義務の場合、債権者にとっては、債務者自身が履行することは必要ではなく、あくまで請求権の内容が実現することが重要であるから、代替執行の方法によることが認められている。なお、この場合は前記のとおり間接強制によることも可能ではあるが、間接強制については不代替的作為義務のところで検討することとし、ここでは代替執行の手続を説明する。

2 代替執行の手続

(1) 手続の流れ

代替執行は、①債務者の費用で、債務者以外の者に代替的作為をさせることを債権者に授権する旨の執行裁判所の決定（**授権決定**）と、②授権決定に基づく作為の実施とに分けられる。

(2) 授権決定の手続

① 申立てと審査

債権者は、債務者に代替的作為を命じる旨の債務名義に基づき、執行裁判所に対し、授権決定を発令するよう申し立てる（171条1項、民414条2項本文）。執行裁判所は、強制執行の一般的要件（執行開始要件）と代替執行の要件を審査することになるが、後者については、債務名義上の作為義務と申立ての作為義務が同一であることのほか、作為義務が債務名義で特定されていて、かつ、それが代替性を有することが重要である。代替性の有無は作為の具体的内容等を実質的に審査して決まる。そのうえで、執行裁判所は、債務者を審尋しなければならず（171条3項。実務上は書面によることが多い）、その結果も斟酌して判断することになる。

【代替執行の申立書(建物収去)】

建物収去命令申立書

東京地方裁判所民事第21部代替執行係　御中

平成○○年○○月○○日

債権者代理人弁護士　○　○　○　○　㊞

　　　当事者の表示　別紙当事者目録記載(略)のとおり

申立ての趣旨

　債権者の申立てを受けた執行官は、別紙物件目録記載の建物を債務者の費用で収去することができる。

申立ての理由

　債務者は、債権者に対し、下記事件の執行力ある債務名義の正本に基づき、別紙物件目録記載の建物を収去する義務を有するところ、債務者は同義務を履行しない。
　よって、申立ての趣旨記載の裁判を求める。

記

東京地方裁判所平成○○年(ワ)第○○○○号建物収去土地明渡請求事件の判決

添　付　書　類

1　執行力ある判決正本　　1通
2　上記送達証明書　　　　1通
3　資格証明書　　　　　　1通
4　委任状　　　　　　　　1通
5　建物登記簿謄本　　　　1通

齋藤・飯塚編著・民事執行〔補訂版〕(2014、青林書院)より引用

② **授権決定等**

そして、執行裁判所が債権者の申立てを認める場合は、授権決定を発令する。授権決定においては、作為実施者を特定する必要はないが、実務上、建物収去の代替執行では執行官が指定されることが多い。また、授権決定と同時に、債権者の申立てにより、これに要する費用をあらかじめ支払うべきことを債務者に命ずることができる（**費用前払決定**。171条4項）。授権決定に対しては執行抗告することができるが（同条5項）、抗告理由は授権決定の発令手続での瑕疵に限定される。また、授権決定は確定しなくてもその効力を生ずるため、別に執行停止の決定を得ておく必要がある（10条6項）。

(3) **作為の実施**

実施者は、債務名義及び授権決定記載の作為を実施することになるが、仮に実施行為を私人が行った場合でも公権力の行使に該当すると解する（執行官がした代替執行が公権力の行使に該当するとした判例として、最判昭和41.9.22民集20巻7号1367頁がある。）。

また、代替執行において実施者が執行官でない場合、債務者等から抵抗を受けたときは執行官に援助請求ができる（171条6項、6条2項。執行官が実施者であれば、6条1項により抵抗排除のための威力の行使や警察への援助要請が可能である。）。作為の実施が完了した段階で、代替執行は終了する。

(4) **代替執行の費用**

ここでの執行費用には、授権決定手続に要した費用と、作為実施に要した費用の双方が含まれるが、前記費用前払決定の対象は、後者の作為の実施に要した費用のみであり（171条4項）、授権決定費用は含まれない。債権者は、同決定を債務名義として執行文の付与を受けて強制執行することができる。同決定がない場合、あるいは前払額が不足する場合は、執行費用一般の取立て方法による（42条4項）。

第4　不代替的作為義務の強制執行

1　意義及び執行方法

不代替的作為義務とは、債務の内容が債務者本人でなければ実現できず、債務本来の目的を達しえない義務をいう。当該作為が債務者の特別な才能等によることが必要な場合（芸術的作品の鑑定）、債務者本人が行うことが法律上の効果発生に必要不可欠な場合（証券への署名行為）などが典型例として挙げられる。

不代替的作為義務は、債務者自身が行為しない限り債務内容は実現しないから、直接強制や代替執行になじまないことは明らかであり、間接強制の方法によらざるをえない。

2　間接強制の手続

間接強制は、執行裁判所が執行機関となって、債務者に対し、不履行の場合に一定額の金銭を債権者に支払うべき旨を命じる決定（**間接強制決定**。強制金決定ともいう。）を発令する方法により行われる（172条1項）。

(1)　**申立て及び審理**

債権者は、管轄の地方裁判所に対し、書面で間接強制を申し立てる（規則1条）。執行裁判所は、強制執行の一般的要件（執行開始要件）と間接強制の要件を審査することになるが、後者については、当該債務が間接強制可能なものであるかの審査が中心となる（⇒**【検討問題】**）。そして、執行裁判所は、間接強制決定をする場合には、申立ての相手方を審尋しなければならない（172条3項。実務上は書面によることが多い。）。

(2)　**間接強制決定**

執行裁判所は、間接強制決定をする場合は、その主文に債務者が負うべき作為義務を明示し、その履行を確保するための履行期間と、相当と認める一定の額を債権者に支払うことを命ずる。この、相当と認める一定額の金銭のことを**支払予告金**（強制金）といい、その支払いを命じる部分を支払予告命令という。この支払予告金の性質については、法定の違約金と解するのが通

【間接強制の申立書】

間接強制申立書

東京地方裁判所民事第21部代替執行係　御中

平成○○年○○月○○日

債権者代理人弁護士　○　○　○　○　㊞

当事者の表示　別紙当事者目録記載（略）のとおり

申立ての趣旨

1　債務者は、○○（債務名義表示の不代替的作為義務を記載）しなければならない。
2　債務者が本決定送達の日から○日以内に前項記載の義務を履行しないときは、債務者は債権者に対し、上記期間経過の日の翌日から履行済みまで1日につき金○○万円の割合による金員を支払え。

申立ての理由

債務者は、債権者に対し、下記事件の執行力ある債務名義の正本に基づき申立ての趣旨第1項のとおりの義務があるにもかかわらず、これを履行しないため、債権者は損害（別添報告書参照）を被りつつある。そうすると、支払予告金は、別添報告書記載のとおり、申立ての趣旨第2項記載の金員とするのが相当であると思料する。
よって、申立ての趣旨記載の裁判を求める。

記

東京地方裁判所　平成○○年（ワ）第○○○○号○○請求事件の判決

添　付　書　類

1　執行力のある判決正本　　1通
2　上記送達証明書　　　　　1通
3　報告書　　　　　　　　　1通　※支払予告金の算定に関する資料

齋藤・飯塚編著・民事執行〔補訂版〕（2014、青林書院）335頁より引用

説であり、①遅延の期間に応じまたは違反ごとに一定額の支払いを命じる方式と、②一時金支払いを命じる方式とがある。支払予告金の額は、債務の性質、不履行により債権者が受ける損害、債務者の状況・支払能力、不履行の態様といった要素を総合的に勘案し、執行裁判所の裁量によって定められる。

　間接強制に関する決定（却下決定も含む）に対しては執行抗告ができる（171条5項）。間接強制決定に至る手続の瑕疵だけではなく、支払予告金の額が過大であることも抗告理由になると解される。また、間接強制は未確定であっても効力を生じる。

　間接強制決定について、事情の変更があったとき（不奏功が典型例）は、執行裁判所は間接強制決定の変更ができる（172条2項。この場合も債務者の審尋が必要）。変更内容としては、支払予告命令の変更が多い。変更決定は将来に向けて効力を有することは争いがないが、過去にさかのぼって支払予告金を変更することができるかについては争いがある。

(3) 間接強制決定に基づく金銭の取立て

　間接強制は、間接強制決定を発令することを執行方法とするものであるから、間接強制の執行手続は、執行裁判所による間接強制決定によって債務の履行を間接的に強制することに尽きる。したがって、支払予告金の取立ては、かかる間接強制の執行手続とは別のものであり、支払予告命令を債務名義とする（22条3号）強制執行手続として行われる。この場合、債権者は、支払予告命令に執行文の付与を受けて（単純執行文の付与で足りるのか、条件成就執行文の付与が必要かについては争いがあるが、後述する最決平成17.12.9民集59巻10号2889頁は、条件成就執行文の付与を前提とした判示をしている。）、債務者の責任財産に対する強制執行（金銭執行）を行うことになる。したがって、債務者は、支払予告金支払義務の存否や金額等を争う場合には、請求異議の訴え（35条1項）を提起しうる。

　そして、かかる強制執行により取り立てられた金銭は債権者に帰属し、債務不履行による損害の補てんに充てられる（172条4項）。支払予告金の性格が違約金と解されることは前記のとおりであるが、債務者の権利の満足に充てられるという意味において、やや特殊な性格を持つものといえる。

第5　不作為請求権の強制執行

1　総論

不作為義務は、一言で言えば、債務者自身が一定の作為をしない義務であるということができるが、不作為義務の態様には様々なものがある（一回的不作為義務、反復的不作為義務、継続的不作為義務の区別のほか、債務者による積極的行為の禁止を内容とするものと債権者や第三者のする行為を妨害しないことを内容とするものといった区分もできる。）。執行方法を決定するにあたっても、このような様々な態様に応じて、実効性のある適切な方法で実施する必要がある。

2　不作為義務の類型と執行方法

(1)　単純な不作為義務違反の場合（⇒【検討問題】2)

まず、**反復的不作為義務**について違反行為がされている場合（例えば、ある演目について出演しないという義務に反して出演している場合）、これを止めさせるには間接強制の方法によるしかない。これに対し、**一回的な不作為義務**について違反行為があった場合（例えば、ある特定の日時の演目について出演しないという義務に違反して出演した場合）は、すでに違反行為は終了してしまっているので、間接強制等の強制執行をする余地はなく、違反行為によって受けた損害の賠償を請求する以外にない。

これらは、すでに義務違反行為がされた場合の間接強制の可否の問題である。元来、不作為義務は、義務違反がない間は、それが履行されていると評価されるものであるから、強制執行は、義務違反があって初めて問題になるというのが原則である。しかし、違反行為がされることが予想される場合に、事前の予防措置として間接強制決定をすることができれば、前記一回的な義務違反行為についても、事前に効果的な防止措置をとることが可能になることから、義務違反行為がされるおそれがあるにとどまる場合でも間接強制決定を発令しうるかが問題になった。これにつき、判例（最決平成17.12.9民集59巻10号2889頁、百選70）は、以下のとおり判示してこれを肯定した。「不作為を目的とする債務の強制執行として民事執行法172条1項所定の間接強制

決定をするには、債権者において、債務者がその不作為義務に違反するおそれがあることを立証すれば足り、債務者が現にその不作為義務に違反していることを立証する必要はないと解するのが相当である。…間接強制は、債務者が債務の履行をしない場合には一定の額の金銭を支払うべき旨をあらかじめ命ずる間接強制決定をすることで、債務者に対し、債務の履行を心理的に強制し、将来の債務の履行を確保しようとするものであるから、現に義務違反が生じていなければ間接強制決定をすることができないというのでは、十分にその目的を達することはできないというべきである。取り分け、不作為請求権は、その性質上、いったん債務不履行があった後にこれを実現することは不可能なのであるから、一度は義務違反を甘受した上でなければ間接強制決定を求めることができないとすれば、債権者の有する不作為請求権の実効性を著しく損なうことになる。間接強制決定の発令後、進んで、前記金銭を取り立てるためには、執行文の付与を受ける必要があり、そのためには、間接強制決定に係る義務違反があったとの事実を立証することが求められるのであるから（民事執行法27条1項、33条1項）、間接強制決定の段階で当該義務違反の事実の立証を求めなくとも、債務者の保護に欠けるところはない。」

(2) **違反行為が有形的結果を残している場合**

不作為義務の違反行為により、何らかの有形的結果が残存している場合（例えば、土地上に建築物等の建築をしてはならないという義務に違反して建物が建築され、それが現在も残存している場合）、代替執行によりこれを取り除いたり（171条1項）、間接強制決定で債務者に除却させることもできる（173条）。

(3) **反復的・継続的な義務違反がある場合**

この場合は、将来における義務違反の抑止という観点から、債権者は「将来のため適当な処分」を命ずる決定を裁判所に求めることができる（民法414条3項、171条1項）。このような処分としては、違反の原因となっている物的施設の除去、違反行為防止のための適切な物的設備の設置等が典型例である。これが問題になるのは、いわゆる**抽象的差止め判決の執行**の場面である（⇒【実務の注目点】）。また、具体的作為・不作為の差止めを認める判決が確定したのちに、債務者がその態様を変更した場合についても問題になる（⇒【検討問題】3）。

第6　意思表示の強制執行

1　意義及び執行方法

　債務者の意思表示を目的とする請求権は、本来的には不代替的作為義務の性質を有するから、間接強制によることが必要とも考えられる。しかし、この請求権については、意思表示の効力が発生すればその目的を達することができるのであり、債務者自身の行為を必要とするものとはいえず、かえって迂遠である。そこで民法及び民事執行法は、法律行為を目的とする債務については、裁判をもって債務者に意思表示に代えることができるとし（民法414条2項ただし書）、原則として、意思表示を命ずる債務名義の確定または作成時に債務者が意思表示をしたものと擬制することとした（174条）。この場合、執行手続は観念的には存在するものの、それは債務名義の確定または作成と直結し、極限まで短縮されているといえる。

2　意思表示の擬制が適用される行為

　意思表示の擬制が認められるのは、請求債権が意思表示を求める請求権である場合に限定される。具体的には、法律行為の要素たる意思表示だけではなく、債権譲渡通知のような準法律行為も含まれ、公法上の意思表示や第三者に対する意思表示であってもよい。実務上は登記申請の場合が多い。

3　意思表示の擬制の効力発生時期

(1) 原　則

　判決等の確定又は和解調書、認諾調書または調停調書の成立時である（174条1項本文）。

(2) 例　外

① 意思表示請求権が確定期限の到来にかかる場合

　その期限到来時に意思表示があったものとみなされる（30条1項）。

② 債務者の意思表示が債権者の証明すべき事実の到来にかかっている場合

条件成就執行文付与の時に意思表示があったものとみなされる（174条1項ただし書）。
③ 債務者の意思表示が反対給付との引換にかかる場合
債権者が反対給付又はその提供を証する文書を提出したときに限り、執行文が付与され、その時点で意思表示があったものとみなされる（174条1項ただし書）。
④ 債務者の意思表示が債務の履行その他の債務者の証明すべき事実のないことにかかる場合
債務者に対し、一定の期間を定めてその事実を証明する文書の提出を催告し、債務者がその期間内に文書を提出しないときに執行文が付与され、そのときに意思表示があったものとみなされる（174条1項ただし書）。

【実務の注目点】抽象的差止判決の執行

訴訟裁判所と執行裁判所の分離の趣旨（⇒第1講）からすれば、判決等の債務名義において、債務者が履行すべき作為又は不作為の内容を具体的・一義的に指示しなければならないのが原則である。しかし、郊外や生活妨害における差止請求訴訟の判決等においては、例えば、「騒音を55ホン以上侵入させてはならない」、「原告の営業秘密を使用して製品を製造販売してはならない」といったように、履行すべき債務内容が具体的に指示されていない場合がみられる。このような場合、そもそも差止請求権が特定されているかが問題になるが、かかる抽象的不作為命令を求める訴えであっても、請求の特定に欠けるものということができないとするのが判例である（最判平成5.2.25判時1456号53頁参照）。また、代替執行が可能であるように請求を構成しなければ訴訟上の請求として特定していないとする根拠はないと解される（名古屋高判昭和60.4.12判時1150号30頁、百選68）。では、請求の特定ありとした場合に、さらに執行裁判所が「将来のため（の）適当な処分」により具体的な侵害防除措置を債務者に命じうるか。

これにつき、学説上は、間接強制による執行が功を奏しないときは、「将来ため（の）適当な処分」として代替執行の方法により侵害防除装置の設置を求めうるとする説が有力である。これに対しては、前記した訴訟裁判所と判決裁判所の分離の趣旨に反するのではないか、具体的な侵害防除措置について訴訟手続で問題にされていなかったとすれば、執行裁判所がこれを採り上げて義務内容を特定することは（授権決定に対する請求異議の訴えが認められるとしても）、なお債務者に対する手続保障の点で問題がないかといった疑問もある。このようなことから、抽象的差止判決に基づ

いて具体的措置の実施のために授権決定ができるのは、債務者に求められている具体的措置の内容が抽象的差止判決の中に実質上盛り込まれている場合に限り、かつ、命ぜられる具体的措置には、債務者に最も負担が少ないと認められるものが選択されるべきとの考え方も有力である。

【検討問題】
1　代替的作為義務や不作為義務の強制執行において、代替執行と間接強制の方法を併用することができるか。
2　X所有地は公道に接しておらず、隣地のY所有地の一部を公道に出るための通路として使用させてもらっていた（黙示的に通行地役権が設定されていたものとする。）。ところが、Yは上記通路部分に車が出入りできないようなポールを立てたため、Yに対し、通行地役権に基づき、通行妨害の禁止等を求める訴訟を提起したところ、裁判所はXの請求を認容する判決をし、同判決は確定した。しかし、Yは一向にポールを撤去しない。また、近所の人によると、Yは、強制執行でポールが撤去されたとしてもまたポールを立てると話していたとのことである。このような場合、Xとしてはどのような強制執行を行うことが考えられるか。
3　具体的な作為を禁止して差し止める判決が確定したのち、債務者が、判決で問題とされた具体的侵害行為ないしその態様を変更して継続している場合、債権者としてはどのような措置をどのような手続でとることが考えられるか。

第13講

家事関係執行

はじめに

　今回は、以下のような具体的事例をもとに説明及び検討を加えていくことにしたい。調停条項も含め、一般的な離婚調停においてよく見られる例である。

〔事案〕

　Ｘ（女）とＹ（男）は婚姻し、両名の間には子である長男Ｚ（平成22年7月1日生）がいるが、ＸＹはその後不仲となり、平成27年1月20日、家事調停において以下のとおりの条項を定めて離婚した。

1　ＸとＹは、本日調停離婚する。

2　当事者両名の子Ｚの親権者を母であるＸと定め、今後同人が監護養育する。

3　Ｙは、Ｚの養育費として、平成27年1月から同人が成年に達する日の属する月まで、1か月あたり3万円を毎月末日限り、Ｘの指定するＺ名義の銀行口座に振り込む方法で支払う。

4　Ｘは、Ｙが毎月1回Ｚと面会交流することを認め、その日時・場所等の具体的方法については、あらかじめ当事者間で協議して定める。

5　Ｙは、Ｘに対し、本件離婚に伴う解決金として100万円の支払義務があることを認め、これを平成27年3月末日限り、Ｘ名義の○○銀行××支店の普通預金口座（口座番号△△）に振り込む方法で支払う。

6　ＸとＹは、以上をもって本件について解決したものとし、上記各条項のほか、互いに金銭その他の請求はしない。

7 調停費用は各自の負担とする。

〔問題〕
1 Yは、上記調停条項第3項の養育費について、平成27年6月までは毎月支払っていたが、同年7月以降は支払わなくなった。この場合、Xはどのような法的手段をとることができるか。また、上記調停条項第5項の解決金が期限までに50万円しか支払われなかった場合はどうか。
2 Yは、養育費を毎月支払っていたが、Xは、上記調停条項第4項の面会交流について「子どもは行きたがっていない」などと言って会わせようとしない。この場合、Yとしてはどのような法的手段をとることができるか。
3 平成27年10月15日、XがZを連れて面会交流の場所に赴いたところ、そこにはYとその両親がおり、Yらは、「あなたにZの養育は任せられない。」などと言って、Zを無理矢理自分たちの車に乗せて、Yの実家に連れて帰ってしまい、Xの下に返さない。この場合、Xはどのような法的手段をとることが考えられるか。

第1 養育費等の金銭債務の不履行と強制執行（問題1）

養育費支払債務が途中で不履行となった場合、家事調停調書は執行力ある債務名義であるから（22条7号、家事事件手続法268条1項）、これに基づいて債務者の財産を差し押さえて換価することで満足を得ることができる。以上については他の債務も同様であるが、養育費債務については以下のとおりの特則がおかれている。

1 予備差押え（期限未到来の債権に基づく差押え）の許容（151条の2）
(1) 趣 旨
養育費支払債権は定期金債権であり、その債権の行使が確定期限の到来にかかるものであるから、その期限が到来しないと、強制執行を開始することができない（30条1項⇒第1講）。しかし、養育費は、その性質上、監護養育

に不可欠なものであり、毎期ごとの支払が確保されなければならないものである。また、これを期限到来ごとに差し押さえるとすれば、その手間は無視できず、また、各期の養育費の額が少額であったとすると、強制執行しても費用倒れに終わってしまう可能性がある。このようなことから、15年改正法は、養育費その他の扶養義務等にかかる定期金債権であってその履行期の定めが確定期限によるもの（以下「扶養料等債権」という。）を請求債権とする場合は、履行期限が到来している分のみならず、到来していない将来分についての差押えも認めることとした（151条の2）。同条に該当した場合で、継続的給付にかかる債権を差し押さえた場合、差押禁止債権の範囲が通常の場合とは異なる。

(2) **請求債権の範囲**

養育費その他の扶養義務にかかる定期金債権である。夫婦間協力扶助義務（民法752条）、婚姻費用分担義務（同法760条）、子の監護費用分担義務（同法766条、749条、771条、788条）、扶養義務（同法877条ないし880条）がこれに該当する。したがって、離婚に伴う慰謝料や解決金には151条の2の適用はない。また、確定期限が定められていることが必要であるから、履行期の定めが不確定期限の債権についても適用がない。

(3) **差押債権の範囲**

請求債権である定期金債権の確定期限の到来後に弁済期が到来する継続的給付債権に限定される（151条の2第2項）。なお、健康保険法上の保健医療機関、生活保護法上の指定医療機関の指定を受けた病院又は診療所が社会保険診療報酬支払基金に対して取得する診療報酬債権は、同条項に規定する「継続的給付に係る債権」に該当するとした判例がある（最決平成17.12.6民集59巻10号2629頁）。

(4) **差押えの効力**（差押禁止範囲の特則）（⇒【検討問題】1)

継続的給与債権の差押えの場合、支払期に受けるべき給付の4分の3に相当する部分は差押えが禁止されるが（152条1項⇒第9講）、請求債権が151条の2の適用を受ける場合、差押えが禁止される範囲が支払期に受けるべき給付の2分の1に縮減される（152条3項）。上記4分の3の差押禁止の中には、扶養を受けるべき者の必要な生活費も含まれていると考えられること、禁止

【請求債権目録（養育費）】

請求債権目録

○○家庭裁判所平成○○年（家イ）第○○○号事件の調停調書正体に表示された下記金員及び執行費用

記

1 確定期限が到来している債権及び執行費用　　金　　　円
　(1)　イ　金　　　円
　　　　ただし、債権者、債務者間の長男○○についての平成○○年○○月から平成○○年○○月まで1か月金5万円の養育費の未払分（支払期毎月末日）
　　　　ロ　金　　　円
　　　　ただし、債権者、債務者間の長女○○についての平成○○年○○月から平成○○年○○月まで1か月金5万円の養育費の未払分（支払期毎月末日）
　(2)　金　　　円
　　　　ただし、執行費用
　　　　　（内訳）　本申立手数料　　　　　　　金　　　円
　　　　　　　　　本申立書作成及び提出費用　　金　　　円
　　　　　　　　　差押命令正体送達費用　　　　金　　　円
　　　　　　　　　資格証明書交付手数料　　　　金　　　円
　　　　　　　　　送達証明書申請手数料　　　　金　　　円

2 確定期限が到来していない各定期金債権
　(1)　平成○○年○○月から平成○○年○○月（債権者、債務者間の長男○○が満20歳に達する月）まで、毎月末日限り金5万円ずつの養育費
　(2)　平成○○年○○月から平成○○年○○月（債権者、債務者間の長女○○が満20歳に達する月）まで、毎月末日限り金5万円ずつの養育費

【差押債権目録（養育費）】

差押債権目録

1　金　　　　円（請求債権目録記載の1）
2　(1)　平成○○年○○月から平成○○年○○月まで、毎月末日限り金5万円ずつ（請求債権目録記載の2(1)）
　　(2)　平成○○年○○月から平成○○年○○月まで、毎月末日限り金5万円ずつ（請求債権目録記載の2(2)）

　債務者（○○支店勤務）が第三債務者から支給される、本命令送達日以降支払期の到来する下記債権にして、頭書1及び2の金額に満つるまで
　ただし、頭書2の(1)及び(2)の金額については、その確定期限の到来後に支払期が到来する下記債権に限る。

記

(1)　給料（基本給と諸手当、ただし通勤手当を除く。）から所得税、住民税、社会保険料を控除した残額の2分の1（ただし、上記残額が月額66万円を超えるときは、その残額から33万円を控除した金額）

(2)　賞与から(1)と同じ税金等を控除した残額の2分の1（ただし、上記残額が66万円を超えるときは、その残額から33万円を控除した金額）

　なお、(1)、(2)により弁済しないうちに退職したときは、退職金から所得税、住民税を控除した残額の2分の1にして、(1)、(2)と合計して頭書金額に満つるまで

インフォメーション21（裁判所ホームページ）より引用。

範囲を縮減することで、監護養育に不可欠な扶養料等債権について、より多額の満足が得られるようにする趣旨に出たものといえる。実務上は、後述する差押えの競合が生じて配当になった場合に効用を発揮することになる。

(5) 差押えの競合と配当

扶養料等債権を請求債権とする差押えと、一般債権を請求債権とする差押えが競合した場合、差押え範囲が両者で異なるため、供託金の一部については配当加入状況が異なることになる。この場合、競合しない部分（例えば、給料等から所得税等を控除した残額が44万円を超えない場合は、同残額の4分の1を超えて2分の1に至るまでの分）については、扶養料等債権の債権者に優先的に配当し、その後、その配当額を扶養料等債権の請求債権から差し引き、その差し引いた残額を一般債権との間で案分の基礎とするのが相当と考えられる。また、配当の運用についても、扶養料等債権が債権者や子の生計維持に必要不可欠なものであることに照らし、事情届が提出されるたびに配当を実施するのが相当であろう。

2 扶養料等債権についての間接強制

(1) 趣旨

扶養料等債権も金銭債権であり、金銭債権の執行方法について間接強制によることは理論上可能である。しかし、間接強制は、債務不履行の状態にある債務者に対して間接強制決定を発令することで本来の債務の履行を間接的に強制するものであるところ、本来の債務が金銭債務の場合、この未払部分にさらに支払予告金が積み重なることになってしまい、過酷執行になる危険性が高い。16年改正法以前の民事執行法が金銭債務について間接強制の方法を認めていなかったのは、このような過酷執行の回避という点への配慮があったと考えられる。

しかし、扶養料等債権は前述のとおり、子の監護養育に必要不可欠なものであり、その不履行は子と監護親の生存に直結する問題になることがあること、前記1の金銭執行手続は取立て等の換価手続や場合によっては配当手続を経なくてはならないこと、差押えに適する債権が発見できない場合も往々にしてあることからすれば、債務者から履行を確保する上で、間接強制を認

める必要性は高いといえる。そこで、16年改正法は、過酷執行とならないよう、いくつかの要件を設けつつ、扶養料等債権について間接強制の方法を認めた（167条の15第1項）。

(2) 請求債権の範囲

151条の2所定の債権に限られる（1⑵参照）。

(3) 債務者の支払能力に対する配慮

債務者が、その支払能力を欠くためにその弁済をすることができないとき、またはその弁済によって生活が著しく窮迫するときは、間接強制は許されない（167条の15第1項ただし書）。前述した過酷執行の回避が趣旨である。

(4) 一部不履行の場合の間接強制のできる範囲の限定

間接強制も、確定期限の到来後に執行を開始できるのが原則である（30条1項）。しかし、扶養料等債権については、その一部に債務不履行があるときは、その債権のうち6か月以内に確定期限が到来するものについては、一括して間接強制決定をすることができる（167条の16）。151条の2と同様に、期限経過ごとに間接強制決定を得ることの煩雑さや費用倒れのリスクを回避するとともに、151条の2の金銭執行の場合のように、長期にわたって確定期限未到来の債権について執行を開始することは、債務者に対する過酷執行になりかねないことから、上記のような期間制限を付したものである。

(5) 間接執行の手続

通常の間接強制の手続（⇒第12講）と同じである。

間接強制決定は、前記(3)からすれば、債務者に債務を履行するのに十分な資力があることを前提として発令されるものであるが、その後の事情変化によって、間接強制決定を維持しておくことが債務者にとって過酷執行となる場合がある。そこで民事執行法は、かかる事情変更があった場合は、債務者の申立てにより、間接強制決定を将来に向かって取り消したり、間接強制の申立てがあった時まで遡って間接強制決定を取り消すことができる（167条の15第3項、第6項）。

(6) 支払予告金の取立て

間接強制決定後も債務者からの履行がない場合は、同決定に執行文の付与を受け、債務者の責任財産を差し押さえることができる。この場合、取立て

がされた金銭は、本体の扶養料等債権の弁済に充てられる（この点が、非金銭債権の執行における間接強制と異なる。⇒第12講）。

第2　子の面会交流と強制執行（問題２）

1　面会交流及びその義務の性格

　監護していない親による子との面会交流は、民法766条の「子の監護について必要な事項」の一内容をなすものであり、調停あるいは審判などでその具体的内容が形成される。そして、この面会交流の履行確保は、調停調書または審判を債務名義として強制執行が可能である（家事事件手続法75条、268条1項）。そして、その執行方法は、**不代替的作為義務**として間接強制によるべきとする点で特に異論はない。問題は、間接強制決定をするにあたって、その債務内容がどの程度特定できていればよいか、支払予告金はどのような点を考慮して算定すべきか、といった点である。

2　間接強制決定の要件
(1)　**債務の特定**（⇒【検討問題】2）

　債務の特定の程度につき、最決平成25.3.28民集67巻3号864頁は、面会交流における債務の特定につき、以下のとおりの一般論を判示した。「子を監護している親（以下「監護親」という。）と子を監護していない親（以下「非監護親」という。）との間で、非監護親と子の面会交流について定める場合、子の利益が最も優先して考慮されるべきであり（民法766条1項参照）、面会交流は、柔軟に対応することができる条項に基づき、監護親と非監護親の協力の下で実施されることが望ましい。一方、給付を命ずる審判は、執行力のある債務名義と同一の効力を有する。監護親に対し、非監護親が子と面会交流をすることを許さなければならないと命ずる審判は、少なくとも、監護親が、引渡場所において非監護親に対して子を引き渡し、非監護親と子の面会交流の間、これを妨害しないなどの給付を内容とするものが一般であり、そのような給付については、性質上、間接強制ができないものではない。したがっ

て、監護親に対し非監護親が子と面会交流することを許さなければならないと命ずる審判において、面会交流の日時又は頻度、各回の面会交流時間の長さ、子の引渡しの方法等が具体的に定められているなど監護親がすべき給付の特定に欠けるところがないといえる場合は、上記審判に基づき監護親に対し間接強制決定をできると解するのが相当である。」そして、同決定の事案においては、債務者がすべき給付の特定に欠けるところはないとして間接強制を認めたが、これと同日に出された2件の決定（判時2191号46頁）においては、同じ一般的基準を判示しながらも、債務者がすべき給付の内容が特定できていないとして、間接強制を認めなかった原決定を支持し、許可抗告を棄却した。

(2) 支払予告金の額の決定

支払予告金の額は、第12講で述べたとおり、債務の性質、不履行により債権者が受ける損害、債務者の状況・支払能力、不履行の態様といった要素を総合的に勘案し、執行裁判所の裁量によって定められる。面会交流の履行を促すに足りる額であることが要請されるが、これは具体的事情によってかなり異なると思われる。（前記最決平成25.3.28民集67巻3号864頁の原々審及び原審は、不履行1回につき5万円の割合による支払予告金を支払うよう命じている。）。

第3　子の奪い合いと民事執行（問題3）

1　子の奪い合いの解決に関する変遷

(1)　人身保護請求の時代

子の引渡請求は、当初は民事訴訟手続によって解決が図られる場合が多かったが、戦後の人身保護法制定に伴い、子の引渡請求を同法に基づいて行うことが最高裁判決によって比較的早くから承認されるようになった（最判昭和24.1.18民集3巻1号10頁、最判昭和29.12.16民集8巻12号2169頁、最大判昭和33.5.28民集12巻8号1224頁等）。そして、最判昭和43.7.4民集22巻7号1441頁が、「夫婦関係が破綻に瀕しているときに、夫婦の一方が他方に対し、人身保護法にもとづきその共同親権に服する幼児の引渡を請求することができる場合のあるこ

と、および右の場合、裁判所は、子を拘束する夫婦の一方が法律上監護権を有することのみを理由としてその請求を排斥すべきものでなく、子に対する現在の拘束状態が実質的に不当であるか否かをも考慮して、その請求の許否を決すべきであることは、当裁判所の判例とするところであり・・・、右拘束状態の当、不当を決するについては、夫婦のいずれに監護せしめるのが子の幸福に適するかを主眼として定めるのを相当とする。そして、夫婦が別居し未だ離婚に至らない場合において、夫婦のいずれがその子を監護すべきかは、いずれ恒久的には、夫婦離婚の際、その協議により、協議がととのわないときは、家事審判法、人事訴訟手続法所定の手続により定められるものではあるが、それまでの間、暫定的に子を監護すべき親として夫婦のいずれを選ぶべきかを決するについても、主として子の幸福を基準としてこれを定めるのが適当といわなければならない。」として、人身保護法の積極的な活用を示唆するようになったことから、子の引渡しについては、同法による解決が本格化するようになった。そしてこの傾向は、同法が手続の迅速性を保障する制度を置いていたこと（6条、9条、12条4項等）や、実際の引渡しにおいて、後の執行の問題を残さない運用が採られていたことなどから、実効的な解決方法として定着するに至った。

(2) **人身保護請求から家事事件手続へ**

しかし、このような傾向に対しては、子の監護に関する問題である以上、本来は家庭裁判所の家事事件手続において解決されるべきという考え方も根強くあった。そして、最判平成5.10.19民集47巻8号5099頁の多数意見が、「拘束者による幼児に対する監護・拘束が権限なしにされていることが顕著である（人身保護規則4条参照）ということができるためには、右幼児が拘束者の監護の下に置かれるよりも、請求者に監護されることが子の幸福に適することが明白であることを要するもの、いいかえれば、拘束者が右幼児を監護することが子の幸福に反することが明白であることを要するものというべきである。けだし、夫婦がその間の子である幼児に対して共同で親権を行使している場合には、夫婦の一方による右幼児に対する監護は、親権に基づくものとして、特段の事情がない限り、適法というべきであるから、右監護・拘束が人身保護規則4条にいう顕著な違法性があるというためには、右監護

が子の幸福に反することが明白であることを要するものといわなければならないからである。」と判示し、さらに、同最判で可部裁判官による、「本件にみられるような共に親権を有する別居中の夫婦（幼児の父母）の間における監護権を巡る紛争は、本来、家庭裁判所の専属的守備範囲に属し、家事審判の制度、家庭裁判所の人的・物的の機構・設備は、このような問題の調査・審判のためにこそ存在するのである。しかるに、幼児の安危に関りがなく、その監護・保育に格別火急の問題の存しない本件の如き場合に、昭和55年改正による審判前の保全処分の活用を差し置いて、『請求の方式、管轄裁判所、上訴期間、事件の優先処理等手続の面において民事刑事等の他の救済手続とは異なって、簡易迅速なことを特色とし』『非常応急的な特別の救済方法である』人身保護法による救済を必要とする理由は、とうてい見出し難いものといわなければならない。・・・このような審判ないし審判前の仮処分は、正しく家庭裁判所の表芸ともいうべきものであり、制度改正にもかかわらず、なおこれが活用されることなく、地方裁判所による人身保護請求が頻用されるとすれば、一面その安易な運用につき反省を要するとともに、他面、家庭裁判所の存在理由にかかわる底の問題として認識されることを要するものと私は考える。」との補足意見が出されたことから、実務は家事事件手続の利用に大きく舵を切ることになった。

そして、このことにより、人身保護手続が多用されていた中では顕在化しなかった、引渡しの強制執行の方法が大きな問題になった。これについて、執行裁判所は当初は間接強制のみ認め、直接強制には慎重な立場をとっていたとみられるが（札幌地決平成6.7.8家月47巻4号71頁）、徐々に、一定の条件を必要としながらも、直接強制も可能という方向に変化し、その中で、家庭裁判所と執行機関（執行官）との事前打合せの運用等により、子の利益に配慮した、より適切な手続が模索されるようになっていった。

(3) **学説状況**（⇒【検討問題】3）

学説においては、子の引渡請求の執行方法について、同請求が民事訴訟事項であるとされていた時期から様々な対立が見られたところであり、間接強制に限定されるとする説、意思能力のない子については直接強制が可能であるとする説、直接強制が可能であれば原則としてそれによるとしつつ、これ

が不能な場合は間接強制も認める説、及び債務者が子の引き取りを妨害する場合には、執行裁判所は、妨害の抑圧のために間接強制として金銭（強制金）の支払いを命じ、あるいは（場合によっては間接強制と並行して）将来のための適当な処分（171条、民法414条3項）として、執行官による子の取上げや、債権者への引渡しを認めるとする説なども出されるに至った。この説は、子の引渡請求の法的性格を親権行使に対する妨害排除請求（親権行使に対する受忍義務という不作為義務）と規定した上で、間接強制をまずは原則としつつ、債務者がこの義務に違反した場合は、上記のとおりの処分を認めるとするものである。

(4) ハーグ条約国内実施法の影響と今後

前記学説については、どれも一長一短があり、容易に結論が出せる問題ではない。子の引渡しの強制執行に関する問題は、本来的には物又は権利に対する強制執行を前提として制度が組み立てられている民事執行法において、一個の人格（ないしその萌芽）を有する子に対する強制執行を扱う（あるいは扱わざるを得ない）という点にあると考えられ、また、審判等の主文と果たして執行方法が対応関係に立つのかという点も、必ずしも明確ではなく、その解釈や運用において様々な問題や困難さがあるという点に求められよう。

このような中で、2014年に「国際的な子の奪取の民事上の側面に関する条約」（ハーグ条約）がわが国で批准され、国内実施法も併せて制定された。この内容については後述するが（⇒【実務の注目点】）、今後の焦点は、このようなハーグ条約国内実施法の枠組みが日本国内における子の引渡しの運用にどのような影響を与えるかという点である。これについて執行実務では、同条約国内実施法の規定に基づいて子の引渡しの運用がされているようであり、今後の動向が注目されるが、今後は、同実施法の趣旨も踏まえつつ、新たな対人執行の枠組みを考案し立法化していくことが必要になると考える。その際には、一個の人格ないしその萌芽を有する子に対する強制執行は、その子の人格形成に大きな影響を与えうるものだという認識に立ち、その執行方法の選択と実行において、人間関係諸科学の成果を十分に考慮することが必要なことはもとより、その前段階である債務名義の作成段階や、執行申立後執行開始までの各段階、そして執行終了後の事後措置に至るまで、家庭裁判所

と執行機関が、子の利益に配慮した適切かつ実効的な解決を図るという共通の認識のもと、柔軟な発想で臨むべきこと、そのような観点からは、子の引渡しのようないわゆる対人執行の場面では、権利判定機関と権利執行機関との区別といった、従来の民事執行法の基本構造や利害調整原理（⇒**第1講**）を一定程度見直していく必要もあると考える。

【実務の注目点】子の引渡しに関するハーグ条約国内実施法の概要

以下、概要を説明するが、同条約は、子の引渡しだけではなく、面会交流の確保についてもかなりのスペースを割いていることにも注意を要する。

1　間接強制と代替執行の段階的実施

常居所地国への子の返還は、現在子を監護している者により自発的に行われることが子の利益の観点からは望ましく、子の返還に強制執行する場合にも、子に与える心理的負担がより少ない方法から行うのが望ましいことから、国内実施法では、まずは間接強制によって子の返還を命じられた者に返還義務の履行を心理的に促し、それによっても履行されない場合に限り、より強力な手段である代替執行の手段をすることができるものとしている（国内実施法136条）。また、ハーグ条約に基づく返還の対象となる者は16歳に達するまでの子であることから、子の返還を命ずる裁判がされた後に子が16歳に達した場合は、子の返還の代替執行をすることはできず、また、その後に子を返還しないことを理由として間接強制金の支払を命じてはならないとしている（同法135条）。

2　解放実施行為と返還実施行為

子の返還の代替執行は、子の返還を命じられた者（債務者）による子の監護を解く行為（解放実施行為）と、解放された子を常居所地国まで返還する行為（返還実施行為）とに分けられるが、前者については執行官のみが、後者については返還実施者が、それぞれ債務者に代わってこれを行うとしている（国内実施法138条）。そして、返還実施者の指定については、返還実施者が長時間子とともに行動しなければならないこと、そのような者を裁判所が指定することは困難であることなどに鑑み、代替執行の申立ての際に、返還実施者となるべき者を特定してしなければならないものとした（同法137条）。

3　解放実施行為での執行方法に関する配慮（国内実施法140条）

解放実施に当たっては、子に与える心理的影響を十分に考慮し、以下の通りの規律が定められている。

① 執行は、子の返還を命じられた者の住居その他の占有する場所において行う。
② 債務者に対する説得（子の監護を解くために必要な行為としての）、返還実施者と債務者・子を面会させる。

③ 監護を解く行為は、子が債務者と共にいる場合に限りできる（同時存在原則）。
④ 解放実施行為をするための権限として、債務者の占有する場所への立入権、子の捜索権、戸の開放に関する処分等の権限、及び抵抗排除のための威力行使を認める。
⑤ 子に対する直接の威力は禁止する（子以外の者に対しても、威力を用いることが子の心身に有害な影響を及ぼすおそれがあるときは禁止する。）。

4　返還実施行為での執行方法に関する配慮

　解放実施行為が奏功した後、返還実施者は解放実施者（執行官）から子を受け取り、常居所地国に返還するために子の監護その他の必要な行為をすることができる（国内実施法141条1項）。なお、子の返還の代替執行には民事執行法171条6項の適用が排除されており（国内実施法141条2項）、その結果、民事執行法6条2項は準用されないので、返還実施者は職務執行の際に抵抗を受けたとしても、執行官に対して援助を求めることはできず、同条1項の警察上の援助も受けられないことになる点に注意が必要である。

5　関係者の連携

(1)　解放実施申立ての留意点

　債権者は、子の返還の代替執行の決定（以下「授権決定」という。）を得たのち、債務者及び子が所在する地（解放実施地）を管轄する地方裁判所所属の執行官に対し、解放実施の申立てを行うことになる。このように、解放実施地の特定は管轄を決定する重要な要素となること、また、申立てを受ける執行官にとっても、事前の準備を遺漏なく進めるためには、早期に申立てに関する情報に接することが必要になると考えられることなどからすれば、債権者としては、解放実施地を早期に特定するとともに、授権決定申立てと同時かその直後に、執行官に対して必要な情報提供を行うことが必要というべきである。

(2)　債権者からの情報提供

　円滑な解放実施の実現のためには、債務者及び子のことをよく知りうる立場にあると考えられる債権者及び返還実施者から、様々な情報を収集する必要がある。そこで、国内実施規則87条1項は、執行官が債権者及び返還実施者に対して、債務者及び子の生活状況、解放実施を行うべき場所の状況、解放実施の実現の見込み、子を常居所地国に返還する時期及び方法等についての情報等の提供につき、協力を求めることができるとしている。

(3)　家庭裁判所からの情報提供

　執行官としては、授権決定申立てをした債権者及び返還実施者から、債務者及び子の状況等について情報を得るというのは必要かつ相当といえる。しかし、その債権者等が申立て時における債務者及び子の現状を正確に把握しているとは限らず、むしろ、そのような情報が途絶えてしまっているという場合が多いのではないかと推測さ

れる。他方、子の返還申立事件及び返還に関する強制執行事件を担当する家庭裁判所は、現時点での債務者及び子の状況など、解放実施に当たっての参考となる情報を入手している場合もあると考えられる。国内実施規則87条3項は、このような観点から、子の返還を命ずる終局決定をした家庭裁判所は、解放実施に関し、執行官に対して、子の返還申立事件に関する情報の提供その他の必要な協力をすることができるものとした。これは、執行官が官署としての家庭裁判所に解放実施の参考資料を得ることを目的として、情報の提供を求める旨の援助請求をすることができるとしたものであり、官署としての裁判所は、執行官に対して情報提供義務を負うことになるが、手続法上の家庭裁判所に対する干渉とならないよう、同裁判所が提供につき同意した情報のみを提供することになる。

【検討問題】
1　扶養料等債権に基づく債権差押命令に対し、債務者はどのような方法で不服を申し立てることができるか。すでに期限が到来している部分と将来期限が到来する部分に分けて検討せよ。また、153条1項の差押命令の取消申立てによることは相当か。
2　面会交流での間接強制における債務の特定に関し、本文で説明した3つの最高裁決定の結論を分けた要因はどのような点にあったか、それぞれの具体的事案をもとに検討せよ。そして、上記検討結果を踏まえたうえ、本文の〔事案〕の場合、調停条項第4項の記載に基づいて間接強制決定を発令できるか、子が面会を拒絶していることが間接強制決定の妨げになるのかについて検討せよ。
3　子の引渡しの強制執行の方法に関する間接強制説と直接強制説、また折衷説について、各説の根拠及びそれに対する批判・問題点を整理せよ。

第14講
民事保全総論・保全命令手続

第1　民事保全の意義

　私法上の請求権の強制的実現、特に強制執行においては、民事訴訟手続等によって一定の債務名義を得た上、それに基づき、強制執行手続を経る必要がある。しかしながら、債務名義が得られるまでには相当程度の時間が必要であり、その間に債務者の財産が逸出したり、その支払能力が低下するといったリスクが生じるおそれがある（訴訟手続が迅速化しても、このようなリスクが生じることを完全に回避することはできない。）。また、訴訟手続の途中で係争物が譲渡されるなどして権利主体（特に債務者）が変更した場合、民事上の権利の実現が不能または困難になる危険性がある。そこで、このようなリスクないし弊害から債権者を保護するための制度が必要になり、そのために設けられた制度が民事保全である。民事保全法1条が「民事訴訟の本案の権利の実現を保全するため」としているのは、上記のような趣旨の表れといえる。換言すれば、民事保全とは、判決等の債務名義が得られるまでの時間の経過や当事者の変更等によって、債権者の権利の実現が不可能または困難になる危険から債権者を保護するために、裁判所が暫定的な措置（裁判）を行う制度であるということができる。民事保全法は、かかる民事保全に関する要件及び手続について規律する法律であり、保全されるべき権利を確定する手続である「本案（訴訟）」と区別される。

　なお、第14講及び第15講の記述で条文を引用する場合、特に断りがない限り、民事保全法の条文を指す。なお、民事保全規則は「規則」とする。

第2　民事保全の種類

民事保全は、仮差押え、係争物に関する仮処分及び仮の地位を定める仮処分の総称である（1条）。

1　仮差押え（20条1項）
将来における金銭債権の強制執行が不能ないし困難になることを避けるために、債務者の財産を仮に差し押さえてその処分を禁止する裁判をいう。

2　仮処分
(1)　係争物に関する仮処分（23条1項）
将来における物に対する給付請求権の強制執行が不能ないし困難になることを避けるために、係争物の現状を維持する処置を講ずる裁判をいう。
(2)　仮の地位を定める仮処分（23条2項）
権利関係に争いがあることによって現に著しい損害を被り、または急迫の危険に直面していて、本案訴訟を待っていると訴訟の目的が達せられなくなったり、重大な不利益を受けることになる場合に、そのような不利益を仮に避けるために、一定の法的地位を定めることを内容とする裁判である。将来の強制執行の保全を目的としていない点で、仮差押えや係争物に対する仮処分とは異なる。

第3　民事保全の特性

1　迅速性（緊急性）
本案の確定を待っていては権利実現ができない場合に保全が認められるのであるから、その裁判は迅速にされなければならない。①任意的口頭弁論の原則（3条）、②債務者審尋の原則不実施（ただし23条4項）、③実体的要件は疎明で足りるとされていること（13条2項）、④保全命令の理由記載は要旨で

足りること（16条）、⑤保全命令の執行期間は2週間と限定され、保全命令の送達前でも実施できること（43条）は、かかる緊急性の現れといえる。

2　暫定性（仮定性）

民事保全は、本案での終局的判断がされるまでの暫定的な措置を定めるものであるという点に特性があり、被保全権利を最終的に確定実現するものではない（仮の救済）。ただし、仮の地位を定める仮処分の中には、本案の権利の一部を実現したのと同様の結果を債権者に得させるもの（**満足的仮処分**）もある。これについては第15講で説明する。

3　密行性

保全申立ての動きを察知した債務者が、目的物等を処分してしまうことを防止するため、債務者に保全事件の存在を告知することなく審理がされ、命令の可否が判断される。もっとも、仮の地位を定める仮処分は争点が複雑になることが多く、債務者に主張立証の機会を与える必要が高いことから、審尋を経ることが原則となっており（23条4項）、また、保全命令執行や保全命令送達後の手続（保全異議等）であれば密行性は解除され、債務者による主張立証の機会が保障される。

4　付随性

保全手続は、本案の存在を前提とし、本案に従属している手続である。起訴命令（37条）に反した場合に保全命令が取り消されるのは、かかる付随性の現れといえる。

第4　保全手続の構造と民事保全法の特徴

1　保全手続の構造

民事保全手続は、**保全命令手続**と**保全執行手続**に分けられる。保全命令手続は、保全命令の発令手続及び保全命令に対する不服申立ての手続に大別さ

れる。保全執行手続は、保全命令で示された内容を実現する手続である。これら2つの手続は、本案における判決手続と執行手続に対応するものといえるが、そこでみられるような、訴訟裁判所と執行裁判所の分離はされておらず、保全命令を発令した裁判所がそのまま保全執行の裁判所となることに注意を要する（47条2項、48条2項、50条2項、52条1項）。

2 民事保全法の特徴 （⇒【検討問題】1）

前述した意義や特性を実現するため、平成3年から施行された民事保全法は、以下のような特徴を有している。

(1) 保全命令手続——オール決定主義の採用と審理の充実

保全命令の手続は、前記のとおり口頭弁論を必要的なものとせず、すべて決定手続によって行われる。民事保全の種類を問わず、また、不服申立てである保全異議や保全取消しも決定手続で行われる（3条）。迅速かつ柔軟な審理を実現するためである。

他方、オール決定主義によりつつも、債務者の主張立証の機会にも配慮し、仮の地位を定める仮処分の審理では債務者の審尋を必要的なものとし（23条4項）、保全異議や保全取消しでは、口頭弁論又は当事者双方が立ち会うことのできる審尋の期日を経ることを必要的とした点が挙げられる（29条、40条1項）。さらに、争いに係る事実関係に関し、当事者の主張を明瞭にさせる必要があるときは、当事者のために事務を処理または補助する者に陳述をさせることができるとした（9条、釈明処分の特例）。

(2) 保全執行手続——仮処分での当事者恒定

不動産に関する権利についての登記請求権を保全するための処分禁止仮処分の執行として、処分禁止の仮登記制度（53条1項）や、不動産に関する所有権以外の権利の設定等の登記請求権を保全するための保全仮登記の制度（同条2項）が設けられた。また、物の引渡し又は明渡しの請求権を保全するための占有移転禁止の仮処分については、係争物の占有移転を禁止されていることを公示することで、仮処分の効力を係争物の占有を承継した者だけではなく、承継によらずに占有を開始した悪意の占有者にも及ぼすこととした（62条）。

第5　保全命令手続

1　保全命令の申立て

債権者（申立人）は、本案の管轄裁判所または仮に差し押さえるべき物もしくは係争物の所在地を管轄する地方裁判所に対して保全命令の申立てをしなければならない（2条1項、12条1項）。専属管轄であることに注意を要する（6条）。保全命令の申立ては書面でしなければならず（規則1条1号）、申立書の記載内容についても迅速審理を可能にするための遵守事項が定められている（規則13条2項）。

なお、保全命令の申立ては、日本の裁判所に本案の訴えを提起することができるとき、又は仮に差し押さえるべき物もしくは係争物が日本国内にあるときに限りすることができる（11条）。

2　審理対象

保全命令発令の実体的要件は、(1)**被保全権利の存在**と、(2)**保全の必要性**の2つである（13条1項）。債権者はこれらの存在を主張・疎明しなければならない（同条2項）。被保全権利と保全の必要性は別個独立の要件であるから、一方の要件が高度に充足されている場合であっても、他方の要件が充足されていなければ保全命令は発令されない。

(1)　被保全権利の存在

本案での訴訟物及び請求原因に相当する。

仮差押えの場合の被保全権利は金銭支払を目的とする債権であり（20条1項）、その発生原因についての主張及び疎明が必要になる。（⇒【検討問題】2）

係争物に関する仮処分の被保全権利は、金銭以外の物又は権利に関する給付を目的とする債権である。係争物に関するものであれば、物権的請求権であると債権的請求権であるとを問わないし、作為・不作為を求める請求権であっても可能である。

仮の地位を定めるための仮処分の被保全権利は、争いのある権利または権利関係であれば、実体上の請求権（金銭債権、物の引渡請求権、作為・不作為請求

【保全命令手続（かっこ書は民事保全法の条文）】

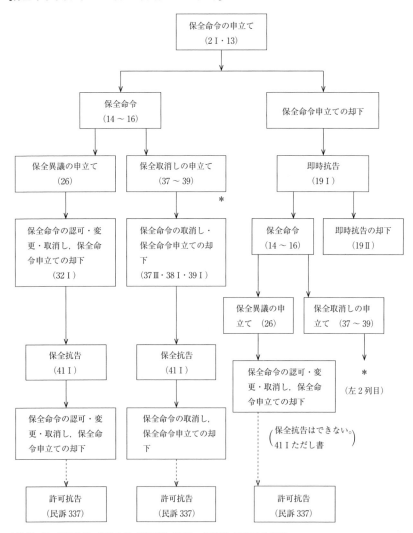

中野貞一郎・民事執行・保全入門〔補訂版〕（2013、有斐閣）300頁より引用

権等）のほか、法的地位についても認められる（取締役や労働者の地位確認等）。実務上比較的よくみられるものとしては、日照権や相隣関係に基づく建物建築続行禁止の仮処分、不動産明渡し断行の仮処分（⇒【検討問題】3）、出版差止めの仮処分、交通事故や解雇に伴う金員仮払いの仮処分などが挙げられる。最近は、インターネット関係の仮処分が著しく増加している。（⇒【検討問題】4）

(2) 保全の必要性

保全の必要性は、各保全処分の内容に即して、以下に述べる一般的意義に該当する具体的事実を主張し、疎明しなければならない。

① 仮差押え（20条1項）

債務者の責任財産の減少により金銭債権の強制執行が不能または著しく困難になるおそれのあること（責任財産隠匿・処分等の可能性）を指すと解されている。実務上問題になる例としては、貸金債権の債権者が、連帯保証人のみを債務者として仮差押えを申し立てた場合、主債務者の資力等を考慮して必要性を判断してよいかといった問題がある。

② 係争物に関する仮処分（23条1項）

係争物の現状の変更により給付請求権を執行することが不能または著しく困難になるおそれがあること（係争物の譲渡・毀損等の可能性）を指すと解されている。

③ 仮の地位を定める仮処分（23条2項）

権利関係に争いがあることによって現に著しい損害を被り、または急迫の危険に直面していて、本案訴訟を待っていると訴訟の目的が達せられなくなったり、重大な不利益を受けることになるおそれがあることを指すと解されている。

(3) 訴訟要件（管轄、当事者能力、申立ての利益等）の存在

前記実体的要件と異なり、証明が必要であると解されている（13条2項の反対解釈）。

3　審理の実際
(1)　仮差押え
　迅速な審理及び密行性の確保の見地から、書面及び債権者審尋のみによる審理が通常である。実務上は、債権者（又はその代理人）と裁判官が面接し、実体的要件の主張及び疎明が十分かといった点を中心に審理が行われる。この中で、後述する担保の額について事実上協議がされることが多い。

(2)　係争物に関する仮処分の審理
　仮差押えの場合と基本的に同じである。

(3)　仮の地位を定める仮処分
　前記のとおり、原則として口頭弁論または債務者が立ち会うことのできる**審尋の期日**を経なければならない（23条4項）。実務では、主として債務者に対する審尋が行われるが、当事者以外の第三者に対する審尋も可能である（7条、民訴法187条）。例外的に、口頭弁論または債務者の立ち会うことのできる審尋の期日を経ることにより仮処分命令の目的を達することができない事情があるときはこの限りではないが（23条4項但し書き）、これに該当する場合は多くなく、実務上は審尋期日が開かれることが多い。

　仮の地位を定める仮処分については、被保全権利の存在自体に大きな争いがあることも多く、また、保全の必要性も争点になることが多いから、審尋においては、当該事件の争点を迅速かつ的確に整理し、審理の見通しについて裁判所と当事者間で共通認識を持てるようにし、適正な解決が図られなければならない。実務上は、そのような集中的審理の中で、和解や取下げ等により終局的解決に至る場合も少なくない。（⇒【実務の注目点】）

4　担　保
(1)　目的・機能
　保全命令は、担保を立てさせて、もしくは相当と認める一定の期間内に担保を立てることを保全執行の実施の条件として、又は担保を立てさせないで発令することができる（14条1項）。違法な保全命令の発令または保全執行によって債務者に損害が発生した場合に、債務者の債権者に対する損害賠償請求権を保全しようとするものである（最判平成8.5.28民集50巻6号1301頁、百選

102)。また、担保には、濫用的な保全申立てを抑止する機能もあるとされる。実務上は、担保を立てさせない場合はまれであり、一定額の担保を立てさせるのが通例である。

(2) 担保額の算定

理論的には、保全命令・執行が違法であった場合に債務者に生ずると予測される損害の額を基本とし、これら保全命令が取り消されたり本案で債権者が敗訴する可能性等を考慮して、裁判所がその裁量により決するということになる。具体的には、求める保全の種類、被保全権利の種類とその価額、保全の対象物の種類やその価額、債務者の職業、財産状況、信用状態等により予測される損害、被保全権利や保全の必要性の疎明の程度等が総合的に考慮されているが、実務上は、迅速処理・統一的処理の要請等から、保全命令の類型ごとに担保額に関する基準を決め、これを基本に算定されるのが一般的である。

(3) 担保決定

担保額が決定すると、裁判所は、債権者に対し、その金額を発令前に提供するよう命じる（実務上、担保決定といわれている。）。実務上は、保全命令申立て後の債権者審尋（面談）の際に裁判所が担保額を提示し、これに基づいて担保額が事実上その場で決定され、担保決定はその確認的意味を有することが多い。担保決定に対し、債権者がその額が高額であるとして不服を申し立てられるかは一つの問題であるが、即時抗告（19条1項）を肯定した裁判例がある（仙台高決平成4.5.27判タ805号210頁、百選85）。なお、債務者が担保額について不服を申し立てる場合は、保全命令の発令に対する保全異議の手続による（26条）。

(4) 担保の提供方法

担保の提供方法には、①金銭等の供託、②支払保証委託契約の締結（ボンドとも呼ばれる）、③当事者間の特別の契約による場合の3つがあるが（4条1項、規則2条）、実務上は①または②が大多数である。

(5) 担保の取消し・取戻し

担保は、違法な保全命令の発令または保全執行によって債務者に損害が発生した場合に、債務者の債権者に対する損害賠償請求権を保全しようとする

ものであるから、かかる損害賠償請求権の不存在または消滅が確定した場合や、担保権者（債務者）が担保の取消しに同意した場合等は、担保取消決定（4条2項、民訴法79条）や担保取戻しの許可（規則17条）により担保提供者に返還がされる。

5　保全命令の発令等の裁判

裁判所が実体的要件を具備していると判断した場合は保全命令を発令し、そうでない場合は保全命令申立てを却下する。

口頭弁論を経た場合は理由を示す必要があるが、口頭弁論を経ていない場合は理由を示す必要はなく、理由の要旨を示せば足りる（16条ただし書）。実務上は、口頭弁論を経ないで保全命令を発令する場合は、迅速な発令という観点から、「債権者の申立てを相当と認め」といった程度の理由要旨の記載で足りるとされている。他方、申立てを却下する場合は、不服申立ての判断材料を提供するという観点から、具体的かつ詳細な理由が付されることが多い。

(1)　仮差押命令

仮差押えの対象財産は、動産の場合を除いて特定が必要である（21条）。そして、仮差押命令においては、仮差押解放金を定めなければならない（22条1項）。債務者が被保全債権（金銭債権）に相当する金銭を供託すれば、その必要性は消失するといえるから、仮差押命令において、そのような解放金額を定めることで、不必要な保全執行を回避する途を与えたものである。

(2)　仮処分命令

裁判所は、仮処分命令の目的を達するため、債務者に対し一定の作為を命じ、もしくは禁止し、もしくは給付を命じ、または保管人に目的物を保管させる処分その他の必要な処分をすることができる（24条）。これは、仮処分命令における仮処分の具体的方法の決定につき、裁判所の裁量を認めた趣旨であると解される。これに関連して、裁判所は、債権者が申し立てた内容以上の具体的方法を定めることができるかについて争いがある。

仮処分命令においても、仮差押えの場合と同様に、仮処分解放金の制度が置かれている（25条）。しかし、被保全権利が金銭の支払を受けることによっ

【仮差押決定】

```
                仮 差 押 決 定

   当事者    別紙当事者目録記載のとおり ）（略）
   請求債権   別紙請求債権目録記載のとおり

    上記当事者間の平成○○年（ヨ）第○○○号不動産仮差押命令申立事件について、当裁判
   所は、債権者の申立てを相当と認め、債務者に
   ○○○○○○○○○○
   の担保を立てさせて、次のとおり決定する。

                    主  文
    債権者の債務者に対する上記債権の執行を保全するため、別紙物件目録記載の債務者所有
   の不動産は、仮に差し押さえる。
    債務者は、金○○○○円を供託するときは、この決定の執行の停止又はその執行処分の取
   消しを求めることができる。

    平成○○年○月○○日
                       ○○地方裁判所民事第○部
                             裁判官     氏  名  印
```

中野貞一郎・民事執行・保全入門〔補訂版〕（2013、有斐閣）316頁より引用

て行使の目的を達することができるものである場合に限り裁判所が定めることができるとしている点で、必要的に定めがされる仮差押解放金とは異なる。

第6　不服申立て

1　保全命令に対する不服申立て

保全申立てを認容する決定に対する不服申立ての手段は、保全異議又は保全取消しの2つである。

(1) 保全異議

　保全命令における実体的要件の存否について争う場合は、保全異議による（26条）。決定手続だが、口頭弁論または審尋を経ることが必要的となる（29条）。保全異議はいわゆる続審構造が採られていると解されているので、保全命令申立時及びその後の審理において提出された証拠資料はすべて保全異議でも資料となる。

　裁判所は、保全異議の審理を終結するにあたっては、相当の猶予期間をおいて、審理を終結する日を決定しなくてはならない（31条本文）。当事者双方に対する不意打ちを防止し、主張や疎明の機会を付与する趣旨である。もっとも、口頭弁論又は当事者が立ち会うことのできる審尋期日においては、当事者の意向を直接確認することができるので、その場で直ちに審理を終結することができる（同条ただし書）。

　保全異議に対する決定は、保全命令の認可・変更・取消し・却下のいずれかである（32条1項）。この決定には理由を付さなくてはならない（理由の要旨ではない点に注意）。

　仮処分命令に基づいて債権者が目的物の引渡しを受けてこれを使用・保管している場合に、保全異議で仮処分命令が取り消されたときは、裁判所は、債権者に対し、債務者が引き渡した物の返還等を命ずることができる。これを**原状回復の裁判**という（33条）。

(2) 保全取消し

① 保全異議との関係（⇒【検討問題】5）

　保全命令発令時の実体的要件の存在については争わないが、その後の事情変更により実体的要件を欠くに至ったときは、保全取消しによる。保全取消しは、一つの審級内の不服申立てということから、保全異議についての規定が準用されている（40条1項）。

② 本案の訴え不提起による保全取消し（37条）

　保全命令を発令した裁判所は、債務者の申立てにより、債権者に対し、相当と認める一定期間内（2週間以上であることが必要）に、本案の訴えを提起するとともに、その提起を証する書面を提出し、既に提起しているときは、その係属を証する書面を提出するよう命じなければならない。これを**起訴命令**

という（37条1項、2項）。かかる起訴命令に対し、債権者が所定の期間内に前述の書面を提出しない場合、裁判所は、債務者の申立てにより、保全命令を取り消さなければならない（同条3項）。

　本案訴訟の提起と認められるためには、民事保全での被保全権利と本案の訴訟物との間に請求の基礎の同一性が認められることが必要と解されているが、訴訟物の同一性までは要しないと解されている（最判昭和26.10.18民集5巻11号600頁）。

③ **事情の変更による保全取消し**（38条）

　保全命令発令後に、被保全権利や保全の必要性の双方または一方が消滅した場合の取消しである。債務者の申立てによって開始され、被保全権利の実体上の消滅事由（弁済、相殺等）や、本案で債権者が敗訴しその判決が確定したことも事由になり得る。

④ **特別の事情による保全取消し**（39条）

　仮処分命令により債務者に「償うことができない損害」が発生する場合、その他特別な事情がある場合に、債務者の申立てにより、担保を立てることを条件に認められるものである。仮処分に限定されることに注意を要する。特別の事情としては、事業継続に不可欠な商品等につき処分禁止仮処分等がされたり、事業継続に不可欠な機械について執行官保管を命ずる占有移転禁止仮処分がされたときなどが考えられる。なお、被保全権利について金銭的補償が可能なある場合に特別の事情があるといえるかについては争いがある。

2　却下決定に対する不服申立て

債権者から即時抗告を申し立てることができる（19条1項）。

3　保全抗告

保全異議または保全取消しの申立てに対する裁判で認められる（41条1項）。保全抗告の審理も、決定手続によって行われ、保全異議や保全取消しの続審であると解されており、保全異議に関する規定が多く準用されている（同条4項）。保全抗告についての裁判に対しては、さらに抗告をすることはできない（同条3項）。保全手続の迅速性に配慮し、三審制までは保障しない

という趣旨である。もっとも、高等裁判所のした保全抗告についての決定に対し、最高裁判所に許可抗告することは可能である（最決平成11.3.12民集53巻3号505頁、百選94）。

【実務の注目点】　仮の地位を定める仮処分の特別訴訟化

　仮の地位を定める仮処分は、本文で述べたように債務者に対する審尋等の手続が必要的なものとされ、この中で、被保全権利や保全の必要性について、当事者の立会いの機会を保障した上での集中的審理が可能になっている。このような審理によって、仮の地位を定める仮処分については、本案の提起に至ることなく終局に至っているということが珍しくなくなっているといえる。このような現象（特別訴訟化現象）をある程度必然的、合理的な現象として正面から承認したうえで、その前提条件や事件類型別の検討を行うべきとする見解が有力になっている（瀬木比呂志・民事保全法新訂版38頁以下）。この見解は、かかる特別訴訟化現象は、保全の暫定性が希薄な断行仮処分においてよりよく妥当するものであること、実質的攻防が尽くされた審尋で得られた心証度は、本案での心証度に必ずしも劣るものではないこと、といった理論的根拠のほか、この現象が当事者の強い要請で進行したものであること、通常訴訟の病理現象の代替ではなく、迅速化した通常訴訟においてもなお救済が望みにくい紛争類型で進行してきた現象であることなどの根拠を挙げている。そして、このような現象を正当化する前提条件として、①仮の地位を定める仮処分の審理が充実したものとなっており、かつそこにおいて対審性が実質的に保障されていること、②審理を担当する裁判官の能力と経験がそのために十分なものであること、③結論に不満のある当事者の押さえ込みをしないこと（本案で争う機会があることについて当事者に十分説明すること）が必要であるとしている。

　このような特別訴訟化については、本案と比べた場合に手続保障が十分とはいえないのではないかという批判などが加えられているが、これに対しては、当事者の立会権、反論権等の審問請求権の保障といった実質的手続保障が本質であることからすれば、それをどのように充足させるかの問題といってよいように思われるところであり、上記見解は、そのための立法提案も詳細に示している（同書50頁以下）。筆者も裁判官時代に、地方の裁判所で解雇無効に基づく労働仮処分事件や建築続行禁止仮処分事件などを少なからず担当し、審尋手続を自分なりにフル活用してその多くの事件を（終局的）和解によって終了させた経験があり、そのことに照らしても、上記特別訴訟化論の趣旨はよく理解できるところであるが、立法論となった場合、どこまでその詳細を詰めて明文化できるかという問題はあろう。このあたりは、最近における断行仮処分の手続運用の実際や、労働審判法に基づく労働審判手続の解釈運用が参考になるのではないかと思われる。

【検討問題】

1 保全命令発令手続における民事保全法及び民事保全規則の規定中には、その後に改正された民事訴訟法において採用されたものが多く存在する。このような規定を複数挙げよ。
2 すでに仮差押命令が発令され、債務者の財産を仮に差し押さえている場合であっても、債権者は、同一の被保全権利に基づき、仮差押えがされている財産に加えて、債務者の他の財産を仮に差し押さえることはできるか。
3 不動産明渡し断行の仮処分とは何か。この仮処分の被保全権利を挙げたうえ、一般の仮処分に比べて保全の必要性の判断において留意すべき点があるとすればそれは何か説明せよ。
4 インターネット関係の仮処分について、以下の問題点について検討せよ。
 (1) ウェブサイト上に名誉やプライバシーを侵害する表現があるとして、プロバイダに対して、その削除を求める仮処分を申し立てることはできるか。また、できるとした場合、その要件は何か。
 (2) ウェブサイト上に名誉を毀損する表現がされた場合、そのウェブサイト管理者に対し、ウェブサイトに書き込んだ者の発信者情報の開示を求める仮処分を申し立てることができるか。
5 保全異議の申立てにおいて、保全取消しの事由を併せて主張することができるか。また、保全取消しの申立てにおいて、保全異議の事由を併せて主張することができるか。

第15講

保全命令の執行と効力

第1　保全執行総論

1　民事執行法の準用

保全執行に関する手続は、民事執行法の規定の多くが準用される（46条）。もっとも、保全手続の特質（暫定性、迅速性、密行性⇒第14講）にかかわる部分については一定の修正がされる。

2　保全執行の開始

原則として保全命令の正本に基づいて実施される（43条1項本文）。執行文付与は原則として不要であるが、保全命令に表示された当事者以外の者に対し、又はその者のためにする保全執行においては、執行文の付与が必要である（同条項ただし書）。

3　執行期間

保全執行は、債権者に対して保全命令が送達された日から2週間を経過したときは、これをしてはならない（43条2項）。保全執行の緊急性に配慮したものである。これは、定期金の給付を命ずる仮処分の執行についても適用され、仮処分命令の送達の日よりも後に支払期限が到来するものについては、送達の日からではなく、当該定期金の支払期限から執行期間を起算する（最決平成17.1.20判時1888号91頁、百選95）。

なお、保全執行は、保全命令が債務者に送達される前でも実施することができる（43条3項）。密行性に対する配慮及び執行妨害行為の防止といった点

が趣旨となる。

第2　仮差押えの執行及び効力

1　仮差押えの執行

(1)　不動産に対する仮差押え

執行方法としては、**仮差押えの登記**と**強制管理**とがあり、両者は併用可能であるが（47条1項）、前者のみによる場合が大多数を占める。仮差押えの登記による場合は、仮差押命令を発令した裁判所が執行裁判所となり、裁判所書記官が登記を嘱託する（同条2項、3項）。強制管理の場合は不動産所在地を管轄する裁判所が執行裁判所となる（同条5項、執行法44条）。なお、本条の強制管理の場合、配当手続はないので、管理人は配当に充てるべき金銭を供託し、事情届を裁判所に提出する（47条4項）。

不動産に対する仮差押えは、登記による場合はその登記がされることによって終了する。仮差押債権者は、その後債務名義を得て当該不動産につい て自ら強制競売を申し立てるか、他の債権者が開始した不動産強制競売や担保不動産競売において配当を受ける（執行法87条1項1号ないし3号）。

(2)　船舶に対する仮差押え

執行方法は、仮差押えの登記と船舶国籍証書等を取り上げて執行裁判所に提出すべきことを命ずる方法とがあり、両者は併用可能である（48条1項）。仮差押えの登記による場合は、仮差押命令を発令した裁判所が執行裁判所となり、船舶国籍証書等の取り上げの方法によった場合は、船舶の所在地を管轄する地方裁判所が執行裁判所となる（同条2項）。

(3)　動産に対する仮差押え

執行方法は、執行官が目的物を占有する方法による（49条1項）。外観主義によることは動産執行の場合と同様である（⇒**第11講**）。動産に対する強制執行の手続が準用される（同条4項）。

(4)　債権その他の財産権に対する仮差押え（50条2項）

執行方法は、保全裁判所が第三債務者に対して債務者への弁済禁止命令を

発令する方法による（50条1項）。執行裁判所は、仮差押命令を発令した裁判所である（同条2項）。実務上は、仮差押命令の中で弁済禁止命令が発令されており（最判昭和32.1.31民集11巻1号188頁参照）、執行申立てを改めて行う必要はない。

2 仮差押えの執行の効力
(1) 処分禁止効
仮差押えの効力につき、処分禁止効があるのは通常の差押えの場合と同様である（手続相対効⇒第6講）。
(2) 時効中断効
仮差押えは、差押えや仮処分と同様に時効中断事由になる（民147条2号）。仮差押えによる時効中断については、その効力の発生時期を始めとして、様々な問題点がある。（⇒【検討問題】1）

3 本執行への移行
仮差押えの執行後に本執行を行う場合、仮差押えの処分禁止効は本執行に引き継がれる。また、仮差押えの執行として本執行と同一の手続が行われているときは、その手続の結果を利用して本執行を行うことができる。このように、本執行でも仮差押えの効果ないし手続結果が継続することを、**本執行移行**（あるいは移執行）という。
(1) **本執行移行の要件**
仮差押えでの被保全債権と、債務名義（本執行）での請求債権の同一性が要件となるかが問題になるが、判例（最判平成24.2.23民集66巻3号1163頁）は、「保全命令は、一定の権利関係を保全するため、緊急かつ必要の限度において発令されるものであって、これによって保全される一定の権利関係を疎明する資料についても制約があることなどを考慮すると、仮差押命令は、当該命令に表示された被保全債権と異なる債権についても、これが上記被保全債権と請求の基礎を同一にするものであれば、その実現を保全する効力を有するものと解するのが相当である（最判昭和26.10.18民集5巻11号600頁参照）。そうすると、債務者に対する債務名義を取得した仮差押債権者は、債務名義に表

示された金銭債権が仮差押命令の被保全債権と異なる場合であっても、上記の金銭債権が上記の被保全債権と請求の基礎を同一にするものであるときは、仮差押命令の目的財産につき他の債権者が申し立てた強制執行手続において、仮差押債権者として配当を受領し得る地位を有しているということができる。」として、請求の基礎が同一であれば本執行への移行が認められるとしている。このほか、差押えの対象が同一であること、当事者が同一であることも要件となる。

(2) **本執行移行後の仮差押えの効力**

本執行移行後に仮差押えの効力がどうなるかについては、大別して、①仮差押えの執行は将来に向かって消滅し、その移行の瞬間に本執行の効力が発生し、被保全権利の満足ないしその不能以外の事由により本執行が終了しても、仮差押えの効力が復活することはないとする見解（**消滅説**）と、②本執行以降によっても仮差押え執行の効力は消滅することはなく、被保全権利の満足ないしその不能による本執行の終了までは、本執行と併存していると解する見解（**併存説**）との対立がある。判例は、最判平成14.6.7判時1795号108頁（百選97）が併存説を前提とした判示をしている。

(3) **本執行移行後の仮差押えの申立ての取下げ**

前記最判平成14.6.7は、債権の仮差押え後本執行による差押えの効力が生ずるまでの間に第三債務者が被差押債権を弁済した場合において、債権者が仮差押えを取り下げたときは、仮差押えによって第三債務者につき生じていた上記弁済禁止の効力はさかのぼって消滅し、第三債務者は被差押債権の弁済をもって債権者に対抗することができることになると判示している。

第3　仮処分の執行及び効力

1　仮処分の執行

仮処分の執行について民事保全法は、**仮差押えの執行**又は**強制執行の例**によるとしている（52条1項）。前者の例としては、債権の処分禁止の仮処分の執行があり、後者の例としては、占有移転禁止の仮処分の執行や、52条2項

により債務名義とみなされる仮処分の執行がある。52条2項は、物の給付その他の作為又は不作為を命ずる仮処分命令の執行は、仮処分命令が債務名義とみなされるとしているが、これは、同条1項だけでは本執行と同様の執行を行うことができるという点が明らかにはならないことから、特にそのことを明らかにするために置かれた規定である（よって、債務名義に関する民事執行法の規定が準用されるものではなく、請求異議の訴えも提起できない。）。そのうえで、定型的な仮処分の執行方法についていくつかの特則をおいている（53条ないし57条）。

まず、物の引渡し・明渡しを命ずる仮処分の執行は、執行法168条ないし170条が準用される（52条1項）。間接強制も可能であることは、本執行と同様である。

次に、作為又は不作為を命ずる仮処分の執行も、本執行と同様である。すなわち、代替的作為義務については代替執行または間接強制が可能であり、不代替的作為義務については間接強制のみが可能である。不作為義務については代替執行または間接強制が可能である（⇒【検討問題】2）。

金銭の給付を命ずる仮処分の執行も、本執行と同様である。

2　占有移転禁止の仮処分

(1)　執行手続

占有移転禁止の仮処分は、係争物に対する仮処分であり、目的物の引渡し又は明渡請求権を保全するためにされる。その内容としては、①債務者に対し、その目的物の占有移転を禁止すること、②債務者の目的物に対する占有を解いて執行官に引き渡す旨を命じること、③執行官にその目的物を保管させること、④債務者に占有移転を禁止し執行官が保管していることを公示させること、といった点が挙げられる（25条の2第1項、62条1項。さらに、執行官が当該目的物の使用を債務者に許すとの内容を付加する場合もある。）

(2)　仮処分の効力

占有移転禁止仮処分の効力については62条及び63条が規定するが、その規定の具体的場面における適用については理解が容易でない部分もある。以下では、具体例（XがYに対して動産引渡請求訴訟を提起し、更にYを債務者とする占

有移転禁止仮処分を得ていた場合を前提に、ZがYを承継したものとする。）をもとに、本案訴訟での機能である当事者恒定効と、執行文付与段階での機能である起訴責任転換とに場面を分けて、基本的な帰結について説明する。

【本案訴訟における効力－当事者恒定効】
　まず、XのYに対する本案訴訟の口頭弁論終結前にYがZに対して目的動産を譲渡した場合でも、裁判所はこれを無視して、Yに対する請求認容判決をすることができ、債権者は、この勝訴判決を債務名義として、目的物の引渡し・明渡しの強制執行をすることができる（62条）。そして、本案訴訟の認容判決（確定判決）の執行力は、Yだけではなく（執行法23条1項1号）、以下のとおり、Zに対しても及ぼすことが可能になる。

　①　Zが承継人（前主との合意で目的物の占有移転を受けた者）の場合
　仮処分の執行についての善意悪意を問わず、執行力の拡張を受ける（62条1項1号にも該当しうるし、2号にも該当しうるため。）。
　②　Zが非承継人の場合
　仮処分の執行につき悪意の場合に限り、執行力の拡張を受ける（62条1項1号）。ただし、悪意は法律上推定される点に注意が必要である（62条2項）。

【承継執行文付与における機能－起訴責任の転換】
1　承継事由の証明
　占有移転禁止仮処分の効力は、承継執行文（執行法27条2項）の付与によって実現される。Xは、本案訴訟での確定判決を債務名義として、Zが目的動産を占有していることを証する文書を執行文付与機関（裁判所書記官）に提出することで、本案の債務名義に執行法27条2項の承継執行文の付与を受けて強制執行することができる。Zが占有していることを立証することで62条1項1号の要件の立証としては十分であるし、また、占有者Zの悪意は前記のとおり法律上推定され、Xにおいて立証する必要がないからである。
2　Zの対抗手段
　Zは、執行文付与に対する異議申立て（執行法32条）または執行文付与に対する異議の訴え（同法34条）において、当該仮処分の執行について善意であることを主張立証することで、強制執行を免れることができる。また、Zは目的動産の実体法上の占有取得原因（即時取得等）を主張・立証して強制執行

を免れることもできる（この場合の訴えは、請求異議の訴えということになろうか。）。いずれにせよ、承継人であるZに起訴責任が転換されている点が特徴ということになる。

3 処分禁止の仮処分
(1) 執行方法
処分禁止の仮処分は、係争物に関する仮処分であり、特定物についての給付請求権を保全するために、その目的物の処分を禁止するものである。その執行方法は、被保全権利によって異なる。

① 不動産の登記請求権を保全するための処分禁止の仮処分
　執行方法は、**処分禁止の登記**をすることである（53条1項）。
② 保全仮登記
　保全すべき登記請求権が所有権以外の権利の保存、設定または変更についてのものであった場合には、①の処分禁止の登記とともに、**保全仮登記**をする方法で執行する（53条2項）。
③ 不動産以外の登記・登録制度のある物または権利の登記・登録請求権を保全するための処分禁止の仮処分
　上記①及び②の方法で執行する（54条、53条）。
④ 建物収去土地明渡請求権を保全するための建物の処分禁止の仮処分
　執行方法は、**処分禁止の登記**をすることである（55条1項）。占有移転を禁止するものでありながら、執行方法が処分禁止登記という点に特徴がある。建物所有者を恒定（固定）することで後の建物収去土地明渡しを容易にしようというものである。

(2) 仮処分の効力
① 処分禁止の登記のみの場合
　処分禁止に違反してされた処分行為の効力については、処分をした債務者とその相手方との間では有効であるが、仮処分債権者との間では対抗できない（58条1項）。この場合、仮処分債権者は、処分禁止の仮処分登記に後れる登記を抹消できる（同条2項）。もっとも、抹消登記をする場合は、仮差押債権者は、登記権利者に対してその旨を通知しなければ

ならない (59条1項)。

② 処分禁止の登記とともに保全仮登記をした場合

　保全仮登記がされれば、処分禁止の登記後にされた登記にかかる第三者の権利は、保全すべき登記請求権と抵触する限りにおいて、仮処分債権者に対抗できない (58条1項)。さらに、仮処分債権者は、保全すべき登記請求権が不動産の使用・収益をする権利（所有権を除く）またはその権利を目的とする取得に関する登記であって、処分禁止の登記に後れるものを抹消できる（同条4項）。

③ 不動産以外の登記・登録制度のある物または権利の登記・登録請求権を保全するための処分禁止の仮処分

　効力については上記①及び②と同じである（61条、58条）。

④ 建物収去土地明渡請求権を保全するための建物の処分禁止の仮処分

　当事者恒定効がある。処分禁止の登記がされたときは、債権者は、債務者に対する本案の債務名義に基づき、その登記がされた後に建物を譲り受けた者に対し、建物収去土地明渡しの強制執行をすることができる（64条）。これにより、建物譲受人に債務名義の執行力が拡張される。なお、建物所有者以外の者が建物を占有している場合、この者に対しては建物退去土地明渡請求訴訟を提起することになるが、この者に対しては処分禁止仮処分の効力は及ばないから、債権者は別途、建物占有者を相手方として占有移転禁止仮処分を得る必要がある。

4　職務執行停止・代行者選任の仮処分

　法人を代表する者その他法人の役員として登記された者について、その職務の執行を停止し、もしくはその職務の代行する者を選任する仮処分命令がされた場合（これを変更又は取り消す決定がされた場合も含む）は、裁判所書記官は、法人の本店又は主たる事務所の所在地を管轄する登記所にその登記を嘱託しなければならない（56条）。仮処分の効力は、理論的には仮処分命令それ自体により形成的に生じると解されるが、この仮処分の効力は当事者だけではなく第三者に対しても及び、仮処分に違反してされた行為は絶対的無効という重大な結果を生じると解されている。このようなことから、かかる重大

な効果を有する仮処分の存在を登記によって公示することで第三者の保護を図ろうとしたのが本条の趣旨である。

5　仮処分の本執行移行

係争物に対する仮処分の場合、本執行移行については仮差押えの場合と同様と解される。(⇒【検討問題】3)

仮の地位を定める仮処分の場合、現在の権利関係の存否やその調整が問題になっているから、本執行の問題は生じないと解される。

【実務の注目点】　諫早湾干拓関係訴訟

長崎県諫早湾の干拓事業を巡っては、これまで、同事業のために国が設置した潮受堤防の排水門を開門することを求める訴訟(以下「開門訴訟」という。)と、同排水門の開門の差し止めを求める訴訟(以下「開門差止訴訟」という。)が提起されている。この両訴訟の内容や経過は、これまで学修してきた民事執行及び民事保全の基本的制度を具体的に理解する上で格好の素材である。以下では、両訴訟の経過や概要等を紹介するので、これをもとに、これまで学習した制度がこの事案でどのように使われているかを調べてみるとよい。また、相反する履行義務を負った当事者の採るべき法的措置や、本件紛争につき、訴訟の場で、どのような形で、どのような内容で解決するのが望ましいかといったことにも考えを巡らしてほしい。

(事案の概要及び経過)

開門を求める漁業者らが、潮受堤防の締切りによる漁業被害を訴えた佐賀開門訴訟において、福岡高裁は、平成22年12月6日、国に対し、潮受堤防に設置された排水門の開門を命じ、この判決は国が上告を断念したことにより確定した(判時2102号55頁。「判決確定日から3年以内に、防災上やむを得ない場合を除き、5年間にわたって開門せよ」という旨の主文)。

そして、開門を求める漁業者らは、この福岡高裁確定判決に基づき、平成25年12月、強制執行(間接強制)の申立てをした。これに対し、国は争ったが、平成27年1月22日、最高裁は、国による抗告を棄却し、「開門しない場合、1日45万円(1人につき1日当たり1万円)を支払え」という間接強制決定が確定した(判時2252号33頁。その後、1日90万円(1人につき1日当たり2万円)に増額変更がされ、この判断も最高裁で確定した。)。

他方、開門に反対する干拓地の営農者らは、国に対し、開門差止訴訟及び仮処分を申し立て、長崎地裁は、平成25年11月12日、国に対し、開門の差止めを命じる仮処分決定をした。さらに、開門反対派営農者らは、上記仮処分決定に基づき、保全

執行(間接強制)の申立てをし、平成27年1月22日、「開門した場合、1日49万円を支払え」という間接強制決定が最高裁で確定した(判時2252号33頁。これについても、現在、長崎地裁に対し、間接強制金の増額変更の申立てがされている。)。このようなことから、国は、開門してもしなくても間接強制金の支払を強制されるという状況に置かれることとなった。

これに対し、国は、平成26年1月9日、前記開門を命じた福岡高裁確定判決後の事情の変更等を理由に、同判決に対する請求異議訴訟を提起したが、佐賀地裁は、平成26年12月12日、国の請求を棄却する判決をし(判時2264号85頁)、国は、これを不服として控訴し、現在、同訴訟は福岡高裁に係属している。

また、開門派漁業者らが、長崎地裁に提起した長崎一次開門訴訟において、福岡高裁は、平成27年9月7日、漁業者らによる開門請求及び損害賠償請求をいずれも棄却する旨の判決を言い渡し、この訴訟は、現在、最高裁に係属している。

【検討問題】
1　保全命令の申立てによる被保全権利の消滅時効中断はいつの時点で効力を生ずるか。また、保全命令の執行が終了した後も、時効中断の効力は継続するか。
2　仮処分命令の執行後の本案において当初から仮処分命令の被保全権利が存在しないと判断され、これによって保全取消し(38条)及び同命令に基づく間接強制決定の取消しがされた場合、債務者は、債権者に対し、同間接強制決定に基づいて取り立てられた間接強制金を不当利得として返還請求することができるか。
3　売買契約に基づく所有権移転登記手続請求権を被保全権利とする処分禁止の仮処分命令が発令された後、取得時効に基づく所有権移転登記請求権を訴訟物とする本案が係属した場合、上記処分禁止仮処分の効力は本案に及ぶか。

資料 247

資料①【現況調査報告書の記載例】

平成○○年(ケ)第○○○○号
平成○○年12月2日受理
平成○○年12月23日提出
（評価人　○○○○）

現況調査報告書

東京地方裁判所
執行官　○　○　○　○

（注）チェック項目中の調査結果は、「■」の箇所の記載のとおり

※　土地建物位置関係図、建物間取図、写真は省略。
　　執行官実務の手引〔第2版〕（民事法研究会、2016）565-572頁より引用

平成○○年(ケ)第○○○○号

物 件 目 録

1 所　　　在　　○○区○○一丁目
　 地　　　番　　211番4
　 地　　　目　　宅地
　 地　　　積　　102.44平方メートル

2 所　　　在　　○○区○○一丁目211番地4
　 家 屋 番 号　211番4の1
　 種　　　類　　居宅
　 構　　　造　　軽量鉄骨造スレート葺2階建
　 床 面 積　　1階　　75.80平方メートル
　　　　　　　　2階　　68.94平方メートル

（1枚目）

資料 249

(土地・建物用)

不動産の表示	「物件目録」のとおり
住 居 表 示	東京都〇〇区〇〇一丁目211番地の4（住居表示未実施）
土　　　　地	物件1
現 況 地 目	■宅地（物件1　）□公衆用道路（物件　　）□　　　（物件　　　）
形　　　状	□公図のとおり　　　　　　　　　　□地積測量図のとおり □建物図面（各階平面図）のとおり　■土地建物位置関係図のとおり □
占 有 者 及 び 　占 有 状 況	■土地所有者　□その他の者 　上記の者が本土地上に下記建物を所有し、占有している □「占有者及び占有権原」のとおり
下記以外の建物 　（目的外建物）	■ない □ある（詳細は「目的外建物の概況」のとおり）
その他の事項	
建　　　　物	物件2
種類、構造及び 　床面積の概略	■公簿上の記載とほぼ同一である。 □公簿上の記載と次の点が異なる（□主たる建物□附属建物） 　□種　類： 　□構　造： 　□床面積：
物件目録にない 　附 属 建 物	■ない　　　種　類： □ある　─┬構　造： 　　　　　└床面積：
占 有 者 及 び 　占 有 状 況	■建物所有者　■その他の者 　上記の者が本建物を　居宅　として使用している ■「占有者及び占有権原」のとおり
上記以外の敷地 　（目的外土地）	■ない □ある（詳細は「目的外土地の概況」のとおり）
その他の事項	
執 行 官 保 管 の 　仮　処　分	■ない □ある　┌　　　　地方裁判所　　　支部　平成　　年（　）第　　　号 　　　　　└保管開始日　平成　　年　　月　　日
土地建物の位置関係	□建物図面（各階平面図）のとおり　　■土地建物位置関係図のとおり

　　(注)　チェック項目中の調査結果は、「■」の箇所の記載のとおり

（2枚目）

(占有関係用〈2占〉)

占有者及び占有権原（物件2　関係）			
占有範囲	□全部　■1階		□全部　■2階1号室（間取図に①と表示）
占　有　者	□債務者　■所有者		□債務者　■乙山二郎
占有状況	□敷地　□駐車場　□ ■居宅　□事務所　□店舗　□倉庫		□敷地　□駐車場　□ ■居宅　□事務所　□店舗　□倉庫
関係人の陳述及び提示文書の要旨	■陳述（■甲野一郎（所有者代表者）） □文書（□　　　　　　　　　　　）		■陳述（■甲野一郎（所有者代表者）） ■文書（■貸室賃貸借契約書　　　）
占有権原	□賃借　□使用借　□転借　■所有		■賃借　□使用借　□転借　□
占有開始時期	年　　月　　日		平成○○年6月1日
最初の契約等	契約日	年　　月　　日	平成○○年5月23日
	期間	年　　月　　日から □　　年　　月　　日まで　年間 □期間の定めなし	平成○○年6月1日から ■平成○○年5月31日まで　3年間 □期間の定めなし
更新の種別	□合意更新　□自動更新　□法定更新		□合意更新　□自動更新　□法定更新
現在の契約等	期間	年　　月　　日から □平成　年　　月　　日まで　年間 □期間の定めなし	年　　月　　日から □平成　年　　月　　日まで　年間 □期間の定めなし
契約等当事者	貸主	□所有者　□その他（　　　）	■所有者　□その他（　　　）
	借主	□占有者　□その他（　　　）	■占有者　□その他（　　　）
賃料・支払時期	毎　　金　　　　　　円 （毎　　限り　　　　　分払） □前払（　　　　　　　　） □相殺（　　　　　　　　）		毎月金　50,000円 （毎月末日限り　翌月分払） □前払（　　　　　　　　） □相殺（　　　　　　　　）
敷金・保証金	□ない　┌□敷金　□保証金 □ある　└金　　　　円		□ない　┌□敷金　■保証金 ■ある　└金　100,000円
特　約　等	□譲渡転貸可　□		□譲渡転貸可　□
そ　の　他			
執行官の意見	■上記のとおり　□下記のとおり □「執行官の意見」のとおり		□上記のとおり　□下記のとおり ■「執行官の意見」のとおり

　　(注)　チェック項目中の調査結果は、「■」の箇所の記載のとおり

(占有関係用〈2占〉)

		占有者及び占有権原（物件2　関係）	
占　有　範　囲		□全部　■2階2号室（間取図に②と表示）	□全部　■2階3号室（間取図に③と表示）
占　有　者		□債務者　■丙田三郎	□債務者　■丁山四美
占　有　状　況		□敷地　□駐車場　□ ■居宅　□事務所　□店舗　□倉庫	□敷地　□駐車場　□ ■居宅　□事務所　□店舗　□倉庫
関係人の陳述及び提示文書の要旨		■陳述(■甲野一郎（所有者代表者)) ■文書(■　　　　　　　　　　)	■陳述(■甲野一郎（所有者代表者)) ■文書(■貸室賃貸借契約書　　　)
占　有　権　原		■賃借　□使用借　□転借　■	■賃借　□使用借　□転借　□
占有開始時期		平成○○年11月1日	平成○○年10月1日
最初の契約等	契約日	平成○○年10月25日	平成○○年9月25日
	期間	平成○○年11月1日から ■平成○○年10月31日まで　3年間 □期間の定めなし	平成○○年10月1日から ■平成○○年9月30日まで　3年間 □期間の定めなし
更新の種別		□合意更新　□自動更新　□法定更新	□合意更新　□自動更新　□法定更新
現在の契約等	期間	年　　月　　日から □平成　年　月　日まで　年間 □期間の定めなし	年　　月　　日から □平成　年　月　日まで　年間 □期間の定めなし
契約等当事者	貸主	■所有者　□その他（　　　　）	■所有者　□その他（　　　　）
	借主	■占有者　□その他（　　　　）	■占有者　□その他（　　　　）
賃料・支払時期		毎月　金50,000円 (毎月末日限り　翌月分払) □前払（　　　　　　　　　） □相殺（　　　　　　　　　）	毎月金　50,000円 (毎月末日限り　翌月分払) □前払（　　　　　　　　　） □相殺（　　　　　　　　　）
敷金・保証金		□ない　┌□敷金　■保証金 ■ある　└金　100,000円	□ない　┌□敷金　■保証金 ■ある　└金　100,000円
特　約　等		□譲渡転貸可　□	□譲渡転貸可　□
そ　の　他			
執行官の意見		□上記のとおり　□下記のとおり ■「執行官の意見」のとおり	□上記のとおり　□下記のとおり ■「執行官の意見」のとおり

　（注）　チェック項目中の調査結果は、「■」の箇所の記載のとおり

（4枚目）

(関係人の陳述等用)

関係人の陳述等	
陳述者 (当事者等との関係)	陳述内容等
■甲野一郎 (所有者代表者)	1　私は、本件土地、建物の所有者である有限会社○○物産の代表者です。 2　本件建物の2階の3部屋は、第三者に賃貸されています。1号室は、乙山二郎さんに、2号室は、丙田三郎さんに、3号室は、丁山四美さんに、それぞれ賃貸されています。借家契約等に関する回答書と賃貸借契約書を賃借人から預かっていますので、提出します。これらの人達は、本件建物において住民登録を行っています。 3　本件建物の1階は、私が有限会社○○物産の役員寮として使用しています。そういうことですから、私個人と会社の間で賃料の支払関係はありません。 4　私は、身体障害者1級の認定を受けていますので、本件建物から転居するのは困難な状況です。 5　裁判所から有限会社○○物産宛の郵便物等は、今後、本住居宛に発送していただけるようお願いします。 (平成○○年12月12日に聴取)
■乙山二郎 (占有者)	1　私が本件建物の2階1号室を平成○○年6月1日から賃借していることは間違いありません。 2　ただし、賃料は、これまで一度も支払っていません。保証金100,000円は、支払ったと思います。保証金の領収書は、探せばあると思います。 3　私は、本件建物をいつも使用しているわけではありません。仕事で地方に行くことが多いため、留守にしている方が多いです。 (平成○○年12月19日に電話聴取)
■丙田三郎 (占有者)	1　私が本件建物の2階2号室を賃借していることは間違いありません。賃借したのは今から1年くらい前だったと思います。 2　賃料は、毎月現金で支払っています。領収書は特にもらっていません。保証金100,000円も支払ったと思います。 3　私は、仕事で留守にする他は、ほとんど本件建物で寝泊りしています。 (平成○○年12月19日に電話聴取)
■丁山四美 (占有者)	1　私が本件建物の2階3号室を賃借していることは間違いありません。賃借したのは、今年の10月からです。 2　賃料は、毎月現金で支払っています。保証金の100,000円も支払っています。 3　私は、夜の仕事をしていますので、本件建物に帰宅するのは朝方が多いです。 (平成○○年12月19日に電話聴取)

(注)　チェック項目中の調査結果は、「■」の箇所の記載のとおり

(執行官の意見用)

執行官の意見

1　本件各物件の状況は、土地建物位置関係図、建物間取図及び添付した写真のとおりである。
2　本件建物の郵便受けや玄関に居住者の表示はなかった。
　　なお、○○年12月5日の調査時に郵便受けの中には、戊田五郎、株式会社コウダ、丙田三郎宛の郵便物が存在した。
3　本件建物は、居宅として使用されており、平成○○年12月12日の調査時には、本件土地、建物の所有者である有限会社○○物産の代表者甲野一郎が在宅し、関係人の陳述に記載のとおり述べ、2階部分に関する賃貸借契約書等を提出した。同日の調査時に甲野一郎は、1階和室に敷かれた布団で寝ている状態であった。
4　平成○○年12月12日の調査時に2階1号室、2号室、3号室には賃借人が、在宅しなかった。なお、1号室、2号室には、若干の寝具が存在したが、3号室には、応接セットが置かれていただけで寝具は見当たらなかった。また、各室とも室内に衣類や身の回りの物は見当らなかった。
5　所有者代表者である甲野一郎は、2階の各賃借人は、本件建物所在地において住民登録されていると述べたので、区役所に照会したところ、乙山二郎及び丙田三郎については、本件建物所在において住民登録がなされていることが確認できたが、丁山四美については、住民登録されていることが確認できなかった。
6　所有者代表者である甲野一郎および賃借人と称する乙山二郎、丙田三郎、丁山四美は、本件建物の2階の各室を乙山二郎、丙田三郎、丁山四美が各賃借すると主張するが、2階の各部屋の中に占有者を特定できるもの（郵便物等）は見当たらず、また、人が生活しているような状況がまったく感じられず、これら2階の占有の主張については、賃借権を偽装したものと思われる。
7　よって、本件建物の占有状況については、2階部分を第三者が賃借するとの主張があるが、所有者が単独で占有するものと認定した。
8　また、仮に本件建物の2階部分について、賃貸借契約が存在し、各人が使用する状況が認められたとしても本件事案では、2階の各部屋は鍵が掛かるようになっておらず、台所、風呂場などは、共用して使用せざるを得ず、建物の構造上、各人が排他的独立した占有を有しているとはいえないものと思われる。

　　　（注）　チェック項目中の調査結果は、「■」の箇所の記載のとおり

(調査経過用)

調査の経過		
調査の日時	調査の場所等	調査の方法等
平成○○年12月5日（月） 11：10－11：20	物件所在地	■物件確認 ■占有調査 ■写真撮影
平成○○年12月8日（木）	当　庁	■所有者に照会書郵送
平成○○年12月12日（月） 13：15－13：35	物件所在地	■立入調査 ■占有調査 ■図面作成・写真撮影 ■甲野一郎から聴取 ■評価人同行
平成○○年12月13日（火）	当　庁	■○○区役所に住民票の送付嘱託（郵送）
平成○○年12月19日（月）	当　庁	■乙山二郎、丙田三郎、丁山四美から聴取（電話）
年　月　日（　） 　：　－　：		
年　月　日（　） 　：　－　：		

(特記事項)
■　平成○○年12月12日
　目的物件は不在で施錠されていることも予想されたので、立会人及び解錠技術者を同行して臨場した。
□　平成　　年　　月　　日
　目的物件は不在で施錠されていたので、立会人　　　を立ち会わせ、技術者に解錠させて建物内に立ち入った。
□　平成　　年　　月　　日
　休日・夜間執行許可の提示をした。

　　（注）　チェック項目中の調査結果は、「■」の箇所の記載のとおり

資料②【評価書の記載例】

第1　評価額

一　括　価　格
金　　　　　　　円
内　訳　価　格
物件1（土地）	金　　　　円
物件2（建物）	金　　　　円

1　一括価格は物件1、2の各不動産について一括売却（民事執行法61条本文）を行うことを前提とした場合の価格である。
2　内訳価格は配当等の判断のために一括価格の内訳として算出した価格である。
3　物件1の内訳価格は物件2のための土地利用権等価格を控除した価格であり、物件2の内訳価格は当該土地利用権等付建物としての価格である。

第2　評価の条件
1　本件評価は、民事執行法により売却に付されることを前提とした適正価格を求めるものである。
　　したがって、求めるべき評価額は、一般の取引市場において形成される価格ではなく、一般の不動産取引と比較しての競売不動産特有の各種の制約（売主の協力が得られないことが常態であること、買受希望者は内覧制度によるほかは物件内部の確認が直接できないこと、引渡しを受けるために法定の手続をとらなければならない場合があること、瑕疵担保責任がないこと等）等の特殊性を反映させた価格とする。

2　評価は目的物件の調査時点における現状に基づいて行うものであり、調査日以降発生した物件の現状変更については原則として考慮していない。

3　現地での物件調査は、原則として目視可能な部分に限定される。

4　物件に関する情報提供の内容は、民事執行法58条4項に定める場合を除いて、原則として公共機関で公開された資料に基づくものである。

第3 目的物件

番号	所在等	登 記	現 況
1	所　　　在 地　　　番 地　　　目 地　　　積		
2	所　　　在 家屋番号 種　　　類 構　　　造 床　面　積		

番号	特 記 事 項

第4 目的物件の位置・環境等
  1 土地の概況及び利用状況等（物件1）

位　置・交　通	線「　　　」駅の　　　方・道路距離約　　　m 最寄バス停「　　　」の　　　方・約　　m（徒歩約　　分） （別添「位置図」参照）
付近の状況	

主な公法上の規制等（道路の幅員等の個別的な規制を考慮しない一般的な規制）	都市計画区分 用　途　地　域 建　ぺ　い　率 容　積　率 防　火　規　制 その他の規制	
画　地　条　件		
接面道路の状況		
土地の利用状況等		
供給処理施設	［記載例］ 上　水　道　あり　なし　不明（特記事項のとおり） ガス配管　あり　なし　不明（特記事項のとおり） 下　水　道　あり　なし　不明（特記事項のとおり）	
特　記　事　項		

2 建物の概況及び利用状況（物件2）

区　　　　　分	主である建物
建築時期及び経済的残存耐用年数	建築年月日(登記記載)：昭和・平成　　年　　月　　日新築 経　過　年　数：　年 経済的残存耐用年数：年
仕　　　　　様	構　造： 屋　根： 外　壁： 内　壁： 天　井： 　床　： 設　備： その他：
床面積（現況）	
現　況　用　途　等	現況用途： 間取り：
品　　　　　等	
保守管理の状態	
建物の利用状況	
特　記　事　項	

第5 評価額算出の過程

1 基礎となる価格

(1) 建付地価格（物件1）

目的土地の建付地価格を次のとおり求めた。

番号	標準画地価格 （円/㎡） ア	個別 格差 イ	地 積 （㎡） ウ	建付減価 エ	建付地価格（円） ア×イ×ウ×エ
1					

【記載例1】〔文言によるケース〕
ア　標準画地価格：第6参考価格資料記載の公示地あるいは基準地等との規準あるいは比準価格〔類似地域所在の取引事例価格〕等を比較考量の上、標準画地価格を上記のとおり査定した。

【記載例2】（規準を行うケース）
ア　標準画地価格（公示価格等からの規準）
　　地価公示　○○―○○
　　公示価格等　　時点修正　　標準化補正　　地域格差　　標準画地価格
　　120,000 円/㎡ × 98/100 × 100/105 × 100/103 ＝ 109,000円/㎡
　◇時点修正：公示価格等の価格時点から評価日までの推定変動率である。
　◇標準化補正：角地等の画地条件等を考慮した。
　◇地域格差：　交通、環境条件格差等を考慮した。
イ　個別格差：
ウ　地　　積：登記数量による。
エ　建付減価：建物と敷地との適応の状態等を考慮した。

(2) 建物価格（物件2）

目的建物の再調達原価を、建物建築費の推移動向を考慮した標準的な建築費に比準して求め、これに耐用年数に基づく方法及び観察減価法を併用して求めた現価率を乗じて、建物価格を求めた。

番号	再調達原価 （円/㎡） ア	現況延床面積 （㎡） イ	現価率 ウ	建物価格（円） ア×イ×ウ
2				

ウ　現価率：

2 評価額の判定

前記により求めた価格に、土地については土地利用権等価格を控除し、建物につ

いては土地利用権等価格を加算し、さらに競売市場修正等を施して、下記のとおり評価額を求めた。

① 土地利用権等価格

番号	建付地価格（円）ア	土地利用権等割合 イ	土地利用権等価格（円）ア×イ
1			

イ　土地利用権等割合：土地利用権等を○○○○○と判定し、その割合を△△％と査定した。

② 内訳価格及び一括価格

番号	基礎となる価格（円）ア	土地利用権等価格の控除及び加算（円）イ	占有減価修正 ウ	市場性修正 エ	競売市場修正 オ	評価額（円）（ア±イ）×ウ×エ×オ
1		−				
2		＋				
一括価格（合計）						

ウ　占有減価修正：
エ　市場性修正：この種不動産の市場性等を考慮するとともに、目的物件の個別的要因等を充分考慮したが、……の理由により、なお、市場性が劣ると判断されるので所要の修正を行った。
オ　競売市場修正：評価の条件欄記載の不動産競売市場の特殊性等を考慮した。

第6　参考価格資料

　　地価○○価格（　　──　　）
　　所　　　在：
　　価　　　格：　　、　　円／㎡
　　位　　　置：
　　価格時点：平成　　年　　月　　日
　　地　　　積：　　㎡
　　供給処理施設：水道・下水・ガス
　　接面街路：　　側　　m　道

用途指定等：　　　　　　　　地域（建ぺい率　　％、容積率　　％）
地域の概要：

第7　附属資料

以　上

齋藤・飯塚編著・民事執行〔補訂版〕（リーガルプログレッシブシリーズ４）（2014、青林書院）117-123頁より引用

資料③【建物賃借権と抵当権との関係】

賃貸借契約 成立日（※1）	占有開始時期		平成16年4月1日 （改正法施行日） 当時の賃貸借契約の期間	新・旧民法の適用 （改正法附則5条 の適用）
平成16年3月31日 以前	最先の抵当権 設定前	差押え前	問わない	新民法
	最先の抵当権 設定後	差押え前	3年以内 （期間の定めのない 賃貸借を含む）	旧民法
			3年を超える	新民法
		差押え後	3年以内	旧民法
			3年を超える	新民法
平成16年4月1日 以後	最先の抵当権 設定前	差押え前		新民法
	最先の抵当権 設定後	差押え前		新民法
		差押え後		新民法

説明
※1 改正法附則5条の「この法律の施行の際現に存する」の解釈について、契約時説（平成16年4月1日時
※2 旧民法395条の短期賃貸借の適用について、差押え時説（差押え時の賃貸借契約の期間を基準として判
※3 ①差押え、滞納処分による差押え、仮差押え後に期間が経過した場合、②滞納処分による差押え、仮差
※4 差押え後に期間が経過した場合、滞納処分による差押え、仮差押えに後れる場合でも、明渡猶予の適用
※5 強制管理、収益執行の管理人からの賃借人には明渡猶予の適用あり。

齋藤・飯塚編著・民事執行〔補訂版〕（リーガルプログレッシブシリーズ4）（2014、青林書院）より引用

差押え時の賃貸借契約の期間（※2）	賃貸借契約の内容内容（正常・非正常・債権回収目的等）			引受けの有無	明渡猶予の適用
問わない	問わない			○	
3年以内（期間の定めのない賃貸借を含む）	正常			○（但し※3）	
	債権回収目的			×	
	非正常			×	
3年を超える	問わない			×	
問わない	正常				○（※4）
	非正常	債権回収目的	執行妨害要素 無		○（※4）
			執行妨害要素 有		×
		執行妨害、信義則上否認すべき場合			×
問わない	問わない			×	
問わない	問わない				×（※5の場合は○）
問わない	問わない			○	
問わない	正常				○（※4）
	非正常	債権回収目的	執行妨害要素 無		○（※4）
			執行妨害要素 有		×
		執行妨害、信義則上否認すべき場合			×
問わない	問わない				×（※5の場合は○）

点で賃貸借契約が成立していれば足りるとする説）を採用。
断する説）を採用。
押えに後れる場合は、引受けにならない。
あり。

事項索引

あ
明渡しの催告 ………… 191
明渡猶予制度 ………… 82
与える債務 …………… 187
案分説 ………………… 126

い
異議権 ………………… 39, 64
異議事由の時的制限 … 41
異議事由の同時主張の強制
 ……………………… 44
一回的な不作為義務 … 200
一括売却 ……………… 94
一般債権者との優劣 … 162
違法執行 ……………… 12

え
閲覧に関する制限等 … 182

お
オール決定主義 ……… 224

か
買受申出価額 ………… 93
価格減少行為 ………… 113
確認訴訟説 …… 39, 52, 64, 66, 125
確認判決 ……………… 22
貸金庫の内容物に対する強制執行 ……………… 149
仮差押解放金 ………… 230
仮差押えの登記 ……… 238
仮執行宣言 …………… 22
仮処分解放金 ………… 230
仮処分の本執行移行 … 245
仮の救済 ……………… 223
仮の処分 ……………… 46, 59
過料の制裁 …………… 182
換価のための競売 …… 183
間接管轄 ……………… 73

間接強制 ……………… 187
間接強制の補充性 …… 188
管理人 ………………… 11
管理命令 ……………… 151
外観主義 …………… 5, 51, 172

き
期間入札 ……………… 99
期日入札 ……………… 99
起訴責任の転換 ……… 78
救済訴訟説 …… 39, 52, 64, 66, 125
吸収説 ………………… 126
給付訴訟説 …………… 52, 66
給付判決 ……………… 22
共益費用 ……………… 18
超過差押えの禁止 …… 135
強制管理 ……………… 157, 238
競争売買阻害行為 …… 115
金銭執行 ……………… 1
義務供託 ……………… 144

け
形式競売 ……………… 183
形成訴訟説 …… 39, 52, 64, 66
形成判決 ……………… 22
競売続行決定 ………… 81
競売手続取消制度 …… 104
権利供託 ……………… 144
権利能力なき社団 …… 34
現況調査 ……………… 86
現況調査報告書 ……… 87
現況調査命令 ………… 86
原審却下 ……………… 13
原状回復の裁判 ……… 232
航空機・自動車・建設機械に対する執行 ……… 128

こ
公信的効果 …………… 109
交付要求 ……………… 81

子の奪い合いと民事執行
 ……………………… 213
子の面会交流と強制執行
 ……………………… 212
個別相対効説 ………… 80

さ
サービサー（債権回収会社）
 ……………………… 6
債権計算書 …………… 123
債権執行 ……………… 131
債権届出 ……………… 84
最高価買受人 ………… 103
再施要件 ……………… 181
最低売却価額制度 …… 93
債務者説 ……………… 126
債務者不特定執行文 … 31
債務名義 ……………… 21
差押禁止債権 ………… 134
差押禁止動産 ………… 173
差押禁止範囲変更の申立て
 ……………………… 134
差押債権 ……………… 131
差押債権の特定 ……… 135
参加命令 ……………… 143
財産開示期日 ………… 181
財産開示手続 ………… 178

し
執行異議 ……………… 14
執行官 ………………… 8
執行期間 ……………… 237
執行機関 ……………… 8
執行共助機関 ………… 10
執行供託 ……………… 144
執行決定手続 ………… 27
執行抗告 ……………… 12
執行裁判所 …………… 8
執行障害 ……………… 17
執行実施費用 ………… 18
執行受諾文言 ………… 25

事項索引　265

執行準備費用……………18
執行請求権……………… 3
執行停止……………13, 14
執行の形式化……………4
執行判決…………………27
執行判決を求める訴え……69
執行費用…………………17
執行文……………………29
執行文付与に対する異議の
　訴え…………………63
執行文付与の訴え………32
執行補助者………………11
執行力……………………32
支払督促…………………24
支払予告金（強制金）…197
収益執行……………… 157
少額訴訟債権執行…131, 151
承継執行文…………31, 65
承継人……………………33
消滅主義…………………81
職務執行停止・代行者選任
　の仮処分…………… 244
所持者……………………33
処分禁止の仮処分…… 243
処分禁止の登記……… 243
処分制限効………………79
所有権留保………………57
審尋の期日…………… 228
事件併合手続………… 176
事後求償権………………67
次順位買受申出の制度…103
事情届………………… 146
事前求償権………………67
実施決定……………… 181
実体再審査の禁止………70
授権決定……………… 194
準不動産執行………… 127
条件成就執行文……31, 65
譲渡担保権………………54
譲渡命令……………… 150
譲渡命令等…………… 142
自力救済禁止原則……… 2
人身保護請求………… 213

せ

請求異議の訴え…………37
請求金額の一定性………25
競り売り…………………99
船舶執行……………… 127
占有移転禁止の仮処分… 241

そ

相殺との優劣………… 161
訴権競合説………………64
その他財産権に対する執行
　………………………… 131
損害賠償命令……………24

た

短期賃貸借………………82
担保…………………… 228
担保額の算定………… 229
担保決定……………… 229
担保の提供方法……… 229
担保の取消し・取戻し… 229
担保不動産競売…………75
担保不動産収益執行　75, 157
代金納付……………… 108
代金不納付…………… 110
第三債務者…………… 133
第三債務者の陳述…… 139
第三者の執行担当………33
代替執行……………… 187
代替的作為義務……… 188

ち

抽象的差止め判決の執行
　………………………… 201
直接強制……………… 187

て

手続相対効…………… 138
手続相対効説……………80
転貸賃料債権………… 161
転付命令……………… 141
電子記録債権の差押え… 154

と

登記嘱託……………… 110
当事者恒定…………… 224
当事者恒定効………… 115
特別売却…………………99
取立権………………… 133
取立訴訟……………… 143
動産執行……………… 171
動産執行の間接強制的機能
　………………………… 171
動産等の引渡請求権…… 148
動産に対する競売……… 177

な

内覧…………………… 102
為す債務……………… 187

に

二重開始決定……………80
入札書………………… 100

は

ハーグ条約国内実施法… 216
配当…………………… 122
配当異議の訴え……… 124
配当異議の申出……… 123
配当期日……………… 122
配当期日調書………… 123
配当表………………… 123
配当要求…………………84
配当要求の可否……… 162
反復的不作為義務…… 200
売却基準価額……………93
売却基準価額の変更…… 104
売却許可決定………… 105
売却実施処分………… 100
売却不許可決定……… 105
売却方法…………………99
売却命令……………… 150
場所単位の原則……… 172

ひ

引受主義…………………81

引渡命令……………118, 175
非金銭執行……………1, 187
被保全権利………………225
評価………………………86
評価書……………………88
評価人……………………11
評価の手法………………88
評価命令…………………87
費用前払決定……………196
BITシステム……………96
平等主義………………5, 84

ふ

ファイナンスリース………58
不執行の合意……………47
不代替的作為義務………188
不当執行…………………12
不当利得返還請求………127
不動産強制競売…………75
不動産の損傷……………107
扶養料等債権……………207
扶養料等債権についての間
　接強制…………………210
物件明細書………………95
物上代位…………………157
物理的減少行為…………115

へ

弁済金交付………………122

ほ

法条競合説………………64
法人格否認………………60
法人格否認の法理………33
法定地上権………………89
法定文書……………28, 76
保証………………………100
保全異議…………………232
保全仮登記………………243
保全抗告…………………233
保全執行…………………237
保全執行手続……………223
保全処分…………………113
保全取消し………………232
保全の必要性……………225
保全命令手続……………223
本案（訴訟）……………221
本執行移行後の仮差押えの
　効力……………………240
本執行移行の要件………239
本執行移行後の仮差押えの
　申立ての取下げ………240
本執行への移行…………239

ま

満足的仮処分……………223

み

民事保全…………………221

む

無益執行禁止の原則……96
無剰余回避………………98
無剰余判断………………98

め

命令訴訟説…39, 64, 66, 125

ゆ

優先債権者の換価時期選択
　の利益…………………97
優先主義………………5, 84

よ

預金の誤振込……………61
予備差押え………………206

り

留置権による競売………183

判例索引

なお、本文及び本索引で「百選○○」とあるのは、上原＝長谷部＝山本編・民事執行・保全判例百選〔第2版〕（2012、有斐閣）掲載の判例番号を示す。

大判大正15. 2. 24民集 5 巻235頁……………47
大判昭和 6. 3. 31民集10巻150号 ……………56
最判昭和24. 1. 18民集 3 巻 1 号10頁 …… 213
最判昭和26. 10. 18民集 5 巻11号600頁
　　………………………………………… 233, 239
最判昭和29. 12. 16民集 8 巻12号2169頁
　　…………………………………………………… 213
最判昭和32. 1. 31民集11巻 1 号188頁…… 239
最大判昭和33. 5. 28民集12巻 8 号1224頁
　　…………………………………………………… 213
最判昭和36. 12. 12民集15巻11号2788頁……41
最判昭和37. 5. 24民集16巻 5 号1157頁 ……40
最判昭和38. 11. 28民集17巻11号1554頁……52
最判昭和40. 4. 2民集19巻 3 号539頁 ………42
最判昭和40. 4. 30民集19巻 3 号782頁
　　（百選41）……………………………………… 126
最判昭和41. 2. 1民集20巻 2 号179頁 ………61
最判昭和41. 9. 22民集20巻 7 号1367頁 … 196
最判昭和43. 2. 27民集22巻 2 号316頁
　　（百選 8 ）……………………………………… 29
最判昭和43. 7. 4民集22巻 7 号1441頁…… 213
最判昭和43. 9. 6民集22巻 9 号1862頁……40
最判昭和44. 3. 28民集23巻 3 号699頁………57
最判昭和44. 9. 18民集23巻 9 号1675頁……41
最判昭和44. 10. 31判時576号53頁 ……………41
最判昭和45. 4. 10民集24巻 4 号240頁…… 134
最大判昭和45. 6. 24民集24巻 6 号587頁… 139
最判昭和47. 3. 24判時665号56頁……………56
最判昭和48. 2. 2民集27巻 1 号80頁…… 142
最判昭和48. 3. 13民集27巻 2 号344頁
　　（百選52）…………………………………… 40, 139
最判昭和49. 4. 26民集28巻 3 号503頁……48
最判昭和49. 7. 18民集28巻 5 号743頁……58
最判昭和51. 10. 12民集30巻 9 号889頁 ……41
最判昭和52. 6. 20集民121号63頁……………43
最判昭和52. 11. 24民集31巻 6 号943頁
　　（百選13）………………………………………67
最判昭和53. 9. 14判時906号88頁（百選 9 ）

　　………………………………… 33, 62, 68, 170
最判昭和54. 2. 22民集33巻 1 号79頁（百選19）
　　……………………………………………………29
最判昭和55. 5. 1判時970号156頁（百選14）
　　……………………………………………………64
最判昭和55. 10. 23民集34巻 5 号747頁 ……41
最判昭和55. 12. 9判時992号49頁…………64
最判昭和56. 3. 24民集35巻 2 号254頁
　　（百選 2 ）………………………………………41
最判昭和56. 12. 17民集35巻 9 号1328頁……55
最判昭和58. 2. 24判時1078号76頁（百選16）
　　……………………………………………………55
最判昭和58. 6. 7民集37巻 5 号611頁 ………72
名古屋高判昭和60. 4. 12判時1150号30頁
　　（百選68）…………………………………… 203
最判昭和60. 7. 19民集39巻 5 号1326頁
　　（百選75）…………………………………… 142
名古屋高決昭和62. 6. 23判時1244号89頁
　　（百選73）…………………………………… 185
最判昭和62. 7. 16判時1260号10頁 …………40
最判昭和62. 12. 18民集41巻 8 号1592頁
　　（百選38）…………………………………… 123
最判昭和63. 7. 1民集42巻 6 号477頁
　　（百選24）…………………………………… 127
東京地判平成元. 5. 30判時1327号60頁 ……57
最判平成元. 10. 27民集43巻 9 号1070頁
　　………………………………………………… 158, 159
福岡高判平成 2. 4. 26判時1394号90頁
　　（百選 3 ）………………………………………67
最判平成 3. 3. 22民集45巻 3 号322頁 … 127
仙台高決平成 4. 5. 27判タ805号210頁
　　（百選85）…………………………………… 229
最判平成 5. 2. 25判時1456号53頁………… 203
最判平成 5. 3. 30民集47巻 4 号3300頁
　　（百選76）…………………………………… 186
最判平成 5. 10. 19民集47巻 8 号5099頁 … 214
最判平成 5. 11. 11民集47巻 9 号5255頁 ……48
最判平成 5. 12. 17民集47巻10号5508頁

　　　　（百選25）…………………………… 110
札幌地決平成6.7.8家月47巻4号71頁 … 215
最判平成6.7.14民集48巻5号1109頁（百選40）
　　　　……………………………………… 124
最判平成7.12.15民集49巻10号3051頁
　　　　（百選15）……………………………… 43
最判平成8.1.26民集50巻1号155頁（百選33）
　　　　……………………………………… 108
最判平成8.4.26民集50巻5号1267頁……… 62
最判平成8.5.28民集50巻6号1301頁
　　　　（百選102）…………………………… 228
最判平成9.2.25民集51巻2号432頁 …… 124
最判平成9.7.11民集51巻6号2573頁……… 73
最判平成9.7.15民集51巻6号2645頁
　　　　（百選27）……………………………… 87
最判平成10.1.30民集52巻1号1頁
　　　　……………………………………… 160, 170
東京高判平成10.2.26判時1647号107頁…… 73
最判平成10.3.24民集52巻2号399頁…… 138
最判平成10.3.26民集52巻2号483頁
　　　　（百選77）…………………………… 162
最判平成10.3.26民集52巻2号513頁
　　　　（百選39）…………………………… 127
最判平成10.4.28民集52巻3号853頁
　　　　（百選4）……………………………… 71, 73
最決平成11.3.12民集53巻3号505頁
　　　　（百選94）…………………………… 234
最決平成11.5.17民集53巻5号863頁…… 158
最決平成11.9.9民集53巻7号1173頁
　　　　（百選56）…………………………… 141
最判平成11.11.24民集53巻8号1899頁…… 91
最判平成11.11.29民集53巻8号1926頁
　　　　（百選64）…………………………… 149
最決平成12.4.7民集54巻4号1355頁
　　　　（百選60）…………………………… 142
最決平成12.4.14民集54巻4号1552頁… 161
最決平成13.1.25民集55巻1号17頁
　　　　（百選36）…………………………… 121
最決平成13.2.23判時1744号74頁（百選62）
　　　　……………………………………… 150
名古屋高決平成13.2.28判タ1113号278頁
　　　　（百選69）…………………………… 189
最判平成13.3.13民集55巻2号363頁…… 161
最判平成13.4.13民集55巻2号671頁

　　　　（百選23）…………………………… 105
最判平成13.10.25民集55巻6号975頁
　　　　（百選79）…………………………… 162
最判平成14.3.12民集56巻3号555頁
　　　　（百選78）……………………… 162, 170
最判平成14.3.28民集56巻3号689頁…… 162
最判平成14.6.7判時1795号108頁（百選97）
　　　　……………………………………… 240
最決平成14.6.13民集56巻5号1014頁 … 163
最決平成17.1.20判時1888号91頁（百選95）
　　　　……………………………………… 237
最判平成17.2.22民集59巻2号314頁…… 170
最判平成17.3.10民集59巻2号356頁…… 91
最判平成17.7.15民集59巻6号1742頁
　　　　（百選17）………………………… 60, 62
最決平成17.12.6民集59巻10号2629頁 … 207
最決平成17.12.9民集59巻10号2889頁
　　　　（百選70）……………………… 199, 200
最決平成18.4.14民集60巻4号1535頁
　　　　（百選59）…………………………… 142
最決平成18.9.11民集60巻7号2622頁
　　　　（百選1）……………………………… 40, 47
最判平成18.10.20民集60巻8号3098頁…… 54
最決平成18.10.27民集60巻8号3234頁
　　　　（百選20）…………………………… 183
東京高決平成21.6.30判タ1311号307頁
　　　　（百選29）……………………………… 94
最判平成21.7.3民集63巻6号1047頁
　　　　（百選42）…………………………… 166
東京高決平成22.4.9金法1904号22頁
　　　　（百選32）…………………………… 108
最判平成22.6.29民集64巻4号1235頁
　　　　（百選7）……………………………… 34
最決平成22.12.2民集64巻8号1990頁 … 158
福岡高判平成22.12.16判時2102号55頁… 245
東京高判平成23.8.10金法1930号108頁…… 91
最判平成23.9.20民集65巻6号2710頁
　　　　（百選47）……………………… 136, 153
東京高決平成23.10.26金法1941号151頁
　　　　……………………………………… 153
最判平成24.2.23民集66巻3号1163頁 … 239
最判平成24.2.7判時2163号3頁………… 184
最判平成24.9.4判時2171号42頁………… 138
名古屋高決平成24.9.20金商1405号16頁

……………………………………… 154	最決平成25.3.28民集67巻3号864頁…… 212
東京高決平成24.10.10金法1957号116頁	最判平成26.4.24民集68巻4号329頁………74
……………………………………… 154	佐賀地判平成26.12.12判時2264号85頁
東京高決平成24.10.24金法1959号109頁	……………………………………… 246
……………………………………… 154	最決平成27.1.22判時2252号33頁 … 245, 246
最決平成25.1.17金法1966号110頁……… 154	福岡高判平成27.9.7 LLI/DB 判例秘書登載
最決平成25.3.28判時2191号46頁 ……… 213	……………………………………… 246

著者紹介

内田　義厚（うちだ　よしあつ）
1964年静岡県生まれ、1988年早稲田大学法学部卒業、1989年司法試験合格、1992年裁判官任官、以後、東京、さいたま、千葉、長野、新潟の各地裁・家裁に勤務するほか、裁判官訴追委員会事務局次長、明治学院大学法科大学院講師等を経て、2013年依願退官。現在、早稲田大学法学学術院（大学院法務研究科）教授。

主要業績

「評価」新裁判実務大系12民事執行法（共著、青林書院、2000）
「プライバシー侵害をめぐる裁判例と問題点」判例展望民事法Ⅲ（共著、判例タイムズ社、2009）
「転抵当と担保権実行」新担保・執行法講座(3)（共著、民事法研究会、2010）
「金融取引関係訴訟（リーガルプログレッシブシリーズ11）」（共著、青林書院、2011）
「企業間提携契約と継続的契約」企業間提携契約の理論と実務（共著、判例タイムズ社、2012）
「手続から見た子の引渡し・面会交流」（共著、弘文堂、2015）
「執行関係訴訟の理論と実務」（民事法研究会、2016）
「裁判実務シリーズ10民事執行実務の論点」（共著、商事法務、2017）

民事執行・保全15講

2016年10月１日　初版第１刷発行
2017年４月20日　初版第２刷発行

著　者　内田　義厚

発行者　阿部　成一

〒162-0041　東京都新宿区早稲田鶴巻町514
発行所　株式会社　成文堂
電話 03(3203)9201(代)　FAX 03(3203)9206
http://www.seibundoh.co.jp

製版・印刷・製本　藤原印刷

Ⓒ 2016 Y. Uchida　　Printed in Japan
☆落丁・乱丁本はおとりかえいたします☆　検印省略
ISBN 978-4-7923-2697-5　C3032
定価（本体3000円＋税）